GANGA

I

COLECCIÓN ποίησις [POÍESIS] 5

Diseño y maquetación: ANGELUS NOVUS

1ª Edición: Madrid, 2019

www.librosdelaresistencia.com

ISBN: 978-84-15766-42-1
Depósito legal: M-1849-2019
Impreso en España

a Gabriela y Clara

LAS MINIATURAS

[1987]

para Helena y Manuel

Regresé a casa a tientas. Caminaba con decisión: rígido, ahogado en la no-vista, en la absoluta certidumbre de ser un demonio, el anti-caballo, el anti-árbol, el anti-naturaleza, un intruso, un extranjero, un otro. Un fenómeno que no era de este mundo. De otro. Del mundo humano.

Witold Gombrowicz, en *Diario argentino*

A primera vista diríase que la calidad fundamental del objeto es su inexistencia. [...] Su función, modificadora del ser le confiere por necesidad las más distintas apariencias según de donde se le observe; asemeja entonces deslumbrantes síntesis de cosas imaginadas o vilmente inventadas que se confunden tan violentamente entre sí, que de esa conjugación atroz se forma un solo objeto ulterior al que creíamos estar observando y más real que ése, que es éste que tenemos aquí delante. Esponjoso y turbio a veces y otras mineral, adamantino el objeto se presenta inequívocamente como el resultado erróneo de una operación torpe del espíritu; como si su condición esencial fuera la de no poder ser concebido más que como un error: un objeto que es más un hecho inconsumado que una cosa y más un simulacro de una cosa que un hecho.

Salvador Elizondo, en *El grafógrafo*

Debemos suponer, pienso, que la imaginación que podía tener al proyectarse se detenía en el acto, al borde de todas las consecuencias posibles; consecuencias fantasmagóricas, comparables a los dedos fantasmagóricos de un amputado o al despliegue en abanico de casillas que un caballo de ajedrez (esa pieza saltadora), de pie en una fila marginal, «siente» en extensiones espectrales más allá del tablero, pero que no tienen ningún efecto sobre sus movimientos reales, sobre el juego real.

Vladimir Nabokov, en *Pálido fuego*

Como una ilusión, así como hablo y siempre que se habla.

Liliana Ponce, en *Composición*

la impregnación

donde dijera, afilado,
cabellos, debiera resonar
caballos; donde imprecación,
quizá imbricación, aun
quizá invitación. desde la mano
hasta la mano, se reparte el cosmos:

basura sobre bocas,
desierto las costillas,
cabezas y cabezas y cabezas y
(cuelgan de los mástiles)
huellas de la tortuga en la playa,
un segundo antes de ser
tragada por las aves de paso

o por el mar. mentira:
donde dijera huellas debiera oírse
cuello y donde tortuga, tierra:
cuello de la tierra entreoída,

lepra en las entrañas. dicen,
la tierra se mancha con los cuerpos
vueltos a su inercia; que salvo
el fuego, todo es marcha y oscurecida

impregnación. aunque corra,
la tortuga no tiene sino una sombra
de albatros, y ni el océano podría
regrabarla en su fluido. la mano,
hacia la mano vuelta, muestra:

donde dijera
mano debiera abrirse fuego, y donde fuego
imbricación, invitación al mar, tierra
entredicha. se parte el cosmos:

caballos flotan como cabellos.

I

la mano hacia
el fondo del lago,
su sinfondo, borde
extenso y por membranas tensa
floración contra el espejo,

si dijera
algo de sí, de sus
quemados abrazos que
en el espejo aprietan,

la mano hasta la pinza
sensitiva del cangrejo,
muda en pez el espejismo del bullicio
invisible. los cortinajes bajan y tampoco
se pliega esa línea de su vida en la palma,

en visitas al cementerio, plegando
flores cortadas, liviandad de los ciruelos
al otro lado y yacido, ya,
porque nacido sin voz en el fondo
ha, a la mesa en que aspira, sido,

visitación al toque
de quedarse en el traspie, la
página irisa el ojo,
insondada apenas transparece
difusos puentes pensativos,
arco del cazador y el perro negro en el sueño,

descascara
las lámparas vegetales
por entre sí o por navíos, velas
cuyo sentido salpica

pero en el fuego. el fuego
no dejó de correr
por entre él y su pellejo,
la mano hacia los aros de sombra
con parpadeos, espeso
cortinaje el ojo

vibrante corta caballos en la tela
y en la batalla los arqueros se disparan
y se derrumban álamos,
horada el oro, que es el polvo,
al borde la tela donde ángeles
acoplan con avispas y el querubín
con pómulos de agujas sonroja
frente al ojo circular,

la dama con el perro
ante espejo
recostada en triclinio nupcial
pare serpientes mientras
mastica lo oscuro y ácido
el color de las naranjas
sobre la mesa del escriba, papel
de puños en centro
de la mesa en centro del planeta
en centro de su ojo visible. y
de su ojo invisible transparece,
entre el tránsito,
ácido el color que cierra cifra
quizás, aros radiantes álamos armándose
o sobre el borde en que dama
se recuesta león con labios
afilados y bosteza:

–que me traigan
su cabeza. la del gusano, la
de la tierra en que cruja
y la del tedio en que nada

descansa, detrás
de esas persianas. húmeda ceniza
sobre página aspira
a ser eso que, acaso, acosa por igual a la rama
y a la punta dentada
de la hoja

y al agua. mana en sí.
los cascos de cabezas y los cascos
de las patas se acumulan
y se igualan,

mientras la araña caza y la casa
entera se raja al deslizar de sillas
en la mirada después
de la mirada, plumas
del pavorreal el verbo que disipa
la sombra pero en lo espeso
del tatuaje. rompe el agua, la mano
se palpa y recobra en el silbido
de la cobra a punto de picar

el rocío rígido el espejo.
ni este lado ni aquél, y con todo
hacia este lado, hacia aquél,
para sellar el lirio de mirarse
al sol en el espacio que se quema,
hierba en el ojo,

mordedura el talón,
suma de puentes que se cruzan,
el instante se tiende, tienta
el mapa de los pasos y los arqueros
derivan a jaula del silencio,
látigo el brillo
contra hojas del jardín envenenado
en la armonía del vapor creciendo,
debajo de la tela unos arqueros

se disipan a pie, sobre caballos de agua
en pabellones del temor que se puntúa
cuando la mano toca, y entra, y cruza

hacia el espejo
que la rompe, se repite
hasta tajar en la armonía. en jardines de su madre
huesos se llaman perros,
naranjas oxidan como colinas,
pero la línea de su vida le abre
la boca y, bostezando, a la dama del abanico
le cuelga un pecho, blanca como esas olas
que por debajo le comen, y con
sandalias falsas

camina las pestañas de humo del escriba,
hasta le caza una mejilla
y le dispara al vientre la ballesta,
desde las horas en oleaje
ventrílocuo, anda de aquí
para el reborde que se astilla
en la respiración
de las avispas y el océano,
falso también, con uñas,

arroja un guante de su piel,
a un ángulo del suspiro, la dama
a los arqueros y ahora también
la otra dama y luces por aretes, ingrávida
su faz en luz inválida, la gasa
del espejo donde se ve
un nido de su nuca, tendida
en la hierba junto a unos
músicos y en la memoria
el pelo ondeando
el aire,

blando, la mano hacia
el tintero y la uña
sigue. la mueca hacia el espejo
y el telón sigue, creciendo,
tedio de llanuras en brasas y vegetal, el muro crece
junto a unos músicos que, como todo,
son el ojo,

en el sueño del perro
negro, el cuerpo lleno de hormigas de la dama,
se acaricia el mentón, murmura
lo que el ojo sabe lo que el ojo
desconfía. la dama es el arquero
ahora, el caballo con cascos
en espejo de tierra
donde columnas con uvas se tachan
y el jardín entra en tormenta de ciruelos
con pases de hormigas,
el arco es la dama, sobre el vapor
el cobre del caballo, cortinaje leve
apacienta el ocio y del laúd
desprenden caracolas, antenas, gárgolas,
trajes colgados,

los pasos sobre la hierba
en que dama, vestida ya, inconcluye
entre vetas de álamos y, ventrílocuo, apoya su
barba en la
vertical de su vida, ata el puño a la tela, la mesa
se contrae y el frutero cargado
con hormigas, dama que se tacha, blanca
y con perfumes al ojo, los arqueros
recogen los cascos, o los brillan, al rocío,
y la batalla sigue en el laúd,
roba la boca de la tela,

en los álamos se afilan
las horas, la mano al blanco y los pies

de andarse por colinas dentadas. la mirada
deja un halo de vapor
y suelta, en el espacio que la araña arde,
astillas del granizo total

y el perro salta de la imagen.

II

cada animal empieza
por su cola y no termina en
su cabeza. pasa el circo
ambulatorio. el mono es buitre comedor de peces,
el elefante yace en sus marfiles que son
patas, el dromedario fluye por el ojo
de la aguja y observa con colmillos
en pico de gaviota, la tortuga urde un cuerno
en el cuello de su rabo, fugaz. los hilos
continúan las barbas, de los
mirones afloran cicatrices de hojas ¿mediociegos?

pasa en el puente, resuena
la función por el pasillo, las mínimas lámparas
pero nadie, la caverna entrada
o salida, está en la estampa. el sillón y el hueso
se colman, culminan en garfios inaudibles. sin
embargo hacen al cuerpo hierbas y desierto,
cierta transfusión a fríos tostados,

¿abre o cierra ese armadillo que bien
podría ser un nudo o un ojo o un astro
desclavado? el suelo no resuella
más y sin embargo se puede oír,
clarividencia del pulso,
lento, lo bostezado de la imagen,
sus gemidos zoológicos. la pared aísla a los mirones
de sus espejos. móviles, se duelen
en la voracidad. desde el pasillo llega un
silbido, construye velocidades
planas, eco sólido cae
hacia el rebasamiento. el embalsamador
lo ha grabado en la pared

y el mundo huelga de alfileres
pero no seca al sol,
sino en arenas donde se leen óperas de cielos
detrás de cielos,

arrastran crines, escamas.
hacia el que envuelven, dormido, esteras vivas,
juncos apenas crujen, cargando
un sonido volador o rojo sobre el orín
del río del pasillo y el puente su ceja, esclavo
del follaje entre una oreja y otra. está
quien ostenta una maceta
en el gorro, y el que sonríe sin duda
es el entrenador, ante el asombro de los
que, cribados, integran el cortejo,

fieras adiestradas para el espejo
del rebasamiento. ¿avanzan o retroceden
los cazados en su sueño? ¿y por dónde
digieren si todo es fauce
y la pantalla del aire ha mutado
el abismo en hierbas de un cuerpo?

¿dónde conduce
la caverna al fondo de la pista que es
abertura a la ilación? ¿aleación
de las memorias, donde nadie atrevería
a entrar, si supiera el destino? ¿el viento
no cava allí dunas con sonido? la mudez
martilla los dedos que no muestran ya y,
está muy claro, en la estampa,

la barba del dromedario es el falo
de la gaviota que por momentos mira
al público y remonta al derrumbe y además
la cabeza de la tortuga falo inverso
de la foca descabezada o repensada
como cuello con un cuerno y orificios

para el barro. el ojo único del elefante
está cerrado y el mono mira por él,
su sonrisa hilvana las miradas de cada
ojo único, cada fiera del zoológico único.

¿ser un círculo en la perspectiva
y ganar redondez, alteridad?
podrían huir, si quisieran saberlo,
pero sin duda nadie pasa el puente
entre público y espectáculo. los mirones
predeciblemente son mirados. con esto
nada se abre, se confirma una puerta, ni
la caverna es más obvia por oscura. las rayas
sin pulso alargan hasta los hilos
y los esteros envuelven,

al que apenas hablara los párpados
lo abrasaría el sueño y el silbido
que busca, por el pasillo, un número,
una letra. ¿vive aquí o en la estampa de aquí?

rodeándolo,
el anillo manuscrito del cenicero
y la propagación de lo encendido.
sin duda sus guantes
son lana, los papiros faltan, la marca
del brazo un mordisco. el botón ¿desprendido?
en lo perpetuo que late
la camisa, mutado el momento no tiene más
boca ni brazos ni camina y su cóncavo
levita en rumor del agua. nada
boquea, nada es ano de nada,
piso intocado que resbala,
pupilas del espectador el circo,

el orden del espejismo,
el espejismo del orden. donde
un ano aún ojo un cuerno a un pescado ¿a medio

devorar o a medio parir? el impreciso
rostro, más borroso, tiene
hendiduras y ni gime ni bosteza, ni teme
ni atemoriza. la señora con cuerpo de pavo
agradece. se inclina hacia el origen
de la ceniza que no cabe. los mirones descuelgan
codos pero no proyectarán sombra ninguna
en la pieza. la caverna concentra la aparición

¿de un cerrojo?
nunca abrirá. el embalsamador sin duda
lo sabría. lo que está sentado está levantándose.
lo que subebaja. lo que vuela se entierra
con su sombra contra el silbido
que respira el barro. pasan
dunas, inaudibles.

III

«se siente el vigor
en el tronco el pino
las agujas», pero el lienzo
está sellado y los kimonos danzan más
allá del borde un caballero
oculta la cara
en el sombrero y también la vista
hacia lo alto, el monte

mientras nieva. el humo de bocas,
pipas de viajeros que fracturan
lo líquido del pensamiento, el señor

¿a punto de cruzar
el arrozal? los sirvientes lo anuncian
como al atardecer, graznidos,
aquéllos al otro borde de la túnica, tuercen

las espaldas. el abismo
ha florecido en
la neblina y danza. ¿el camino
no avanza ni detiene
sino al tacto
de huellas que se imprimen?
las tejas flotan suspendiendo

el bosque del estanque donde beben,
rectángulos lavados del vestido
en espirales la senda
y las caras blanqueadas,
peinetas en la esfera del pelo.

una levanta una copa
y el sorbo difumina
gracia y hundimiento,

le nace el rizo el estanque la frente
curva el cuello sus agudos y danza,

danzan actores sobre el tatami,
la ventana. el arrozal, en verdad
es la ventana y el ciruelo floreciendo
que pareciera papel, celaje, oblicuos los ojos
raramente delatan, el horizonte siempre
estará allí, cuello de la que bebe,

lanzado el dardo,
los sombreros de paja
entre pasos cortados por la brisa,
la cara llorosa de la brisa,
cabeza afeitadas y el horizonte encima,
«arboledas del dios del agua vistas»
en «escenarios de la luna». ¿el recinto
y el líquido en la danza de las costuras?

otra lee en la carta, enhebra el aguijón, abanica
secándose la cara después del baño el pelo
pesado. al oído, ríen,
pintan la risa en el lienzo y se vuela
el cántaro. ¿a la orilla del oído?
revelan sus vestidos y se arrancan

el pellejo blanco unos
actores. abanicos, si zumban traman
la tela y por flautas, rodillas en la cima del
segundo ¿danzando? sellado el lienzo

en el segundo.
robaron la litera del señor unos demonios
que iban por el río a la casa
de citas y el rostro bajo el ala. el tronco se tuerce
ante viajeros, murmuran, discuten el precio
del cruce, cuánto

los mancha
el humo. la senda culmina en el kimono
pero la seda en la brisa
sella la danza,

unos demonios en sus
dominios asaltaron al señor, el
blanqueado actor que soplaba,
bajo el sombrero flamas
en un segundo, el pequeño
desliz el cuello, la vela, horizontal,

no salva. danza
la duración, entre
un pie y un pie,
el kimono inmóvil que con todo es danzado

y oblicuo,
como dardos que lanza un pino
son el pino,

ah nieve de las pipas.

IV

estar en lo cierto,
como la cosa, es
improbable. *yo*
no estoy. la momia
de un niño y las
cosas cáscaras
del alimento. un
museo donde nadie

hablaría el
aliento que lo
pliega. esta trenza
del niño viva
embalsamado. estar
en la cosa es agua
impensable. entrar en
la cosa posible es
imposible y no es
permanente. un hilo

para encender
si no se puede
entender. museo
la selva donde nadie
llega, por cierto. y
las noticias: «nació
la hija con varios
kilos» y «ya no sabe
quién soy, dejó hace
un día de hablar».

paso hacia
el espeso hambre
que hace espacio
de la palabra, y vive,

no en la selva del niño
que se fue, sino,
despacio, los átomos
del «aire que
respiró Aristóteles»

ahora: ¿estar
en lo probable es
entrar? ¿haber entrado
y ser, en lo posible,
mente? ¿estar entrar
es saberlo y encender
agujas para el álamo
que entiende? cierto, *yo
ya no estoy*. lo que sé,
en sí, se pliega

y, cuervo,
agita el momento,
los átomos de este
alimento que trago,
suspende la ola
del álamo, que
hablaría. ¿ya
lo dije? la mosca
quemada por el
instinto del agua,

hielo. este
instante permanece
como la casa
de agujas donde la cosa
parece. mezclándose,
se hace imposible,
deja de pensarse y,
por cierto, en el
museo vivo

nadie llega
hasta la selva
que lo acosa,
hasta la llaga
de aguja que
lo cose al hambre
de su estancia. ¿sabe
la selva lo que
traga? nadie despierte,
nadie duerma. hablaría
con su momia.

V

el centro en todas
partes el tramonto, cráter
y cuerno soplando la selva
de picos. en los anillos
potros van con jinete asirio
y crin aguda. más que mandala,
la esfera de vidrio donde cae el mueble

diluido del lápiz, sombras
alfiler y ojos
cerradura, ramos de infinitos,
bajo la bóveda del lápiz sobre azulejos,
saltamontes, *cavallo di San Giorgio*,
mantis religiosa, sobre la estatua despierta
contra los arcos el balcón el huracán,

el que contempla con el puño por la lupa
cómo se pudren columnas, sube hacia el hueso,
navega en botes del árbol cuyas
caras contiene. la flor,
amante helado, orejas-testículos
hiladas por la flecha y la cuchilla el falo,

espinos entre nieve,
tejidos de Alhambra donde
la cara aparece por el círculo y el balcón
fuma en lente de pescado. una columna
nace un candelabro cae, sobre el tablero
del ajedrez y, calavera, el iris,

hacia el destello de nudos
caracoles enrollados. la mano
se dibuja en su gemela, zumban
gotas del vidrio y el *tempo*

sido, nido de rápidas
cascadas, piano laberinto,

    las marcas,
las ramas fluyendo extáticas
contra el charco vertebrado. casa de escalas,
el centro es todas, a izquierda
y a derecha, pero encima, debajo.
el trompetista saca música por el cancel,
la maceta yace y el otro duerme y el otro
asciende hacia abajo, por la ciudad tejida,

    lapso plano del bagre,
entre siluetas. el museo tiembla ventanas que dan
hacia la tierra. más que el mandala y la esfera
nocturna, un perfil angula el agua, apenas
entre surgirá desde su cara otra escalera,

    paisajes vistos desde atrás
sobre piedras de las que frota llovizna
sumergida la catedral hasta
los picos. la torre que nadie
habitará, sigue ascendiendo
en su caída. la selva cubre la isla
donde cabalgo en tortuga, la cabra muerde el árbol,
el ave de San Francisco abre y no abriga
a los aullados. el huracán en una rama
y el tajo al costado, el reino aéreo y el reino
ígneo y el reino líquido se cruzan

    y la raíz del bagre
y la pata del espino. la estrella
de agua late como la letra
donde nada el buitre.

    conversan la hormiga
y la cinta ciega. murciélago

desplegado, el centro es y tampoco el golpe
cierra el libro,

    apunta el lápiz
contra columnas despiertas,
desierta y lejanía, vacía
el sueño, ola tiembla en el pico
del mudo, selva. yacen las formas
e inminencia adhieren al
pellejo, destellos de una ciudad

    sobre el tablero. el aire
hace falta y hace una cara que se escama
como balcón, zumba hasta el ojo, escapan
puntas especies de lo blanco
de todo centro. cráter el reino
y siempre adentro.

VI

el viento, crac, suspira
hacia mujer y hombre durmiendo
enlazados dedos de los pies,
a qué el soplo
sino hacia el soplo y a qué
el aquí que se hila,

el pequeño tajo
la gota de esperma
el relámpago

la llaga secreta y
respira, como los muebles
agudos, hombre o mujer cabezas
del cancerbero, a
la puerta del aire llega
quien no llega, fuga, rara

vez amanece cuando
crece el pelo y enceguece
el aire y los escupe un rostro
para ser miradas
cabezas juntas, reclinadas
sobre sí,

cada frente oculta, cada
nariz. Shih Huang Ti
rasga al Ciego, contempla y la muralla
y el incendio del libro
(en el libro) hombre o mujer se alza
hacia su sombra,

el pequeño ojo
la gota de sangre
la música de las cebollas

rara vez escucha
en ombligo de mujer
u hombre, relámpago los pies,
qué ceniza la puerta. las bujías
suspiran cuando alguien pasa. en palacio
figurativo (el Ciego): «toda cosa tiene
el nombre que conviene»

contempla el emperador. el origen
de la oruga,
la trenza al final del ideograma
pero sinfin. la puerta
no tiene anverso,
la escritura es acuática. en los pies
besándose, de hombre o de mujer,
relampaguean sus vientres,

la exhalación
la fundación
la primavera

rasga los ojos la
cerrazón es hacia atrás el minuto
se escarcha la puerta quita
borra huellas, llaga
con rostro de mujer, de
hombre, la muralla, el incendio del libro

sus vientres los
respiran. desde antes
de la raíz flotante, del loto
de sus pies mezclados, se frota los
ojos, rasga,
arriba es abajo
pero no tiene espalda, la ceniza borra
si el minuto
cae afuera es adentro,

la luz
la mota de luz
la llaga

secreta y
crac, la ceniza da
el viento, llega
quién, nunca
se hila
la línea,

la rotación
las manchas
la secreción

lejos está
aquí, la oruga
habla a la oruga
sinfin,
no tiene espalda, ni
frente. cuándo es dónde, Shih
Huang Ti, en palacio de
ceniza, contempla los pies

flotantes,
pelos,
diamantes a la espera,
los vientres,

el pequeño pulso
el tacto
la ondulación de las cabezas

VII

ceremonial para el ka

1

por galerías, grafías
del viento, submarinas
lágrimas del viento

afilado, equivoco las puertas
y doy contra el que soy
en la mastaba. hasta el ruido

de la arena mental, muevo
este aire, la pared se fragua así
como la pared baila, sólo

bastaba que apuntase el dedo
para perder hasta el desierto.
reverberante al sol

por el pulido y lustre
de sus caras, silba
negro como un lecho,

pálido lastre del espejo,
entre espejismo de
caravanas en la herrumbre,

quinta pata del camello,
por pasadizos, de nadie,
en hendiduras de nadie.

2

también él, doble
de párpados
difusos,

embalsamado
por espejos,
por todo cuerpo

se retrae
contra el filoso
sueño-espiral,

empezado a roer,
terminado
como quien pende

o sonríe,
vende su alma
a las aguas,

recupera a medias
el habla,
la memoria del habla,

o se cubre
con esfinges del mar
descubierto en púas,

rayos en la oreja
cortada, jadeos
hasta que el polvo hierva

en su tormenta, oh,
el laberinto, ah,
las piernas de la arena.

3

creyó, en
distraídamente,
caravanas

que lo acechaban
–sospechaba
en un principio tábanos

esculpiéndole
el pulmón,
a túneles,

a brazos
cavados, cuerpos
cuyos párpados fueron

de piel
también, como ese
espacio que vibra en él,

entre el desierto
y el puño
–creyó que respiraba

en el jardín
bajo los párpados,
otrosí,

distraídamente.

VIII

1

y hasta las sombras
felinas del ramaje
¿las gotas atrapando, al roce
el ojo, relieves? ¿vale
correr la línea el velo fijar
el pestañeo de un acecho?
¿las pequeñas garras, los
pequeños jardines son la mente?

la silueta del animal,
otro animal. fronda vacía, que va
inmóvil contra lo espeso de
su espera. ¿acecha a quien
mira ruge como el océano a
su espalda? los senderos entre
abren ciertas huellas, pero

ninguna lumbre sobre los fondos
desasidos. viene el golpe y es
verde, la verdad sanguínea y
la palmera vaga o divaga
hasta que algo (olor a orines,
oro derretido la lengua,
océano que brote) aparezca

con un tajo (ni vertical
ni horizontal ni transversal ni
diagonal) un tajo
¿de arbustos, cuchillos del
follaje, imán el vacío?
o agujeros de los que saltan
las voces de la tierra.
el trueno o las lindes
del espejismo líquido por

nudos vegetales, saliva
el cosmos y a la luz del
entrecejo. las llagas en la piedra,
levanto: la humanidad y su mosca,
la borra del sendero,

dura. Dejo este borde, derivo
a la inconstancia, al reflejo griego y,
bajo selva de helicópteros, el
cuerpo extenso, dentro un sol
que se desploma, tiembla
sucedido, leído al aire.

2

¿van los signos en la cáscara,
el animal vestido? ¿lee
en hojas desplegadas
montes lentísimos pedazos
de su máscara? jaulas,
los jardines de su
entraña, y la mente

herida entre la hierba
que rasga en las estatuas
la inminente lluvia que habrá.
espanta el instante, como a esos
viajados por la luz y sus
comillas de ramaje manchado
el ojo. la desnudez que hace
de cada tallo raíz

clavada en golpe. y en el
fuego del ojo, los trazados,
caminándole, el tajo de sacras
muecas del desvarío y el árbol.
nada alumbre estos senderos

aunque golpes momifiquen el envés
y preguntas sean
la comba de las hojas, las
pulgas en el lomo eléctrico
del polvo. peor inocencia
la mirada, el graznido (hélices),

granizo los cuerpos recién
abiertos al anzuelo del
ojo; peor inocencia los gestos
sin linaje ni avidez,
la oscuridad tras la frente,
el culo ciego de la estatua orinada
por los siglos, gatos, los inmensos

jardines de la lente. cada
silueta hacia una bolsa
hueca, cada hongo o boca
o vulva o fruto sin nombre
hacia una mueca del cuerpo
más vasto que la hora, y más
pequeño que la mente.

3

y este momento disecado. el
instinto verde que lo
extingue, y suda tinta
sobre el espejo sin lindes
de la herida, el ojo
lejos del árbol y con todo

encima, fijo. ciegan los roces,
los troncos vivos del oratorio
y todavía en el centro. se ha
detenido aquí, enfrente
de quien yace en alianzas

con la sed, la estrella
húmeda del tajo, las ramas
contra el estómago del
cielo, la lluvia de pisadas
piedras que acaba de empezar
para terror de los venidos,

y dispersa
esos rostros en la oración
roído por el otro fuego, circula
en la piedad de unos astros cortados
por la luz por destinados cuerpos,
rápido.

IX

¿ves en lo oscuro
y escurre? ¿intentas
respirar el golpe de las
alas, el brillo que brota
del golpe de los cuernos,
espiración y el fuego
abriéndose paso los rostros
en los platos? ¿y el peso
del crujido celeste,
la ranura donde soplan
dioses de inminencia?

¿ves en el mapa
la procesión de hormigas
sobre la piel? ¿sobre
la pierna atrapada
en la media que corre infinita
acariciada entre jardines,
jadeos colgantes, entre
perfumes de la vacilación
y terror? ¿ves cómo
fractura el agua que
respirada se mezcla
al campo visual y resulta
campo minado?

¿insectos te rozan
los párpados en fuego?
pero lumbre no es, ni ilación,
ni soles, ni nada que ver,
¿con un ojo semejante? ¿a
la descarga inmóvil,
tránsito a punto de volarte
la sien? tal vez te veas
abrirte paso por el fuego

y el follaje, la mordida
que te hará

    relámpago. si todo
en sombras, la habitación
de un vaso ¿es un vaso? y si
alguien pregunta, el roce
mínimo animal, el golpe
lila en la entrepierna
le hablarán. ¿y la caverna
en la axila, el remolino
inmóvil en el álbum
familiar? fotografías de
los dioses cuando rieron, o
callaron, o fueron
abatidos por centauros.

X

> […] Y me dijeron: Arranca las flores que desees, oh cantor, ojalá te alegres, y dalas a tus amigos, que puedan regocijarse en la tierra […]
>
> Ninoyolnotza

no tener pasado, o tenerlo –es
demasiado. tigre de cada cual, el oasis
nómade hacia quien viaja buscador del oro
que nunca encontraría sino en aquello que nunca
buscó, o que siempre encuentra, en atavío,
autopsias del paisaje bajo la voz, tigre
de cada cual pasado en claro, como no
tener, no haber hallado y, sin espejo,

contemplación y sed y lo invisible
indivisible de lo dado, visitado y a la vista
el embrión del sol, la cerda de la estrella,
rechinamientos, flores, el boomerang que nunca
vuelve o vuelve bajo la forma de otra cosa
llamada. cultivo de un sitio en que se espera
por el corte del destino en la mano que,
cuando va a acariciar, regresa y se difunde
el vacío –¿qué decir entonces de la dicha?

unas flores bajo las jaulas del rocío.
las del deseo, las de la voz que perderíase,
las de los sitios del muro movedizo –no
temer, no estar vestidos, al respirar todo
consiste por temer la propia voz, por un centro
que se aleja como frasea el agua y florece
sin espejo. quien fuera, sin rescoldo,
del deseo; quien tuviera sospecha
entre los dientes, guadaña, para la mano

cayendo del mantel,
estrellas o cuarzo de los sueños, mano
cautiva donde lo otro se obra cuando va

a tocar. no haber tenido un pasado o no haberlo
perdido –de los fantasmas el reino de la boca–,
demasiado es para el pulso que permanece
en sueños escolopendra y bosque del tapiz de
la pelambre del tigre. pasando la claridad,
retrocede el oasis y no había, ni perdido,

paraíso. quien respira el dibujo; quien
comprueba la oración en el suspiro
que se horada –no en pregunta, sino antes–;
quien quisiera devolverse al pulso nómade y sólo
cabe en encontrar, sacar a flote, lustrar
especies; quien es cultivo por un patio, por
perpetuarse, perpetuar la especie escolopendra
o manantial de rescoldos de caída desde el mantel,
abolladuras, la dicha digital sobre las formas;

las cosas temen, expelen en olor
santo de inmóviles por aquellos que las fijan,
aquellos que las filtran, como al tiempo, a
tiempo, por un odre o vena o el paso
del pasado hacia sí mismo. demasiado para soltar

y demasiado para volverse a salvedad y devolver
a lo invisible, el boomerang de las formas –difunde,
al decir, en el destino, de un soplo o llamado que
se refracta, brasa natal, del agua de la palabra lejos,
una forma del hundirse o cadencia que perderíase, si
ese pasado fuera–; boca sellada, boca de los
que traman su temer y sólo caben en preguntas y vengan

pasados, hasta volarse la situación
que el ojo no penetra. las cosas selladas
por la boca que las desea
fijar –móviles, despliegan su amenaza;
flores, sus voces, traspasadas por la sed
de invisible que acaricia, pide y pliega,
en la sombra, la cara dividida–;

el aire respirable es compañía, claro
en bosque de tensión del instante
sella el vacío. y quien perdió la infancia
por no poder recordarla o recordándola;
quien la estallara entre el vapor de suyo
sobre el cristal en que miraba; quien,
fracturado el instante, de atavío hiciera
sello de su hallar y contemplando su sed
tendió una manta; quien en dibujos
del desierto parido fue o en puentes
sin más fondo que el arriba y no vengó
y fue perdido. disipada la sombra,

¿en qué se fija? rechina follaje
del tigre, herida nómade, del hambre
el reino. de rocío cautivos, no habrá
condena, de qué salvar no habrá sino
del claro –oasis la pelambre, en
repentinas abolladuras, dientes– y sean,
ojalá alegres, ojalá soltados de lo que está
pasado o a la vista.

XI

mmm aromas de la concupiscencia.
en vez de oxígeno el gemido
de lo que va a parir. dentro de un
momento, por ese agujero,
esas circulaciones empañándose con
rayos hacia el puño serpiente
sobre la arena, empañándose, la arena
entra por los ojos. en vez de ruta
hacias las Indias, destellos
de Purgatorio; cuerpo, alacrán, raya

el tablero. follaje que el abuso exhala
para encontrar una caja en la que hubo
aromas y ahora hay té, para
los dientes. y que el abuso sea

cara, vasija para el agua
que no vuelve, el estruendo
en las cortinas, ropa pesada para el
cuerpo que, sabiendo, haga dentro
un momento tras el cual el coma

triunfal de los acróbatas al
entrar, saciedad de hueso, gongs, el mediopunto
entre borrar oxígeno y propagarlo sobre la borra
del té. a cambio de vientre ¿circular? espiralada
fragua el deseo, y ahora océano retumba, sss,

sutura con hormigas, la línea
desde el aroma pensado, los dardos de
imposible, el traspié. ¿aguzaría, un momento,
la mirilla? ¿repetiría, osario, la cuestión
del ojo? ¿y la pared helada, la araña
en la pared, el ojo puesto?

¿a secar? el ojo a secas. desde aquel
mangrullo hileras de bambúes, lúcidas, que
de cerca son botellas ya bebidas del sonido;
tacuaras cuyo desfiladero acaba en cisnes
del estanque. ¡mmm, ser criminal contra cancel
y dispararle a las cabezas! [...] aunque elástico

fuego de ser
aroma de una penetración que sin
espacio espira simetría, duración,
sus crines, ¡emperadores, eee, de las
arenas del cielo! ¡mortajas, tajadas!
¡cavilación el picadero pleno! ¿extracción
trac, del alma con tirar

de un hilo? ¿y si al soplar
cierta palabra mordiérase
la lengua? ¿camináis, cual caimanes
hacia el centro que os repele, pero fraguan
su apetito? última entrada: el que
bombea, el que por parlante fuego respira
sólo, fsss, fosas, el que iba

a besar el suelo
con la frente, en vez
de máscara, masacre de la cara, en
vez de astros, constelaciones, relación
del vaciadero a su centro en que alguien se
mira, en vez de mesa donde apoya el codo,
un momento ¿alacrán? en vez, ninguna

frente se disuelve en esa
música y, lago, a un lado, en el lugar
del alma, en su lugar, ¡rrr, afff!
¡eso que anda encima no se orina!
¡la vestidura, vvvv, la carnadura!
[...] aunque ocupar un territorio,
¡mare nostrum, sic transit! ¡desfiladeros!,

¿adoráis el ojo? ¡intestinos
del arriba!, ¿dormiríais sobre estas
hojas cerradas al destino? el abuso,
padres, que se haga devenir, ciencia
y rostro, conjurado fuego donde el polvo,
pío, ama. ¿y ahora océano? mmm
aromas del amar, cuyos sonidos
son colores para el tacto [...]

–eso está bien dicho –dijo Cándido
–¿pero?
–habría que cultivar la huerta

XII

el gran reloj de las fosforescencias.
el reloj rajadura donde el fuego de piojos sobre la nieve.
zumba el curare en medio del cine. balsas volátiles
hacia vejigas y a salvo de pacer. el gran compacto
de la selva, el juego de manos, láminas y halcones
sobre la nueve hablada. las siluetas se recobran desde
el deseo de haber manado. el círculo infernal haber tragado,
haber abierto un tajo como la boca. el gran desvío tentación.
sobrenadarse del vampiro por las uñas comidas de un niño
rozada entre los torsos de los árboles sin nombre. el centro
de sombras canceladas, el repliegue de la tela y las lombrices
sin nombre del lenguaje. el gran reloj que no da hora, que no da
razón ni hora de morder o ser mordidos por el vientre, o ser
besados por el cuchillo del vientre porque el ahora fuma
las guirnaldas de los sitios, las veloces dunas sobre el ritmo

de lo abierto. el gran reloj, el enorme tambor donde aguas
vuelven a su herida. en la gran herida en el borde y las conversación
entre el pez y el centro de su astilla y las dormidas figuras
remontando un barrilete, un feriado sobre la nieve del que besaba
el cristal. era un modo de las aguas, un retirarse o desplegar
en espacio de lo lento que era lo abierto y además era
retirar un saludo o el sombrero ante los peces
de las dalias. era un salto en la sentencia del emperador
apretado en cuerdas o pífanos del agua. un fogonazo entre el pecho
y el esplendor. una garganta, oquedad, un gran reloj ilusionado,
agudas formaciones de halcones sobre la nieve. reloj que tintineaba,
máscaras del filo, de unas fornicaciones en un círculo.
la funda del temer, la del tener, la del tomar, para una espada
vacía, a un persignado del vapor, cuises volando hacia el aquí,

hacia los juncos donde el remero apoya su bostezo. el gran
reloj de discordancia, ladrido, ritmo del espejo de las
estalactitas y el jamón colgando de la viga. vergüenza por el tacto,
fuego de la vergüenza por el olor. el gran zumbido nocturno y a veces

la nieve fluyendo de la herida del brazo del sillón donde el anciano
sueña. aquí las figuras del gran témpano, del templo en media
selva, el asesino en sus pliegues o dormitorio horas
antes del crimen, la palangana donde la joven sorprende
a su consorte en vestíbulo de lupanar y arranca, del agua,
una manga de su traje. el gran reloj de los trofeos,
el pulso del niño coleccionista que un día sale de sus manos

y la bufanda topa en los muñones olorosos.
latido de las perforaciones, distraerse desde la mesa
mientras resina arde y la llanura gira y corderos son masticados.
mas el deseo, el de leve sombra, de que la herida vuelva a ser
el dormitorio y no, en inconstancia el gran reloj roedor del ojo
es penetrado
y doble –guerrero, sacro– ante el vapor de cerbatanas. pues aquí
tortuga es jaguar, y el mentón de la figura del matador un lago.
el gran reloj de las corolas, de las pequeñas violaciones contra
láminas del muro, de las garzas las bocas, aquí

el espacio adhiere un bodegón del que naranjas, o mangos,
son revueltos de un canasto. el gran fondo, el acabóse de los
mangos rodados. pero aquí nadie silba bajo la salva y el himno
de su aliento que separa del despejo. el gran lavaje de una espalda
tendida en el ahora con el sabor del doloroso espacio. se colman
bordes de un canasto contra la nieve. la bufanda entre rumores
en el agudo tambor donde se afilan. y, cual sentencias, mas no
de presas, sino de salvedades, el dolerse y del relámpago
el muro, o las dos naturalezas a un momento: *de mi cuerpo,*
dijo el zaque, *podéis hacer cuanto os venga en gana: que lo que es*
sobre mi voluntad no manda nadie, o, al oído: *perra loca, perra*
loca santimoñera, que has de ser aquí eterna para tormento de
todas, comulgadora que te he de quitar de la gratícula y del
confesionario: ¿por qué me deshonras, santa?

el gran soplo, el gran deseo, el gran
acabóse y el suspiro por la espalda cuya masticación
abrasaba. y la postura nupcial de los pies, reverbera sueño
en el móvil gemido de las ráfagas, falanges tocando la vitrina por

la cual los simios son tarareados. el espacio se desflora
hacia párpados del anciano en su sillón, lleno
como las piernas feroces del pequeño, que ríe, solo, en el centro
de la lámina. caída acuática donde érase leve y esas figuras
insectos, sobre la hoja, sin torso; Príncipe de las Flores,
buda elástico entre las dalias y la sonrisa, el gran reloj de las palmas,
el «no teman» atravesable como un suspiro o selva o los helechos
que son fragilidad del movimiento, su respiración, y el disco
eléctrico del ojo. y fuera promesas, eldorados. fuera sepulturas,

fragmentos del rocío desde la tela. y aquí,
en cuclillas, de pie, vuelto a sentar, mareado,
devuelto hacia las márgenes del hambre en los muñones
resinosos. otra vez se ve mecido, bajo soplos de
corazas, nocturnos. el gran colgajo, el gran holgar
todos los cráneos, telas, doblefondos y el gran reloj
de las fornicaciones, flotante sueño en que ella
está en su espalda, el acabóse la gloria de un temblor,
y huye, entre la nieve, y una selva en las palabras
del niño, y lo abierto lento curare
en la muñeca del anciano sobre el sofá y oh y zurbaranes
orando ante naranjas de su destino y la fiebre.

XIII

los ruidos de la noche funden
al gruñido de su estómago,
desvelo contra velo, horas
de tempestad equivocando
la evocación o mantas
por el cuerpo arrojado
a los leones en espejos.

«todo el día
fue la peste», cambia, «lo
previsible, el sinfín, patas
arriba raspando el aire» –líquido,
huido, convertido en brasas
de desconfianza, en círculos,
estarse quieto a la espera

¿de que el sitio
aclare o comparezca? –columna
arrojada contra Vacío– y, pendular,
«el suspiro quiso que la luz tornase
en cosas sólidas lentas»,
tacha, «como el mismo
cuerpo vuelto a ver
detrás de telones de
fondo de los años» –mutis
el foro–, vuelve

al principio, de cuajo,
espacio arañable –y el movimiento
pero dentro del espejo–, el ruido se ha
vuelto frases, frascos golpeados,
péndulos –*¿a qué vienen esos temores,*
Antonia [...] *¿qué te importa donde*
estás? [...] *entre todos tus dones,*

¿Naturaleza te negó el más valioso,
la sensibilidad del goce?–;

si engañador es engañado
y su estómago, destronada
la cabeza y en ascua
de durar fueron puños
la turbación, la cifra del rescate,
precio de la gracia y el hedor

de la fortuna; si
no se tiene
–y no se tiene–
qué colmar,

he allí
la gloria –que
el dibujo dé
en el blanco
del ojo, y sea el ojo
piraña quieta detrás
de la pecera–, eh,

«hubiese preferido horas
propicias», y en ese hueco, ya
visible, el ruido espejo
de un rostro, cuya marca de quicio
fuese viento, que se olvida y
en los pinos resplandece.

XIV

herido juicio entre todos.
el eje cautivo se aletarga alargándose
hasta tocarse en la pared que troca
encanto raspado y falsas
las cosas. humo entre la silla y
ascienden de las vejigas luces

y en disipación. hablaba
de su cuerpo, en el supuesto
de que su cuerpo fuera, en el acto
supuesto que mudo, perpendicular,
hería la hierba en puntas cuando quería
espiar procesiones por la mesa.

ilación de agujeros para que seque.
pensaba en su cuerpo y el abismo podía
sentirlo, hacia los párpados cripta
ida y vuelta la idea, entero pero
quebrado y danza del hueso adentro
del pliegue. e impalpable el escenario

da guarida a un exterminio
que ondula más hondo,
capitulación sobre dispersos
en la casa como insecto vaciada
porque tenía razón. la escarcha
del verano declara su propio viento

a lo obvio de la lumbre y la lombriz
de la idea. no tuvo centro
durante el siglo que respiró
repitiéndose los tintineos terrestres,
agitación del follaje sin foliar, sin
que la palma tocara el fruto que la adensa

o el hambre, si la
sopla. tenía un cuerpo, en aquello
salvo la duda no cabía
diluyendo hacia el centro
que da en los pliegues. por
el cierzo, dictaba el juicio,

es que no huele aquello
que tanto duele, y el escenario
impalpable fue entre todos
–«¿nunca tendrás tu centro, Yo?» –
el nombre alrededor del pellejo,
juicio hervido.

XV

la combadura. las grutas de la cabeza de la vieja
mujer sentada. el raspaje de las flores. de cabeza
las flores devorando. las estrías de las flores al
moverse. la combadura fósforo de sus cráneos.

los pasos escapan al rumor o cebra del rumor como halo
de linterna. al muro la mancha que despide o despedaza,
el follaje refractario. reduciéndose de los pies a polvo
solar, el aire navegable traspasó el cabello de un latido.
el rapto hacia el segundo, el calambre, órganos
cambiados sueltos cascabeles de Nuestra Señora.

la más leve hacia su hija que, de tanto serlo, fue
su madre: –*ven*. las cuentas del collar en la garganta fueron
dientes de personas. las grutas del fondo a la cabeza
estriada, voces, de los cruzados en la sala, peladas
como la tentación.

la materia, de tanto ser, es deletreada. las
almenas laten la oblicuidad
del asalto al castillo. la plaga en el bigote del
vigía, el cerco de las teas huellas del ciempiés
sobre la hebra. trepan las escaleras y la
materia es deletérea y la etérea estepa es
aspirada. bajo la manta con que los pies
diluyen, catapultas, estandartes, el cerrojo,
las escaleras huyen y quienes han subido jamás
lo hicieron. flores carnívoras debajo del
vestido. las grutas del torso
laten animales respirables.

la hora dada a la humedad chinesca donde la mano
asemeja. las grutas de la cabeza invertida, la
cabeza habitable como sala, cada bujía trenzando leves
copulaciones del rumor. y las otras mujeres, marfiles,

en la sala contigua se piden, se perfilan, se despiden.
el resplandor en la cabina mortal donde el vigía es intruso.

hacia unas islas trepa el ojo de las gotas. la sala
en que cualquier mirada hacia las franjas que median
los objetos sería llama clavada contra el eje
del oído. ¿demasiado cruel para la época, neutral, demasiado
evanescente? las plantas toman fondo, el segundo tambor
y del fuego permanencia. el cerrojo donde aves del jarrón serían
fragmentos una vestal, la oscura
mercancía en las entrañas
de los que han nacido.

¿un caparazón supone mundo
plano, una capa (marea) de razón
hirió la brizna? ¿el cerco de las
huellas? ¿la maraña al aspirar?
¿la planta la cabeza las voces las esponjas?

trepa el espejo ante su propio
estrangulado. ¿la bujía un querubín
entre los muebles o Eros
disparándole a las
damas? el jardín frota las grutas de
flores. el mordisco en la fruta que estaba
sobre la mesa. el follaje
el fondo que se ha ido
adonde hierve la arteria de
la idea y el marfil
–pinos, cipreses–
sigue pendiente
del vacío
refractario.

los seres dispersos por la luz, estandartes de las Parcas,
cauterizan la luz que los arquea. el figurante separa un muslo
del otro para entrar. el animal que lo respira, el campo
devorado en que las dobles de un jardín:

—ven,
ven, venado,
ven al bostezo del imán
de la imagen de cuanto estaba
y de lo estático.

astros la tentación. el ángel anuncia las doscientas
versiones de un nacimiento. la estampida de las
cebras. la sala disparada.
el raspaje de cebras
contra estrías, plagas, y
–Materia se inclinó–
jardín alrededor de la
cabeza, conversado. cabellos
de Venus trenzan las flores de
fósforo y la linterna contra
las grutas de vocales. las grutas. la hebra musical.

XVI

en esta casa de citas:
«pasa una nube sobre mí», «el
equilibrio en que las cosas cuentan
otrta cosa», «la filigrana hace
el espejo prohibido» o «padre,
de qué me abandonaste» –frutos

arrojados. pero se puede
cortar, raspar pintura y ver
pintura. no detrás, después,
sino suspiro entregado. datos
personales, laberinto que da
el equilibrio es compañía
hacia el oído. el cazador
pigmeo hunde su sombra
en dibujo de un elefante sobre
tierra, y cementerios de elefantes

en el sueño que el auriga
no concilia. una nube
sobre el dibujo de sí y rumor
trabado la cocina, de una
devoración que ha trabajado

el sabor a sombra recién
movido de lugar. arroja sombra
y a las cosas rumor,
que el auriga no conduce,
del orgullo que separa

una pieza
después de otra, detrás
de otra, dentro de otra
pieza, lejos de toda
habitación. en su reemplazo

hordas, cosas en equilibrio,
atan a quien escucha con
un aro al aroma del mal,

el pulso. el fruto más
prohibido por el que alguna
vez habría de ser –perdida
compañía, perdida espalda.

«dormí unas quince
horas y si bien
olvidé sueños, encontré
en el mismo lugar cabeza
donde pies y éstos donde
diafragma ayer», en esta
casa de citas, y
de una pieza.

XVII

    una voz tocado
el vacío se volvió
a trizas de sí mismo
y asimismo las miradas
el Gran Tocado que
vuela la cabeza

    del vacío,
hollado el cuenco
echa espuma.
la boca del sol
sobre la hoja,
deshoja

    ráfagas,
ejércitos que
se responden con
instrumentos más
elásticos y graves
que el soplido

    de una mano.
atraviesan el
espejo cerebral,
para que olas
desplieguen su olor
y cese Verbo.

    desde
otra vida, no
recordándola, sino
sonando del temor
–perder, ser
olvidado–,

las miradas
de la mejor amiga que
tuviera, fueron una y una
vez tocado, en el temor
de ya no ser
–y en el de ser–

tocado,
otro del uno.

XVIII

no quiero morir, repetía
el mudo; no cubrirme con
pasto, ejércitos santos, el
cristal con que se huye; no
repartirme en los cristales
donde Destino adivina o late
para asarme como a esculturas
comestibles, repetía; ya no

tengo envíos para
hacerme, mi reina al agua,
mi cabeza, ya no puedo sino
recorrerla como castillo
dejado en eje de una isla,
los jugadores se han quedado
dormidos como torres,
pero la luz no es
de este mundo y este mundo

no es éste –los niños
no querían morir, los niños no
sabían cómo debajo dormir
de la sábana sin dar la
empapada espalda a ese pulso
de cristal de daga; los niños
se tocaban y del deseo de sí
hacían los gestos del padecer,
mancha, el parecer, estatuas,

y ello no sonreía,
Virgen, ni palidez
en un cristal con niebla
cortada; los niños tenían
garfios, con ellos se medían, se

tomaban el día, pulso
entre huecos, y huecos– no quiero

   atravesar las edades,
repetía, no quiero ser, atravesable,
atravesado, ni pertenencia de mí
y, Nadie, como Tú, largo destino
en la puerta, para asarme
a lo largo; de algún modo pasto
no quiero ser de mundo
alguno.

XIX

migas, oleaje contra el reloj,
aguda calma de colinas que se
rasgan, no presagia
más que a la hora en que
empala el aire, féretro
en las formas, del
péndulo caer

de la madera, tan
familiar. ojo, que vida pasa
por esa hendija entre lo nudo
y fasto que en círculos
elige arder o casas de
las yemas… ¿de qué estás
hablando, hijo? ¿en nuestra
propia casa, a causa
del golpe, por mitades,
la gran respiración,

somos? migas o
lajas, qué más da, o qué más
hubiese dado. ¿darías letra
a los suplicios? ¿enfermarías
de sed y deseo para unir los
bordes? hay libros
en los labios,
rayos hasta la costra del
polvo. ¿levantarte

la tapa porque allí
–dijeron– latía el origen
de tus dioses? ¡ah,
dioses, en Primavera
de la vida! y ¡ah, la negra

armonía!… pero ¿con quién
estás hablando, hijo?

los cuerpos borrosos,
entre núcleos, nudillos, donde
cualquier bostezo es ejemplar
suficiente como huesos del museo
para arder, rayitas a lápiz sobre
migas, más blancas ahora y la certeza
de que el ahora, nube, empala. ¿no
mentiste a quienes tanto amas? ¿de qué
materia sino sueño y del suspiro?

en tu corteza hay huellas
de leones verticales en
ollas del suspiro y cruje. el aire
hasta da en el clavo
que en tu cabeza hunde. el ojo
encuentra que esto es todo
ciego, el volcán debajo

de la piel, la piel
pantalla para lámpara, ¿la grasa
del deseo como volcán, jabón,
empuñadura? ¿con qué hablabas,
nadie entendió? ¿el ceibo en el párpado
del parque, la gota de eternidad, las
patas, nadie entendió? ¿mirando el ojo
del volcán como todos los ciegos de
nacimiento? uh el reino de los sesos.
uh los sesos, diseminados, ahí.

¡chtst! migas… ¿de
quién estás hablando?

XX

rumor la evidencia hunde
contra el después
en que chispas paran
el aire y el aire
entra cardúmenes aún
sucesivos como caras,
despegándose, evidencia
de que el ojo salta de su
piedra y muebles duelen

donde ilación se pierde
por visible. antílopes
sobre el hombro durante
un alto. los astros genitales,
qué tachan sino el ojo y edificios
vertebrados por la brisa, en
espiral, que lo cóncavo

contesta. enfermar
de una fruta
mordida o en el pecho da
impresión de que se rompe
si respira, si la intención
es lo que huella, negros de
escuchar los álamos

manan chispas allá.
del castigo regresa, remota
nuca, por un canal dormido, la
puntada en la espalda, sin hilo;
tambores del follaje, timbre,
las orquestas batiéndose
a duelo en la mitad
de la cara.

XXI

yacía sobre arañas. foresta que dio su sombra,
fatal el espejo y ajeno como partir hacia el rostro sin una
tienda o pisadas que lo devuelvan. ¿demasiada mente
para la música? ¿sin más que hechizo o sudor de vidrio hacia
la herida y demasiada gente bajo la frente? yacía, al sesgo,
como su propia araña: «dame». mientras destripa sombra cerca
de un aquí curado por crujir el pulso hacia Desierto
ajeno. «creo que sí, no sé, creo que no.» voracidad diluye
eternidades ante las barcas náufragas que atestarían
el sol y, suspirable, fue respuesta: «sólo el espacio
que me fuera otorgado dentro de todo el espacio que
se fuera», y tragando ¿foresta por la herida? «donde se adueñan
de mí, supongo, o de ti, Ustedes». ¿pero el cerrojo de qué
es ejemplo? ¿el camino hacia adelante el camino hacia
atrás? uno mismo y solo y otro. uno: «Yo me bendigo» y, Yo
le bendijo; u otro: «aliento y alimento uno
son y en el sueño deserto, las musas que a lo cierto y lo
negro dan declive». cualquier camino hubo empezado mucho
antes de ser pisado: *maté a mi padre y ahora debo*
matar a mi madre, «cuídate del camino»,
«cuídame en ti», «date cuenta que voy

hacia mi espalda», «donde respiran
piedras», «¿decías?», «decía todo es vanidad, tormento
del espíritu», «retumba el seso y lo cierto y dentro del
ojo el árbol», «que las tendencias se acentúan, que
la sombra es espalda del padre, que el padre está sentado
a la sombra del padre», casca el ojo, un árbol, espejo
como el poder, en su neblina no calma el ojo «el fuego
de su frente», fijado al suelo, durante el resto del sol
mientras el suelo continúe y allí se mueva. pero el espejo
quita, el espejo roba, fija, grita *cámara*: «no. anida
espíritu en el seso», «no. la gracia es al cerebro
lo que el objeto al sonido», «no. vano por devorado», y
objeto avanza, objeto muestra colmillos, objeto sacude

sonido que la mente desmaya, camino descendiendo
hacia lo alto: «toda tendencia, devorable, drena»,
«telas, del sonido, puentes», «quizá
serías, si por fin hubiera, para el sitio, beber,
crujir, nombre. mas otro sitio te ocupa», «árbol abre
la palabra porque no hay árboles». al sesgo, sin pisadas

pero devuelto, a medias, a los espejos: «que lo
moral da lo mortal y en el revés, eureka, un salto araña
hacia la frente», a los espejos, letras en la
boca rasgan la superficie de lo cierto y en el fondo
ha nevado, madre, el día de tu sueño y buen augurio, «no
quiero verte entrar hacia la fuga, no vayas, no te vayas, a
desaparecer», donde el monstruo vuelve por deshilar a quien
le dio vida y esto, sueño en boca de lo cierto, da en
lo cierto, sitio que hambre el vacío y da
espalda, bostezo fatal, «creo en otro»,
«creo en cero», «hay otro aquí», «otro respira por el ojo»,
porque sí, y péndulos: «clávate, lengua», «ese golpe
en la rodilla cuando te fuiste a una edad en que no pude
verte», «¿decías?», «a veces cuento dedos», «a veces
cuento con lengua lo que dedos», «a veces me llamo pellejo
de un animal que no es un gato», «allí donde estaba aquí».

la nieve ya, como los huesos, no retrocede. aunque perdió
la huella lleva, tan breve, sangrante pie: «éramos
uno, eras», «Vosotros», «venían», «montándote», «pulsándote»,
«uno y trino, plumajes», «hacia aquí y ardía», «velocísimo
padre que estás en plumajes». el aire torre mental en la lupa
y el muro de espaldas y lo dorsal frontal: «eras para mí
tan transversal como era eterno caer», «diente en oreja y
ojo en yema», «eras para mí», «Yo te bendigas». sol
tormenta del espía, disipa su espíritu en foresta y come
el cero y habla en lo que clava: «hago de ti un haz», «boca
de la velocidad», «a la velocidad del sentido», «a la hora,
al guiño, al teclado, al círculo, a plumajes que agitas, al
velo, al verdugo, a que sí, a no del nombre, al ver donde
todos tus ojos se posan cortaderas» [...] «no. pliégate», «no.

cazador ejército de uno solo a pie», «sospecho y huelo a ropas»,
«plumaje de un animal que está en el gato», «ahora entiendo»,
«ahora entiendo que no entiendo nada», «alimento espíritu
y alimento hijo y alimento padre», «devoro sesos y la otredad
acuesta aquí», «en un lugar», «antes había un lugar o
había un antes», «crujías», «eras eterno para mí»,
«como sonido», «para sí», «ahora», «¿decías?». a medias, sobre arañas,
hordas raspan el esmalte y algo, perro, hurga, *¡ah
la blancura nívea!*, ajeno para la música y la mente
sin una tienda.

XXII

de Abismo el recipiente del sentido
–el cuerno de caza entre las briznas;
figuración de un insomne que avanza pez
hacia el centro del pantano y cree
bucear donde el zumbido se arde; donde gemir
funde a tajadas fijas del calor,
reverbera el cielo nudo y la espina

lo atraviesa– y de la piedra,
pulido el olor o arabesco la materia
acicala, rompe, llama al arrebato
de los cuerpos, y silencio. hallábanse así
relámpagos recíprocos y a distancia
ciega, mientras fuego goteaba los oídos,
el deseo dentro de lo denso y ya la sombra

pétrea sobre los cuerpos punzantes,
cascada más tensa que el arco sol
y tan lejanos. fueron, estaban aquí, en este
rostro de alfiler, en esta saturación
todo es gato y cierra las pezuñas
contra plumas envenenadas del cristal;
astros plantados en el cetro de un hambre

y briznas del zumbido del deseo
–llamaban, alerta, llamaban los perros
detrás y los caballos detrás y los humanos
detrás–, tan cazadores entrando
salpicaduras del espejo. la llama de la
materia hunde sus dedos y en Erebo
la luz horada el agudo cuerpo. horas hace, brillan
cúpulas en el *respirando* de cúpulas,
bajo su nombre –oh el tuyo, la lengua

no alcanza el tiempo, por
la materia cruza, cree cazar. en el crujido estaba
el padre bostezando un hacha entre las manos
al borde al quemar del pensamiento y brillan
frotaciones en que soles refractan,
ramifica el vidrio lo que no puede

esconder. enterrado vivo, empalado
a las distancias, estirado pellejo
hasta el tambor atado a ratos por
el hálito a sus tajos; el juego

donde el que narra no puede ver
a quien corre detrás para esconderse, a quienes
plantan los huesos de lo atrapable –perdía,
como en juegos o en todo parte de sí y parte
del negativo de sí clavado a bostezos; frutas
caían, contra el suelo, cráneos– y la luna párpado
de piedra. salto de lo mortal donde el padre
arroja su cara vaso para el aire que petrifica

ese movimiento de caballos en el jadeo
de ninguna herida. pero el aire casa de
lo mortal envenenado por las flechas, cuernos,
entre cavernas de las frutas, mordiscos en las
puntas, sonaba luz, sonaban dioses en la palma

agujérea. ¿qué no sería el apagarse
a distancia de sus voces? ¿quizá, del que narra,
rostro? sin esencia, ¿qué podía oírse de sí?
¿hubiesen, en la estridencia, preguntado
si el alma prevalece, cuando sapos
saltaban las colinas y del sueño hacían
el ardor o trapo para el rostro? ¿hablaba
hacia alguien que besándole
convertía en agujas respirar? y de aquel insomnio

¿qué restricciones deslizáronle a
la sombra en que algo caía aún en medio
crecimiento del temblor y movimiento de su sed
en el bucear donde las briznas del sentido? y

dado un sentimiento, extenso, al reptar
los rectángulos del cuarto en que alguien,
el sueño, le quema los talones, la hogaza
movida de lugar, la quemazón le come por la voz
y, dado el sentimiento, ora natural ora
espontáneo, etc., e infinito el mundo, el roce
de su falo en paraíso en medio de la frase,
siempre la última. el silencio yéndose,

se puede ver. sierpe de lo pensado. el ojo
roe aquello que le duele y el rayo
del suspiro entre llamas del mar que se coagulan
a su borde. se oye el péndulo y frotando,
desde el fondo que es el tumor del fondo. en medio
se despega de alguien que era y no podía

cuando en la hora desolla, desoído,
si no se puede ver, la corza fluida por las yemas;
por allí se pasa, la pieza llena del vacío
que la asalta, como quien busca en fondo y dioses
castrados se limpian de su piel, momias
del ojo y espuma de columnas –si hubieras
nacido, decíanle, si alguna vez hubieras
saltado hacia las playas del oído– […]

de un golpe recordó, en la ceja
de la sombra, cuevas astrales, la figura
saliendo del tapiz, que el fuego era
y la manzana era, y en las aéreas danzas de la herida
invasión de la materia, roía, esas líquidas
palabras. fuera cierto el lado en que tendido
abriera el alma, fauces torcían
el espejo, al otro, o bien hacia el espejo

lunar, colina fugaz en que la corza
golpea sin huellas contra las briznas; o,
por fin, fuera la puerta en sí instante
del que abre, o cierra, o salva una pestaña.
mas érase allí –y aquí tan lejos–, bebía
sus bordes, bebía la hinchazón de la materia,
masacre de la ardencia en que una gota
de su esperma era el espacio

y tenue. no fuera su huella cola,
chillido, garra del minuto, silla que narra y estuvo
allí, junto a ropajes destinados para el ojo.
penetraba Abismo y nacíanle orejas y frente y
lengua nuevas a su corteza –ningún acuerdo,
ningún recuerdo la luz; laberinto el dibujo
de su boca–, hecha la trampa. montañas
ardiendo, el olor de las pequeñas

frutas del ojo. es
inmediato –el aire se hincha, colma montañas
de cuerpecitos, peces, atravesándolos;
caballos del desvarío se despegan
agitando el lomo lleno de la sombra, y
ardiendo, el aire, ardiendo–

los árboles roen el aire.

XXIII

víboras por cabeza
dura, y el precipicio
de pronto de los pies
hacia el espejo que arde ajeno
colmillos de un durmiente

de pronto alumbra
el fondo degollado por
ceniza, impalpable reposa
y bocas desde las hojas,
miles, se reúnen para hablar
el pulso y pierden
como el pulso en impalpables

rápidos, el vapor de la
celebración asciende, así,
trepanan las escalas y
en su sitiado rumor,
cabeza de San Juan, la fuente
del placer, que pace, hacia
la herida en el ángulo, raptado
el equilibrio, empluma objetos
con el óxido que el deseo

da el deseo quita.
un cosquilleo en los bordes,
voces quemadas un bostezo
los rostros se reúnen habitados,
y, punción,

ideas cuelgas huesos,
enrarecen al sol, ocupan
la herida que se reúne a la velocidad
del tacto apenas donde
penetran suspirantes

helechos; se habita
en sus branquias el viraje en que,
manando, el vapor es agónico en su silla,
los muebles se desplazan,
maquilla el sol, recto, rapta

despacio y las horas
tapadas como úteros, hornos, la nítida
fuga del suspiro. ¿la sensación de un
tajo descorriéndose? el elefante filtra
el costado de una virgen,
los invitados letras con los
párpados vítreos. ¿y la unidad
del soplo? se habita en cavernas,

ideas huellan el agua,
contra el vacío soplado
a un ángulo y amanecer
con cota de malla, en medio
del espacio que se estira
en la batalla con lanzas,
el orinal por cráneo, el hilo
contra el vacío, umbilical

y sin reposo. y, desde
allí, ¿preguntar por la intención,
el resultado, el permanente
viaje inmóvil? algo más lento
enjaula el ojo, se congela el follaje,
hace agua o trizas el instante,
narraciones, cicatrices del agua,

el témpano acerca su hálito
hacia la proa, los rostros
contra el pulso, el ojo repasa el vacío
fijo y durante, aprieta el pulso que
chispea, sale océano del tacto,

atrapado en medio, ¡sorpresa!,
el conejo entra en la luz,

    atajo para alcanzar
un sitio que era
el mismo. ¿graznido de pavorreales
en la niebla? ¿la hierba contra
los pasos corta los pasos?
¿el cuerpo un búcaro para
el estruendo de las telas?

    algo más,
el instante liebre,
el pulso come lentitud, y
todo tiempo está pasado,
estalla el fondo, la pierna
suelta contra la pierna fija,
el tajo hacia el pulso,

    oleaje, ojo, oleaje,
tajo, fijo, y pasando,
estás donde se salta el suelo,
te cuenta en sílabas, la tinta
no reposa, celebra

    la aparición de la apariencia.
y que devuelva lanzas, que siga,
discontinua, a la circulación, a
los planetas, a relojes de la arteria
directa al pulso, hacia el sentido
que se roe los bordes. ¿hablaste
y estás afuera de tu voz y,
al fin, era libre el aire?

    ¿la celebración de los pulsos
que pone orden, la reunida
disgregación, el orden en la sala?

devora la liebre en tu nombre.
bajo el búcaro el campo de batalla.

algo más, lento, despedazándose,
contra costas, islas cercadas
cuya cabeza se reúne
contra el vitral del espacio,
evaporados los ajusticiamientos,
las hogueras, la maldición proferida,
contra la herida un segundo antes

de que el diablo entre, al fin,
por el acero del tacto y el cuerpo
hecho de rayos, pequeños cortes
en la tela en que se traza,
pies en falso, premonición,
preguntas, se reúnen los rostros,
astros, contra el cristal
del gran acuario que desborda

ojos y negros
alimentos se disuelven
por el fuego de la idea,
puente entre los labios,
penetración del reptil en la mirada,

llamándose cabeza de
Medusa, avanza hacia los invitados,
copas en mano, mordido el borde,
un alimento que troca en pata
de conejo, o mueble, la mala
o buena suerte

de respirar. ¿los bordes
de la copa? que siga, jauría,
el soplo; rapten el suelo
hacia atrás, a un origen
suspirante, ideas por las costillas,

la herida, serpiente
del mar, estalle
el iceberg líneas
de flotación, estalle
desfloración por la que arden
los invitados, en coturnos,
como mosquitos.

XXIV

suena así:
¿soy un derrame
de los siglos, sitio
volcado aparición y
cálculo oquedad, guijarro
que despeño

hacia la frente.
suplician herramientas aún
templadas para sonar y,
quién lo dice, colmar así la
rumia, edades, para soñar
y el-mundo-que-flota. soy,
por acordes, grieta
milagrosa de los nombres,

harto difícil. hongos
brillan palabras después
de la tormenta o debajo,
imantación, inmóvil, mancha
en el reflejo, corteza de
corteza, tallos sonando
monos atrapados
con el único

zapato en la
mano. tallado, aparente,
paciendo a la vez y a veces
no, al ras, sin
presa, recogida, trompeta de los
cerdos, muda liviandad que
por sorpresa

ataca y recurrencia
hacia reflejos, soy un ojo

ante perplejos algos,
monos amando templos y quietos
días en la pequeña raja. sin imán, sin
cara edad o incendiándose, a
los codazos llegar al corazón
como navío para clavarse,

entre la cantidad o
el saqueo –allí
arden vestidos
secos, de madre, y la alegría
por nada en nada y nada
más a más

no poder. astros como peces,
rumian su esperma hasta
brillar. un hongo, a la espera
soy de tormenta o debajo, muchos
para volverme uno o para no volver,
estruendo de guijarros hacia la cara

vacíos, vacíos,
vacíos, vacíos, vacíos,
pero harto
difícil, bah, si «el
que interpreta pierde
la vida»?

XXV

sin Martín Adán

en ciego,
de pronto ante vacío
más lento a punto
de rozarme,

vasijas relucen el sudor
nocturno donde Espalda huye
por aspirar y oyen los ojos
la lana anterior a la pregunta,
sombra que repentina
penetra o cristaliza orquesta de vacío.

Ojo hunde la imantación
hacia tejidos, avispa,
frío circular toca los
cráneos de los dioses
dormidos, hunde ese follaje
los arenales más lentos
que Ojo

desovilla –molecular
infierno, guerra de la materia.
nada se alarga en escalones
hasta nada que adelgaza,
el eslabón se perderá
en pleno o como océano. Cabeza
impregnada pequeña nuez cuya
quijada cae, también, porque desoye pero
sin fondo cifra,

una entraña en la playa
por carecer de otro
esqueleto que una catedral,
por carecer

huyen los dioses,
gamos del espejo,
las algas capturadas
con la uña. y gira
Insuficiencia, llena,
el llamador a la puerta por aspirar,
número equivocado. todo lo que
piensa contiene respiración, todo
lo que toca, señor equivocado,
mientras visible hace invisible raspar hastío bosque esqueleto.
despegará el empapelado, las baraturas despeñándose, danza
de la cancelación al sol, Pies fueron del otro ahora
devueltos a tapiz que deja suavemente

de ser cerebro aguaviva al acecho.
todo lo que reúne hiriente levedad,
abismo como si fuera un cristal.

contra el espejo
penetrado natural de sitios, la aparición
de los objetos y a la hora, susurra Diosa
Insuficiencia, de postres, la entrada
a las llamas. Mirada soy todo
redes el devenir follaje los dioses
dentro comiendo espuma los cielos
pasto de los cielos la serpiente
de Adán me volverá a morder Nucas
agudas atadas Codos del soplo
zumba Cerebro   cogita una red
la duración la sombra   alguien que no soy hasta tocarme casi
rocas el suspiro   hacia cualquier evidencia. ya puede
nada aspirar este mandril,

apenas parpadee,
antes de entrar o de la flecha
que Sangre sufre por devorar,
apenas trague el imán de su plato vacío,

giran los dioses dados pasados hasta
Párpados –movimiento, la mental apetencia
hacia colmenas empañada cuando agita
vegetación de Cabeza, quiere

soltarse y profanar. Insuficiencia
como a una catedral circulada por lianas,
zumba durar y ser ya no puedo
un animal y ya no puedo
mi propia hembra o Narciso
que la red de Ojo
del otro tejida. avispas

rodean el cuerpo de un gamo respirado,
por los ijares pende Abismo del deseo,
arde lo fijo, fríos urdiendo a cavidad
que Ojo pule sin herir, Ojo nieve no dará
alcance o nacimiento. cortado árbol
sin nombre respiración concéntrica perdida
para siempre, sin

consecuencia ni secuencia. hombre cortado
por el tronco   hombre sin dorso encuentra
que no puede   entrar   la casa de Cerebro
brilla pero escombra   la casa imperial, resinas así
el demonio de la claridad   saltar entre dos párpados
hacha talón para moder el centro   igual a sí igual
a cicatrices de la voz musgo fluyendo   Cerebro
con flores que se devoran por abrirse   Todo Ojos Abismo
me celebra y empaña   oyéndome dormido alisar
superficie apenas atrapable, por carecer y no por ver mejor.

cada cuerpo ideograma a deriva
de pedirse los pedazos
combustibles. aquí despeña de aquí,
cardúmenes del chasquido,

¿a mi lado?
quién respira
de este lado, quién pulsa por
mí hasta empuñarme
como a un borde. en vilo paso
al lado neutro   *hable, hable,*
un reflejo.

XXVI

la venganza o la vergüenza, la punción
o la pústula, la apuesta o la estocada, la
advertencia o la estaca –y que el error
sea terror, y alcanzar, sin calzar
lo demasiado. cabeza versus corazón y, si hay
sol, por qué no idea para tocar, por qué no dioses
como soles en riñón, por qué no esto para que
aquello se queme o deje de quemar. el rostro

o el envés, seguros de que el curvo
elemento que golpea entre fibras del
deseo es aire y que allí, y no aquí,
respirar lo imprime en ejercicio de la
fe, la voluntad, el porvenir, la posición
que otorga a la constancia consistencia y
la cabeza en su tallo. ¿el cuerpo acaso no cuenta

que la cabeza es sentenciada y deja
su muesca, donde la mano obedece
y la abeja del ojo pica en su cópula claridad?
¿la comprensión, Tiempos, para que lumbre
se haga la compasión ante el ojo
del mosquito? ¿la casa en tránsito,
invadiéndose con ánimas, el nervio que pulsa
por hilvanarse a la letra, no prometen

y que responda el ojo? ¿y cómo
saquearse, perder el rastro, cómo aquéllo
hilvana y ésto, lábil, dicta que nada
pierde lugar en la maraña? jugar o hacer del aire
un lugar; la placenta o la pérdida, el péndulo
o el placer; la sospecha que la sombra
otorga, demasiada lumbre tajea pero imprime,

bien habida, riñón para el futuro.
no muy correcto es raptar del talle a la
Madonna, ello no encastra bien y
trasto negro el vals invade –mas viendo arder
a los mosquitos. perder encías poco importa;
escudo caerá ante la sed como cedazo de tu
dios contra el rostro y cuánto valen

pedazos de Madonna. cuánta y pulcra
red, o gratitud, dulzura en cuerpos
seguros por el aire. ante unos otros que son
nosotros o encías de un escudo y cuando quema
el extremo del ojo, cuanto implica, bien
sabida, la salida –que nunca entra–, y la
sospecha de que la sombra otorga, seguras

las arterias y la mente que
seguramente discierne para dictar
en la figura sentencia: color no puede oler,
el feto o la fe, la intuición o la intención,
la pena la condena la conclusión la confesión
la cara –o nada. la cabeza se haga a un lado,
si hay esto es porque hay aquello y si hay
aquello es porque hay «alma, maternal, materia,
virilidad, sensible» –ya se sabe

y las vísceras
música tonta. los elementos ceden donde frases
cuentan desprendiéndose hendidas y no
en el aire; nada que digan destronará la mancha cosmos,
cicatriz cuya costura quema los vastos
lagos, quema –tan antiguo–

a quien está en el pulso pero detrás
de esto testigo de aquello y de que
aquello enfrente está de esto que está seguro, o seguro.

XXVII

la muda
palpitación
de roces
masticados, huida
de una languidez
cuyo color asume el estallido
y la fragancia durante
todo un rapto

del oleaje: luces
clavadas a quien mira, pulpa tatuada
por el temblor y por lo equívoco.
es entonces cuando los vidrios trashuman,
plantas cosidas se deciden a reír,
mostrar los dientes de palmera,
apretar. es entonces. y
los sonidos relumbran, y

marcas como de fuego para forjar
fantasmas en su red
de verbos contra la luz que no es la única
luz pero trashuma luz. aunque,
qué te has acecho, agazapado, qué
acecho del sinfín.

XXVIII

el agua puesta
a hervir, el pensamiento
puesto que ahora recupera
plumajes del perdido
día. día prístino, prestado,

inevitable por momentos
igual al centro radiante que lo dura,
la espesa rumia de un mar intacto.
el ruido de cuchillos
del agua abriendo
las ramas aliviadas de pronto
de su peso por el ojo

agitándolas, esa manera
indolora, mientras de esa
manera reposar el codo los rasgos las
hierbas del pensamiento hacia la casa
de pavor, vapor.

estarse, ahora, en remolinos.
día decorado, día en láminas. de a
tiras, atorándose, como restos
o resortes en clavijas indoloras de
una casa indolora. ¿nunca se te ocurrió,
o te escurrías, nunca
te ocurrirá?

se puede abrir.
siempre se puede abrir.
día pánico.

el grumo revienta mientras el agua se pone
tu ropa, zapatos y sale, ese, a, ele, e,
el agua indolora.

XXIX

a Pedro Cugnasco

toda raíz carnívora a través del gamo de la luz.
como que filtra aguda violación una llovizna,
saltado voy hacia figuras
súbitamente borradas por el raspón de un bosque.

el cuerpo navegable, atravesable dispersión, de raíz
por el pulso y tiento
que me habrá de borrar, salpicadura a tiempo
como la mano rehén de los oídos,
desde otro lugar en la sed.
anillo el bosque
donde saco la espalda
hacia lo cóncavo que agita,
la mano despega hacia sí misma.

es otro modo de fingir,
hojas pesadas
manando vueltas al golpe dudoso, cuchillo de pasos
o borrosos, verbos peces para el tacto.

perdí la intención, perdí el imán, perdí la puerta.
yo anillo el bosque pero él devora el dedo que señala.

donde estábamos, otro modo entre las hebras.
la misma agitación de hormigueros que son astros
disparados, mar
de miedo de lo que al ser
fijado ya diluye
el bosque que jadea.
un resplandor jadea ojo de parto.

¿y tu cabeza, bosque?
nunca se deja de nacer,
ráfaga aspira ardor y los furtivos.

no voy a grabar en estos nudos,
árbol bajo la lupa
tampoco hilvana a este reposo. devuelve
la condición del sufrimiento a condición de rasgar;
ciertas hebras a través de ciertos párpados.

    no correspondo aquí, no me devuelvo.
voces nuestras para soltarse
después, un alto en los bostezos,
puerta que perdida no nos entregará.
ojo mana, salta, respira. los guerreros
regresan ya cebras entre las cañas, traen
la cabeza del bosque vaivén en una red.

    nada de lo que diga será cierto, nada de lo que no.
el bosque conspira a mis espaldas,
les habla de alguien de mí
que anilla vegetaciones verbales,
ojo que babea columnas, ser sin aire.

    estaba tan
lejos, bosque para el espejo soplado.
pero me adentro.
la transparencia, la chispa, la opacidad,
pasos perdidos peces de la frente
desprendida aquí desprendido en la impresión.

XXX

[…] «has conocido la espejeante
duración y en el remordimiento mordeduras
y el moretón de donde parten los ríos y los gajos
de ambición, evanescer, culpa como venda y
penumbra de un cuarto donde volverse mesa. también
son gajos estos kilómetros enrollados
bajo la opaca piel cobre letal como la mente.

sobresaltar fragmentos de cristal que volverá
a las pinzas de álamos diluyéndose, la tinta sobre
contra dentro del ojo pero fuera de él, tinta
en el papel del ojo que no cumple
ningún papel. mas el tormento
para no saciar una profundidad de fuego. fuego
oblicuo, así como las cuatro
estaciones se reparten
rocío y sombra, entre el rocío, entre la sombra. no sé
por qué, pero en esta casa las plantas se aligeran,
o se secan, o respiran; una fragancia
para ladearse a combustión.

y sea, entonces, lo seco respirable. sea
en este ningúnlugar que atiza el hecho, el
entumecimiento, sonrisa de las madres despegada
hacia el vacío erizados hacia el vacío
cobramos relieve y pulimos,
sin tiempo para el tiempo. he
recordado en estos gajos,

sorprendido al minuto
que restituye en el espejo
la pavorosa unidad,
donde las manchas son las únicas
zonas claras, zonas para aprender
la palma abierta de aquello

que más duele y donde el sueño desplaza
un aguijón para la palma que no podrá cerrarse.
entonces alguien sonríe como si fuera mi madre
para que pueda olfatear un abismo
y para que el miedo le tema a su propio hueso,
en ese sueño nadie acompaña, hasta
que abro muy cerca de un bulto dormido que eras,
árbol del que no supe aprender sino corteza
por apariencia de tajo, o, mejor, pelambre,
aparición y semejanza hacia un ritmo
devorante: me revierte
como la chispa en los tímpanos
o el aire durante cazador de voces.

dejar de ser un cazador,
quemar el hilo de la especie los nudos
murmuren las zonas sean reunidas como vértebras;
dejar de pertenecer, dejar
de permanecer.

pero las semejanzas secan la cordillera del instante.
suspiran por sentirme, permanecerse, arder intactas,
las semejanzas danzan un sobresalto
que actúa sin comprender, dan
un gato en el borde en que el aire se torna
hierba. has conocido gatos; reclusos en el vaivén
de una tormenta que entrañan y no quieren
ver, un tropiezo disimulo ante las ninfas de los ojos;
gatos ante el regazo que de tanto arañar los deja afuera,
en medio de sus patas como meses, sus bigotes ardiendo y afilados
para trozar, apretado el aire de una verdad que fuga y que de tanto
ahogarse ya no es ni el imposible. gatillos para arañar
el aire conocido, donde la espuma te rodea.

inanición por el color, asideros
y una demora, y un final ni feliz ni infeliz
reverberando en los nudos, en estandartes congelados
–álamos silbando, álamos a la distancia–

como siempre, distancia de siempre hacia ciempiés,
lepra que rodea a un tallo mecida por su propio
abismo hacia la lámpara, tallo que eres en *tú* mecida.
he respirado muy cerca, cuando el resoplar de los polos
nos conocía de antes, de otro lugar, y nos cocía
en los hervideros del infinito en un cuarto.

el resoplar de caracoles pulidos, los hilos
adjetivos y las marcas sobre la arena del mudo
resonar donde, no podría asegurarme, no podría
asegurarte, no podría asegurar de qué tengo hambre,
la mente sobregato de la idea, y perros
y jabalíes y tigres que hemos conocido. has
contemplado el haz que es una marca y el deseo emplumado
de que esa marca nos guarde, esa palma nos vuelva a recordar.

(muchas ideas, digamos,
segregan pestilencia, y, rumor,
disparan la gratuidad
y este *sin más*, el acto
cubierto repentinamente de ajíes que tiemblan
el espacio más impalpable y por eso
ya no tiemblan. muchas ideas, muchas
idas sin poder volver más que a la parte
y al aparte; aunque albergar la oscilación
no tenga espacio en el tiempo.)

aunque ya no lo sepa,
no hay compañía sino fogata
que reúne a los viajeros en mí,
a los que pasan y a los que quieren
quedarse, y a los ríos. aunque sólo sea
por matar el tiempo, hostigarlo nudo
en que la otra en mí se hace liviana y
eres, y algo como Eros que gatea, acosado,
bosteza, sonríe para pulir colmillos.
podrían matar, como el tiempo, pero apenas

brillan para la venda, para atisbar tras la ventana
las especies de miedo, los follajes golpeados
por los cómo, comas, punto, las
comillas que ha conocido.» [...]

XXXI

no oyó; quien empieza,
ni fragmenta. en un baile, conmueve
constelaciones raspadas de la pared.
así perdura silbada niebla que roza párpados y
continúa encendido por devenir. sabe
a helada la duración, simulacro el pecho
encendido lleno de hilos,
mientras vacila y se retrae
aguijón el fuego donde prendido
por la voz, por el instante
pulsa lejos. a luminosa
idea de ser no sé quién soy quién dice
esto, enumerable, sin saber, cópulas fatales;
esto ríe. el ojo donde ya se hiere, excepto
del tiempo pasado, tiempo temblando suspicacia y terror
ante ronca gratuidad. cuyo objeto se hizo
salvar a duración contemplaciones raspadas y cuyo
pulso inmóvil. no soy quien te toma
en serio, Cronos, siempre no soy yo; peces
acuden del pensamiento para acusar
el salto hacia la pérdida,
inocencia que aquí en La Feria vale ceniza;
no soy quién.

una mancha en la tela, sino que acusa
una heredad en brillos, lejos del mar, ahora
inmóviles: «como si el aire
que, respirado,
devolviérase
más aïre, aïre
envenenado»,
acosa la avidez (rasguños) cuando
no queda sino por asir, escalpelo vacilante;
la herida delata la negación, en las

entrañas todavía
rojas donde palpitan astros raspados.

Prajapati les dijo: *–la persona que se ve*
en los ojos: ésa es el Yo– para (esta vez) morir, para
extirparle a Materia el desborde desde el sueño y lo soñado
donde copulan músico y zumbidos. y de ese abismo
cámaras del alma vertiginosa, que es impreciso
comprender. qué tanto anhela, por qué la entrega del propio
yo suele empolvarse con rechazo,
las sirenas pidiéndole al viajero que se detenga
para siempre. (sí) oír ese zumbido de batalla
en nuestras células –estallaría el terror,
el infinito jadeo y se retrae. tan a la busca de un espejo
que será impreciso; deseo tan a la busca
de aquel rostro.

lo que debía sucederle; yo cediera
ante la tentación de un plumaje, un hueco
lunar en el sitio de la boca, avidez sin pie
hacia lo árido; si en ese roce la posesión
purificara. los nombres con armaduras
poseen y empuñan, velan la llama inmaterial,
la llanura acústica donde memorias cruzan
sus patas. por la línea prendida que resta
sobre lajas un caracol, acústica trampa
del espejo filtra filtra filtra la oquedad
de lo otro, la invasión del sueño
por la memoria, la invasión
de la materia por el sueño.

oír para otros animales
temeroso perfume al respirar
en un planeta que se extinguió
millones de años atrás, hace
un instante, mañana. el espejo
pide imprecisión, nombres
espejean. así, *el cuerpo*

mental lleva consigo el inextirpable
olor de todo lo que se pensó, se hizo,
deseó y sintió en cada una de sus vidas y
en las de cada uno de sus antepasados en cada
una de sus vidas; si memoria es perfumar;
si no responderé a una vacilación
difunta; si no responderé.

pintada, beatitud, apodera, desvirtúa,
pulida; el crimen delatando la niebla de la estirpe,
delatable como quien empieza sin oír; (oh) tan
torpe distracción. una torre tormento de una oreja,
un tatuaje hendido para otra cosa, un cuerpo que se equivoca, un
atoramiento animal, una mano suelta entre el éter,
pasadizos demasiado lejanos hacia el costado
izquierdo de la cabeza como el sonido
de un animal entre las bocas de un animal mientras ninguna boca
se abra.

retroceder; ser interrogado. en esta
interrupción no sé quién soy quién podría ni
hubiera de ser el otro que a veces soy, para no ser sino
este otro que, no sé, siendo el mismo no sabría decidirse ni decirme.
«imaginemos que, el universo entero, existe» –el entero compuesto
una tela
de azar; si la extendemos; si podemos invariar ciertos bordes que,
sin embargo, no llamaríamos (rasguños) fronteras; si en esa tela
hay un hueco,
que ríe; si el agujero negro, y no el sitio donde debía estar
la boca, por el que toda irradiación pudiera
soplar hacia la evanescencia en un compacto tragar la misma
tela; si la tela de universo eviscerado pasara por ese
agujero hasta desvanecerse. así en la combustión,
así el vacío.

no se oyó,
el que hace buenos los movimientos de la carne,
papel carbónico sobre ese rostro.

en esta función debo volverme,
boquear, pronunciar a tiempo
para el desdoblamiento, el estéreo, la interrupción
que es siempre sucesiva,
las almas simultáneas que en la nuca,
harén, astros resbalan el cuerpo.
más veloz debiera ser en esta función volverme el pulso
arrojo cópulas entre los astros condensan
grafía plateada mi esqueleto.

y en vez de pisar el escalón siguiente,
el cuerpo compuesto por zumbidos como una geisha
relampaguea:

esto es un espejo,
¿pero de qué?
la senda del distraído,
rozando en las branquias del ciclón
y la tripulación del pensamiento en llamas.
la defunción por funciones; aquí,
en el atoramiento,
hubo un crimen; como los nombres
esto es asesino.

empezada esta niebla,
la carcoma en los oídos
demasiado cerca del fuego que titubea,
dualidad y sus cuáles,
bosques de los cielos y ciervos
fluyen por detrás;
demasiada llanura para visible,
poderla tocar.

no respondo por mí;
amenaza de lo que es hereditario,
si entre rasgos veloces
el epitafio. y yo se los doy:

inocencia no valga;
entrega sin gritos mi cabeza.

la cabeza
en lo inverso,
las torres
cayendo, de modo
que el áspero ardid
por el conocimiento
recaptura
en lo arduo,
detrás, las
torres cayendo,
lo áspero inverso
recaptura por el
conocimiento
en lo arduo,
ardid, la cabeza,
detrás, las cimas cayendo,
no yo, la guerra
con los demonios.

XXXII

las moscas que brotaban de las bocas y fue
expirar, en el antiguo imperio. piedras
preciosas que después de arder todos los budas
suspenden devenir hacia colores que ojo
alguno podrá sino perder y cuál el sino si
«naturaleza humana», en orden de impostura, hace espirales, la cabeza
tonsura como la idea que la corroe, contra la tierra dardo. digamos,
naturalmente, por esclusas, irradiar el ojo es artificio
de la mirada y tal vez regreso
hacia un aquí como quien pesa
más a medida que hunde pasos
en lo flotante. y digamos, de paso, que alguien
entre las ruinas de otro desayuno

chispea por siempre en ese aquí (y que la próxima
vez puedas urdir sin trampas para voces
el dibujo) que impermanencia hierve. tan a la espera,
aun morir da impermanencia y nada, salvo viento,
atraviesa excusas, cerraduras del aquí deseo donde lugares
han devenido mutilación de lugares, los mismos lugares han
devenido, aquí no hay nadie, a medida que soplo restituyo a su vacío
pues propia, natural, en la mente con mis
comienzan misterio y miseria. tan veloces
atavíos hacia aquí miradas segregan el ser reunidas
en un punto de fuego. sarro de animales islas perdidos por el cuerpo.

(la dueña del Bar: «es una perra buenísima, vea
cómo muestra la patita, pero la madre… la madre
murió cuando saltaba un vidrio la cortó en dos», y, luego,
viento, las escenas repartiéndose, lo liso y siquiera
saber el fin tornaba más lento el mediodía, nada más
lento que hundir pasos hacia la cima de su luz cruzando
telas. detrás de la pupila, detrás de la aureola del aún,
detrás del sufrimiento que hace agua y del devenir lugares
más lentos pero detrás de conclusiones o estaquear el agua, este

estar cedido a lo confuso y espesura en cerrazón, al encuentro
con un cuerpo jamás buscado jamás como espesor suspiro recortar
instante en ciprés, porque olas de aquello irán de lo perdido
a lo perdido perpetuamente de una intimidad jamás.)

ya es el tiempo y tiempo un tigre.
ya el tiempo bebiendo un ojo de agua bebiendo árboles.
saber que el fin estaba próximo siquiera retornaba a su vacío.
tanto para tocar y líneas el agua
que convierte. el tiempo lleno de madres, ¿acaso no era ésta
la gran pradera? unos segundos antes diluía gemía. detener los ruidos
a lo largo de mí (he sorprendido una cabeza descolgada
de un sillón) no he sabido. el verdadero alacrán
carece de cara y, ¿acaso no éramos, acaso siendo no éramos?
vigilia esmalta el recuerdo de aquí, ¿acaso?, el río aquí
se corta.

(en el sabor de una fruta mordida por estarse en un lugar
ajeno siempre, donde ánimas viran hacia la esfinge del sentido
ido: capitular durante todo el tiempo para que un tono
estalle el cordel, sangrar. y cae la seda de los cielos caen platos
como por un garganta. y esto plagia el amor a lo real sobre
brocatos del ojo: esto sombra el ojo. es, hay que decirlo,
otro lugar. anegar bosques como dudas donde lo alto
es el lugar pero debajo, diríase.)

iba a decírtelo. memoria un mar lleno de madres,
la ráfaga que en el costo de lo oscuro empalidece.
abstine et sustine, cicatrices que se desplazan, susurrando, se
despegan los mármoles de la razón en cerrazones amantes,
cuando las quieras palpar serán paredes pero sin haz sin envés.

mas me perdía en un sueño en que resplandor soltaba
para volverse atravesable porque
iba tapando el vacío con susurros
lisos, y es que cóncavo no hallaba ni intimidad que emitir
este lugar que acabó y, viendo, alas, cientos, en pantanos del cristal
donde, por fin, como la sien, aparezco, estocada que da

esto: -------, ¿la cremación por el espíritu, furtivamente me
quise quedar, acaso no estábamos cruzando, como piernas debajo
de la mesa donde los otros tragan, acechos y un eslabón
fulminante? ¿una extensión o, por fin, un exterminio espiral
que el espíritu calcina donde en verdad no hay sino blanco?

(pero no eras aquí. la extensa cosa que sucediendo
eras, nos cruzaba. entonces la red era un aquí y el atajo
a la hoguera de los ecos. los ruidos hacen redes para
tocarse, esculturas de vacío.)

como la cosa que aplaude. la cosa va tapando
la visión o con susurros. lo cóncavo acabaría por helar
filamentos lúcidos de abejas en un cristal. (mas,
delgadísima habitación llena de afuera, los segundos
restituyen las cabezas a sus cestos
ardiendo por el agua. desde lo cual esto que digan
haga su trueque de confesión hacia la u en el allá de lo borrado.)

como eso, borrando, en encender, pascalianamente, *falsas ventanas
para la simetría.* aquello que dura es inestar y aun prontitud, como
la cosa sumergida sostengo el envés como quien habla de alguien
inmóvil en él por contemplarse irradiación a través y agujero
esa cruel intimidad que dan las hojas que no dan respiro
sino res. ni sino, viento cuya pregunta ha devenido.)

(creeré una palabra,
mas acaso debiera ser irreal.
----
velar los montes del momento.)

XXXIII

el cuerpo en la camisa
corta el vaso cuando cae, y
nosotros, los enanos, fijos, borde,
en la cornisa donde
el tamarindo es inmutable
y el aire que lo absorbe. cuanto

hay son nudos, ruidos, nidos en que
alguien, un enano, salta y es el espacio
que mastica. hay redes, pero
al caer son anguilas, hirvientes.
los espejos se van doblando y se ven las
calas. cuchilla, la sombra nos absorbe,

por llave una cara,
ante la página con plancton que suspira,
fluctúa un hálito compacto

y desfilan mohicanos,
caballeros acorazados insectos
camino al torneo, hirientes, y el bordado
en la alfombra. se hojea
ese latido, chilla, mar filmado, el mal,
fuera de foco, de sí,
murciélago la camisa, alfabeto
errante como hachas a los otros
lados del espejo, sonriente máscara
con dientes de un gato fijo.

árboles, tambores
los rostros del que pasa.
el hacha los corta en su latido. la
caída hacia el rostro estrangula,
aire natal, pupila refracta hacia relieves,
lavan ese escudo de ecos,

girante donde no se dice
el latido. si quisiera, siquiera,
cortar el vaso de su

frente. pero el torneo
comienza y el escriba,
insecto de lo probable,
respira un universo enano bajo
las cúpulas que caen en redes
de su imagen para prenderse
fuego en alfileres
de las ramas, acorazadas, *cárceles*
de invención que, como la pieza
en que se ve, tienen bordes.

el alfabeto agujerea
la camisa la ola la nube. levedad
tan breve, del discernimiento,
ya sin ceniza, transversal el corte,
las voces el aire fetal, superficie
pulida por el hábito los roces.
no habla el latido se atraviesa,
barbas el aire, pulpos del jarrón.
el cuerpo se hunde o duran los brazos

o el aliento letal.
la mirada zumba su red,
vibra el campo de lo probable,
el trazo del hálito, avispa
en el iris, ajena
orquesta bajo el pellejo,

insectos vibran vidrios
ajenos como el toro en la vasija
es un pulpo es una boca
gigante que lo traga. se atasca
un universo recomponiéndose, sus bordes

mascándonos. ¿y el resto
qué sino un torneo en que
los gestos inmutables pasan
porque son mortales? ¿qué
sino sacos la atención
y el eco y el tamarindo?

ya estuvo este no estar
y hay, en este aire que también
está, otro aire que empluma
los párpados gigantes que pastan
por la piel y estalla
el agua de su imagen. cuanto ha
caído, ha sido hacia arriba, hacia
el borde en que estuvo. viran

los párpados al fijarse,
rebotan astros en la vulva
de un mar filmado, mudo. cada
vientre carga un cero, polvo
votivo y el vacío que no es
el aire aunque en sus brillos

la boca lleva follaje,
el gato vuela el estómago. y
en el torneo, astros
cortados testículos,
por todo trofeo, inmutables,
claridad en las entrañas.
el nacimiento se vuela
en lo que ve: el ave agujero
del ojo aguja. las cosas

no tienen sitio y no tiene
caso ni casa ni ombligo.
desaparece la nube, brota
el baobab. hasta la sombra debajo
de la cual la cala brilla, y debajo
de la cual las ramas callan. cuanto hay

sale de escena. ¿pero cuál
de sus cuerpos se ha movido,
torre pequeña en el tablero? ¿el
mohicano? el hacha taja el ojo

y pasa, un camaleón
como el cielo que lo absorbe.
grutas hacen el cuerpo, agita
un brazo y es un murciélago,
atento, recomponiéndose los
órganos comidos, por miradas,

este imán se prende
durante el salto hacia atrás. es
cuanto hay y se ataja y las ramas
muelen las pestañas. las calas,
inclinadas hacia el consuelo, duermen
como piel mordida. el que escucha

pierde la imagen, volumen
mudo de los mundos que lo anidan,
voluble salvedad de no salvar.
redes cosiéndole la boca, rostro
cortado, el cuerpo traga pero
despeina la sombra, reina sin más
entre mármoles que de noche
ondulan. ¿pasa por alto? aunque mascado

por astros del tedio, el ruido de perfil
fulge la tela, sonrisa que
se acerca a un espejo que no está
en el espacio. pero en el ojo.
el ave se va, se vacía. el astro
enano del cuerpo parece un diente
de oro, ríe. sombrero del que adivina
su hálito, absorbe en página
para eterno y, camaleón,
entre matas de las sílabas,

el gato en la madeja,
latidos son madera, hasta las chispas
del minuto lo que viaja
la sangre sabe el tajo. sospecha
el otro reino, los pliegues,

desfila chillido de joyas
el cuerpo único, leve,
no huye del aire aunque en astillas
creyendo, ve. por el rastro
silba fuego de hachas, el torneo.
hasta el plato en la fruta se despeja.

hay que apedrear
al dueño, al gigante. la
sombra despelleja, las risas
vuelan dentaduras de lo pequeño,
puntas vibrátiles haciendo
el aire, cuanto hay es el aire,
de los árboles, el pasto, lo desea,
vidrios, refluyen, saben, sacan,
los pies, cicatrizan, en lo oscuro,
filmados, trizas, han salido, a
buscarnos, el ideograma del
infierno. ¿pero qué hiere más
que un cuerpo delicado?

los otros lados callan. cada
latido hace su clave pero se clava
y caerá ¿cuanto hay? una cornisa.
la cala en el cráneo
mastica el aire entre esta línea

y esta línea
no cuaja en la cabeza.

desgarrar este relámpago.
como lienzo líquido despertar
y no esperar –ah, y garras.

la vida ciega es tardanza.
ida, no se entrega, arde
y sin venganza, niega.

colibrí, que brilla. reposa
el mar que ya no está,
estalla –no es, ni mariposa.

¿no vive pues la muerte
en la mente? ¿no tiene
jardines, espejos donde beber?

entra vacío, el pantano
espacio para ver las pausas
musicales de lo dado,

estertores, torres, restos.
y no creer, ni aquí, ni
en esto respirado. pero

retiro lo dicho.
si no respiro hago de mí
un jardín de médanos?

¿nada para la muerte?
el espejo aspirado,
pirámides de vacío amando,

armadas. sin el yo, ¿qué sería
de mí? ¿cacería sin fin
y yo, el colibrí?

ello dispara.

Pinamar, 6 de febrero, 1985

hai

descansa la brizna
sobre la piedra.
brisa: ya no descansa.

3-5-1983

Encuentro, ahora, en este recorrido, múltiples citas: pinturas, otros textos, películas, conversaciones. Su mención aquí no haría más que subrayar sólo uno de los anhelos de estos poemas –el de ser *ilustraciones*. No voy a hacer el catálogo de estas «referencias culturales». Pero tampoco voy a evitar las citas directas –tan oblicuas, en fin–, inevitablemente delatadas por un marco de capciosos signos. No siempre las bastardillas o el encomillado señalan citas reales –¿aunque, acaso, no son siempre fraguadas? En el poema *VI*, hay una alusión a textos de Borges y también a Eielson. En el *VII*, las bastardillas pertenecen a un ensayo –anónimo ya para mí– entreleído hace años, en una biblioteca ajena. En el *XI* se transcribe, cercanamente, el pasaje final del *Cándido*, de Voltaire, en bastardillas. En el *XII*, la cita pertenece a un libro de Germán Arciniegas. En el *XIII*, las bastardillas son de *El monje*, de Matthew Lewis. En el *XXI*, las bastardillas se extraen de un film japonés, *La balada de Narayama*. En el poema *XXXI*, se podría rastrear la lectura de *La filosofía perenne*, de Huxley, citas incluidas y también de cantos precolombinos. En el *XXXIII*, las bastardillas son el título aproximado de una célebre serie de grabados de Piranesi. En la página 110, el final del poema recuerda a un texto recurrente sobre Zen (Eugen Herrigel, *El arte del tiro con arco*).

RUIDO INCIDENTAL / EL TÉ

[1990]

RUIDO INCIDENTAL

OTRO DESPUÉS

nadie está preparado
jamás; ni sorprende
otros ojos salvo en su propio
resplandor, al disolverse
tanto mirar. parapetado,
escorzo de un yo, sólo
atinando ansiar que un río
entre las cosas volara,
callase «desde lejos»,
navaja para despertar. se vive

entre un regazo muerto y otro
contando islas cuyos árboles
esquirlan los estanques abruptos,
la gratuidad del pecho secretamente.
pero se vive, y ese río carece de sino,
extensión: su viña dispersa no puede más
que florecer, desasirte, al temblar.

estático centelleo: único
segundo que nos será
acordado, permanezco ante
los árboles que querré,
todavía: la funda
de este paisaje no quiebra
lo vibrátil, mi alce,
tu mente a un paso
de distancia eclipsada
con todo aquello que
no (veo) se ve.

virando, relampagueas
hasta marcarme,
y el cuerpo se hace parte,
añicos. llega el momento

en que los ojos –sólo tus
ojos me hacen– quedándose
fijos se disipan: entonces
estoy siendo plenamente
mirado: caigo, pudor, vacío,
sin reflejar. no espero otro destino
que los ojos que tu cuerpo envía,
aunque encuentro voraces
cromosomas: quizá rebalse
un bosque allí donde –bajo
la nube cargada, presagiando
sin inocencia– de tanto dudar
ya no seremos sospechosos.

   será la oscura intermitencia.
el caso es que no habrá otros
alrededores: el rodeo estático al infligir,
por el mismo desprendimiento
en que se guía, un gozo retaceando.
será todo aquello que pidas, todo
aquello que precisamente no
se te dará: separación sí, y náusea
ante lo disgregado, la sinuosa superficie
que se es en aquello
que refleja. sumado, el equívoco –errar–
confiscado a los tótems que yo mismo
alcé en la arena. huirá el musgo
cuando arda
demasiado cerca la cicatriz
del agua que sueña con volverte
a reunir en el jardín de nacimientos,
un segundo incesante

   aún. cada ruido que hagas al moverte
espantará lo que moraba, hasta entonces,
las rocas anteriores también a la fealdad
que en ellas vibre: no infinito, pero una especie,
inútil bajo el imán. te vi: te

arrebaté a un envío, y quedándome
me volveré a perder.

«mi casa estaba, sin duda,
en alguna parte, ¿pero adónde?
vecindad sonora, reducción a cero,
deshabitada sombra
que me siguió
hasta aquí,

oh lávame.» placidez entre cortinas viejas,
el cuerpo, que sólo puede girar, se aferra
a su líquido. rasgar, rebotar: una mosca
prendida. «me caí de la cama, me volví a dormir; y ya
nunca volveré. esto lo juro.» el viento
desplazará otras hordas, la sinuosa
melodía será sendero. mientras, no hay aquí
perplejidad –llagas de sombra sobre el agua–:
nuestras caras envían, al reírnos
–«me visto, sin saber, de mí, y, sin embargo, no
te he visto» –, para no regresar a casa…

una mancha mental compone el cielo,
saltada, y los ojos aprenden a devorar: arena
que se lleva a sí misma bajo la piel. apoyarás
el pie en la almohada: tu cabeza, dejándose
(atraer) atravesar. nubes, otra vez, van a
parirte. la condena será zumbar una eterna
evocación, y quedarse. ni al inicio comprenderé:
hay, con todo, una vía, fugaz, más allá
de cualquier mapa. los ruidos tajan
el hilo líquido que al pensarnos
nos ensimisma, los ruidos rociando
la quemadura de un mundo

anunciado y perdido así como encendí
un foco. esa vasta pecera
dormirá debajo, moretón, cambio repentino,

sobrevivencia de una más (más) secreta
escena donde los hombros niegan
la hebra que los hechizó.

¿te gustaría soplar, en cada color,
un sonido? ¿y en cada planta una
ventana? el cuerpo se conduele,
al estallar visitado, mientras sabe
algo que el yo, desde su madriguera,
acabará por perder. «yo me apagaré (¡aquí:
el mar!) para no retener recuerdo alguno
de mí.» ¿quién serás, entonces,
mía? ¿quién seré para no contestar
a una pregunta siempre
fuera de sitio? nadie está
en su sitio: barreré la casa,
la extraña caverna
diluida en un cerco,
tallos de una explosión
invadida o trunca.

junto al sendero
te teñiste el pelo,
una ceja te pintaste
hacia lo abrupto. dos
pasos requerirán aceptar
estos sucesos de barro: a
la vez, lo ingrávido
y el peso.

marzo de 1987

EL TURISTA

> Me gusta aquella indicación de Marcel Duchamp. La manera en que lo expresaba, si recuerdo bien, dice más o menos así: «Hay que alcanzar la imposibilidad de transferir la huella de la memoria de una imagen a otra». En otras palabras, llegar al punto de vivir como un turista permanentemente.
>
> John Cage, en un reportaje

un intersticio desencontrándose en un bosque
otra vez capturado hacia los ásperos
filamentos de sonido, cabeza
de insecto emergió. desde el pasto, fue
ralentar, esa pastosidad, la
luz, obligando a los ojos: disgregación
de todo objeto hasta rebalsar su nombre,
su posesivo, a un punto neutro. fue aquella grieta,
vació: santuarios de ramas por fuera
y por dentro santuarios
otra vez.

huella la imposibilidad,
incidentes entre pasajes. ¿fue
necesario soltarlo todo –tus pantalones
arrugados–, que empezaras
a correr? lo ínfimo delata: una
mujer se desploma sin entregar, en la vereda,
un solo ruido; un gato
asesta mortal, el zarpazo a la sombra
de un pájaro que acaba de colarse,
sobre el oblicuo de una calle sin árboles
donde las hojas huidas
de otro lugar se vuelven uñas contra
el suelo. correr no te obviará
la respiración que yace
detrás de cada suceso y de tu hombro:
correspondencia casi equivocada, inesperada casi –también
ansiosa estridencia que los sentidos

anhelan. ¿será necesario volver? ¿será necesario
volver a empezar?

la fatuidad, el roce, plasman, crees, un aire
capaz de estremecer las briznas con un secreto, un
estornudo a tiempo, una palabra
despegada de su sombra, de todo cuanto la fiebre, la vigilia,
pueden rodear y diluir. apenas rocío: apoyarte
en las rodillas de tu padre, saltamontes
cercenados por las raíces del otoño acuciante,
confiando en la proximidad del mar
ante la suspicacia, su desnudez.

el tam tam para el momento, contornos
atorados a su modo con el miedo,
indiferente también. huías de algún lugar
que sostuvo en su detención
la espera de ti mismo. la mano,
por lo pronto, no calmó
los grandes escenarios: recortarás otra vez
ciertas figuras, para desperdigarlas
por los márgenes quemados, y serás un sello,
y serás el miedo a todo lo que suene,
amenazante en su brillar.

el aprendiz, así, se desvive
por contemplar. el relámpago
en la mariposa: rozarse con ese
parpadeo que
tampoco suena.

¿otra vez capturado? ¿tan poco
sueñas, aprendiz? sólo considera
la elasticidad de aquello que declina, la afinación
de los contrastes. quédate, si
quieres, pero quédate carente: permanece
ante las tintas mezcladas que cada árbol,
sin masticar siquiera este pasaje,

te arroja. quédate carente, pero
tiembla: suenas, cuando todo
aquello que suena es pasaje,
un helado en la mano,
frutas.

6 de abril de 1987

UN PLIEGUE

el olor de la tormenta, el vapor, se evapora el verde,
el vapor en las hojas: a veces pasa lluvia, el sol no sale,
admonición burila rescoldos, charcos; la pureza,
entonces, hecha oscura, sinfín, situaciones traspasadas
trabándose, apenas. ¿desde cuándo llueve en esta vereda
y enfrente no, enfrente, anoto, la insípida
perforación que alguna nube infiere sobre la carne
esmaltada y compacta? cada rama pestañea: el olor
de los pigmentos deshechos entre manadas totalmente
impávidas, sobre la pantalla, cielo, en un charco
aspiro, me impido, suspende este entrecruzar, lejos
del ámbito, guiño fugaz que no corresponde.

«por nada», respondería, «como algo, mientras repta,
está durando», soplo, escudríñame, entorno volátil:
vi, en el espejo, al mosquito recién posado sobre el cuello
de ese individuo. tanto que olvidé, iba a decirte, también, de
tanto decirse se perdió. iba a simular una estancia sin frágiles
permutaciones e inacabarme y huir sin llamas
en el pelo. ¿algún micrófono oculto detallaría luego
ciertas virtudes relativas a la acción, que no se pueden narrar
sino una vez, una vez que el hecho se ha consumado? algo
que puede anunciarse carece para siempre
de luz, mezclando en el mismo vaso, intacto, donde
los ángulos de piel disfrazan la voz
para que el ojo cruce un río.

¿desde cuándo sigo inmóvil, sendero de puntos que un cambio
de atmósfera eleva o gime? la sangre, robada, se aleja
para siempre: careciendo de memoria, juguetearé el vacío
dejado por mí, ahora que no estoy, me miro
desde la vereda de enfrente. él es un ánima a la pesca
de un vaticinio, mudanza cuya piel se cubre de
mosquitos: al sonreír, suspendido entre virajes,
las confituras del hecho, jardín que se reitera

por la evasión hacia los bordes –fuera de marco–, verde
empezando a distraerse si quien miraba está sediento
de materia musical que sólo un sueño entregaría
–fuera de marco–, verde, me quedo pestañeando, rama
posada entre garras diminutas: aquello que el niño mira,
careciendo de memoria –el viejo cuyas manos
desaparecen, cederle el temblor
a unos guantes de goma. mientras se quedan
dormidos, «por nada», respondo, «me movería de esta vereda»,
deja de llover, repentinamente. sé
que nunca ha llovido.

9 de abril de 1987

DÉJÀ VU, SEGUIDO

olvidaría, acaso, lo intermitente,
el latido al perseguir
un trazo que, justo entonces,
escurrirá. tampoco sabré: cómo habría, si no, empezado,
pues quisiera, Presencia, ya acudir, ya soltar amarras, y
atravesarme (el estrecho) vaciado de acontecimientos.

en presencias creo, aunque también en plumas:
velo, suspenso, hacia otra dilución,
vibro, falto: el presente, por infinito,
fugaz –esta secuela, borde-despeñadero
para los objetos
cultivados en la intimidad
rugosa de sus nombres, llamados
mitad desnudos, mitad invisibles…

agazapado, celebro lo frágil,
tramas por donde sólo una hormiga
se colaría. ¿agazapado, dije? cómo
resistir si flotan los intersticios
que en mí confían, descorrer
su herido velo; herí
a una hormiga, por no sospechar: en un dedo

el relámpago fluye, el
poder, pérdida absoluta: una
hormiga después
del saqueo, como si
quien observa, regresando al lugar
de los hechos, comprendiera,
al fin –fuiste tan
cruel: el peor
de los crímenes…– más allá,

lo que acontece: yacer
tendido, junto a una ventana
donde las mismas nubes seguirán quemándose,
aunque tramando
caras distintas. de casa en casa, jamás colmados,
los objetos (ojos) desvanecerán el olor
(pasto) que afina (mojado) la estrechez, mis
dramas de ciego. no tacharé –amaré
lo frágil, Presencia, lo permeable–: huellas
de mariposa en el pecho.

revienta las copas
emplumadas, miniaturas cayendo
al sacudir
la ropa. rompí un vidrio, en un
cuerpo perdido siglos atrás, todavía invisible
inscripción. por la ranura,
caracoles ascienden, sus cuernos
dudan la consistencia
del objeto, enorme, efímero, mi dedo. charcos
y escombros, vetas: huellas de mariposa
sobre el cemento todavía fresco,
la mente. ¿fresco, dije? olvidaría, acaso,
esta suerte de sueño, este vaivén entre riberas
igualmente ajenas –y en el centro
un abismo nos teme.

no hagas el tonto, R., no quieras
sobreponerte; en tu sitio sólo cabría
mimetizar, rodear una falta con antenas
amputadas, tu resplandecer de objeto
abandonado a la luz
mezclando bordes, mezclándote.

¿tu ración del día? ¿tu razón
contenida en un plato, mareándote
para siempre, puliéndote a fuerza
de olvidar? nada como la mezcla,

el feliz amasijo en que un trazo
entrega a otro su relámpago, fraguar
motivos –deducir: la elegancia del
mosquito sobre la vena, tu mano,
picó, tu mano, su cadáver
con *tu* sangre–, sin
traducir esta propagación hacia lo que separa:

reconozco esta ranura
donde dormito a mis anchas,
sobre una estera, en el piso,
rectángulo deletreado con luz. la
hormiga se escondió: ¿no
te maté, entonces? ¿no me oíste
matarte? tragadita, tu ranura
en el piso.

latir, mudanza, una
rareza, Presencia, que se estira
cuando cada mañana
te ciernes, bosque tú mismo
alrededor de ti, insecto
posado en tu propio brazo,
justo allí donde
no estás y estás y sólo
un presentimiento te recuerda.

14 y 15 de abril de 1987

CONTRA EL FONDO

aversión contra todo fondo,
reconstruyo algo del rostro
que tuve o debí, mas excedo
mi abdomen, mis junturas, atisbo
la proximidad, lo que se ama,
cede y se alimenta sin
arrancar un solo fruto.

ante lo mirado
y lo que expira,
para empezar por primera vez,
el corazón de un
desierto –quizá rozado
por la amada, conspiración:
cáscaras y esferas
quemándose tras el chasquido,
sobre la estática, ritmo
de cada cicatriz.

más leves cáscaras
las que un martillo no quiebra
–adentro hay otras
cáscaras y adentro otras o ninguna
puede romperse: no hay cáscaras
ni martillo ni ejecutante de un acto
sobre una pátina veloz–, más
que cáscaras y esferas,
casi vidrio,

júbilo adviene,
enredadera de la tentación,
el hecho de estar
por estar disfrazado. corro
paneles para que manen

los vínculos y se
propaguen panales.

todo, término equívoco,
entra en el cuarto,
respira su pequeño espejo.
nadie atrapa a nadie, nadie
miente a nadie ni pronuncia
discurso alguno sobre la superficie.

cualquier casa lo sabe,
sus cerraduras, sólo que
ciertas casas, quizá,
se deslizan en lo oscuro,
para ser lo oscuro, para
que lo oscuro resplandezca:
amar una pátina
cada vez.

24 de abril de 1987

SOMBRA ESTA VEZ

con el tiempo, el aire
dudoso ensambló las semejanzas,
borrasca a perpetuidad:
escalofrío, ya acaeces,
acaeces. las horas vagan su consistencia
cargadas, sonando este plumaje, manto;

astillas del ruido,
cosas sólo habitadas,
arrastraré. las desvive
quien, en la selva, traza,
hacia el claro, un pasaje.

sombra esta vez
estás bailando

calcinándose el lugar
perdido apenas con un ojo: madurará
el cuenco mientras lo tome
tu mano. sólo refleja
lo que puede repetirse,
concavidad en ruidos
para asedio de algún
fragmento menos mortal
que los otros.

nuestros soñares
simultáneos, en lo sucesivo,
prenderán: tantas cápsulas,
y la acidez, a la una
menos cuarto. horas
preñadas me vuelvo
uno contándolas –uno astillas
con la ficción que, acuso, causo.

esta vez
esta vez
estás bailando

rocío, escozor, seré rocío:
atraviesa, mente, atañe, sutura
el polvo con la hoguera y búrlate
de los sujetos –dentro del Gran
Abdomen– como tú. surtidor, yo
me acorralo, garfio el ideograma:

niño en la transparencia,
reunido por fotografías. cada
una un rasgo, pacta
su reverberación. el destino
ya no acontecerá: no hay, esta
vez, más que átomos
irisando la superficie.

gesto irrepetible,
mueca única en la
mímica única. te vas
a perder, te estarás
reanudando al fingirte
–recorriéndote por dentro
el jardín a un tiempo
desperdigó: tierra, te
voy a perder.

sombra esta vez
sombra esta vez
¿conmigo?
estás bailando

llámese a esto
como se pueda. el ruido
tacha puentes, acceso
por la opacidad

del ruido. mira mis
títulos, me compré
un sitio en el torrente:

desconfían las partes
–porque lo son, porque
por eso son– entre sí:
lo sinuoso acecha tras
el vidrio, su lisura.
enseres, suenen por nosotros
–si felices, extranjeros–,
agua resbaladiza, agua frágil…

y no es distinto,
así, hacerse uno
con lo invisible
que separa, aún
cuando las fíbulas,
al rasparse,
ausencia suspiran.

sombra sombra esta vez
sombra sombra
esta vez

no tener sitio,
sino la aparición
que recibe nombres
–detrás, esmalta
el vacío.

sigo sentado,
abstracción. despide
olor a ceniza
este día que cabe
en una mano.

    oyendo la basura
–fiebre fiebre–
disolverse, ¿no es
el tiempo, mientras
pasa, intermitente?

24 y 25 de abril de 1987

RUGOSIDAD DEL RECLINATORIO

deduzco al borde,
acantilados: líneas
del desierto de Nazca
–colibríes monos
en la espiral–
comen líneas de
mi mano.

palpo, entre
claraboyas, la
osamenta, también mental,
que será: al borde
de los acantilados,
picadura el vértigo,
ansía saltar. será:
sustituir un término
y el cuerpo, proyectil
de sí mismo, para siempre
roce la duración –no
empezó no culmina.

cualquier sentencia
como éstas –semilla
quemada por lo que llevas
que por dentro
te aspira no te absuelve–
sedaría este hilo, remoto
(«mar remoto que roes
aquel desierto del Perú»),

cigüeñas golpeando esta
franja silente, concavidad
en la que nada
podría suceder,
fuera del hálito,

boquiabierto ante
el vacío facetado,

tendido como notas
no cocidas aún
en el instrumento, sus
picos rasgan
el volumen.

de un acantilado paso
a más, taparse
la nariz, absorberse
en lo contemplado, será
–pasa y cae conmigo,
se sostiene y permanece
sin mí– *vapor* sobre estrías
luminosas, *asedio*, que encierra
sed, y *haz*, *nieve nieve* la voz,
intercalación entre dorsos
(claraboyas) términos
que son otros tantos
trazos, costras: ¿nieve
en el desierto?

hálito, eres difuso,
ramas furtivas sobre un
cristal, un cristal
en movimiento. carezco,
deduje: me muevo, soy
movido. saltaré sin red, sin
sostener infiernos
con la desproporción,
pasillo de un sueño
a otro sueño. carezco de
algún modo en mí
soy completo
fragmento.

sentencias, cuidado:
seguirá orando,
mezquita de arbustos
rocas disparándose
aunque a él le duela
una rodilla (o la otra), abre
su garra, impídele
arrasar. viértelo,
en lo que será.

25 de abril de 1987

AZULEJOS

flores que no están
pero cintilan, hacen
preguntas; formulo un emblema
asolado entre moretones, el muro:
desconocía mi rostro, removí
esas lajas y surtía un efecto
de gusanera, trapos, atraparse
los dedos entonces más delgados
al rehuir apariciones nunca
antes animadas, mental el hambre
que yo tuve, sucumbió ante las
rosas, dalias, calas –que mi abuela
cuidara, justo antes de
olvidar– y me quemaban tanto tantos pies
(«ya no quiero caminar») y me veía,
cencerro en la dilatación
de los fragmentos,
sonando.

ahora respiro entre azulejos –humo
las huellas, tus dedos sobre el resplador–,
boqueo intacto y les correspondo,
agradezco la intermitencia en la ilación,
deslizar plateado de fronteras. hasta el amanecer,
después oído, en el reloj, sólo un segundo, un
segundo antes, el momento –ceder donde la madera
cede, o detenerse si otras garras aspiran
en su acecho. toda la noche la pasaste
rondando; sacudías frente ajena en balde,
el agua atravesaba las fibras, concavidad: raíz
hendida el cerebro, pasaban por mí
clanes sucesivos, tribus, dobles.

ese ínfimo dolor
en la ingle, esa

habitación reservada en campos
de la duda, miseria
sobre yeso, gusanillos, letras, atacaron
la pata izquierda; así el sillón
quedará acorralado de gestos
o azuzará el eco de esta mañana donde,
antes, seguramente, desdoblamos
nuestra estancia. ¿habrá sido
la cena de ayer, el líquido negro, la
sobremesa destilaba indiferente
en el hombre representando al invierno?
troncos, sequedad, cítrico mana el cuello;
y en el que planta –¡bravo!– al mar
o al agua toda: peces, focas, iris
en vez de pelo –pero el ojo del hombre
será todavía ojo de pez, ¿eh, Arcimboldo?–, toda:
la noche comiendo ensueño, pesadez extrema
del comentario que un cuerpo escribe en su
templo de oquedad o término abrupto.

yo no pedía
entonces, una señal,
o qué advertencia
recorría las branquias
mientras, dormidos,
fuimos espejos. y ahora, ajenos
a cualquier vigilia, los
ojos perpetuos abiertos:
modulación, por el color,
rayando el espejo
surgíamos, casi perennes
pinos, repitiendo, trocar
un sucedáneo. sonó por lo que fuimos:
tu garganta
disparaba «¿estás ahí?» y yo
ansié, y rechacé, desprecié
y pedí, pedía despertar y yo no supe,
lienzo sin sombra.

peces en lo más liso
del sitio. un yeite («nácar»)
tan gastado como el sabor
aprendido de las uvas que apenas
la mente mora –hay otras uvas,
cierto, pero nada las mide al ser
entre el volumen: el tono
busca al tono, el sobresalto
al salto. guarda desnuda nuestra
correspondencia; no resta
dolor, cada sorpresa importa
–detrás del plazo–
como ese temblar
impronunciable.

allí me llevas, manas:
extremos ahora
deslizantes, la mampara
entrega humo y algo
menos que
humo,

y yo no pregunto, sigo
perdido, nuestra estática
pierde vicios, virtudes, grabo
lejos –lo atroz de otro hecho
en la hilera– un murmullo
incandescente, otro adjetivo, quizá, otra
declaración: Presencia, Presencia, Presencia.

26 de abril de 1987

TEORÍA

> Aun cuando Beatrice no poseyera esos terribles atributos –el aliento fatal, la extraña afinidad con flores tan hermosas como mortíferas– que la fantasía de Giovanni se obstinaba en adjudicarle, sin duda había inyectado en la sangre del joven un veneno tan feroz como sutil. No era amor, aunque su exquisita belleza lo enloqueciera, ni horror, aun cuando él presumía que el espíritu de ella dimanaba esa misma esencia ponzoñosa que parecía colmarle el cuerpo, sino un vástago salvaje del amor y el horror, que conjugaba (ardiente como el uno, trémulo como el otro) los atributos de ambos progenitores. Giovanni no sabía qué temer, y menos aun qué esperar, y sin embargo, en su pecho, la esperanza y el temor se laceraban en un perpetuo combate, y el provisorio triunfo de uno de ellos sólo auguraba nuevos y más dolorosos enfrentamientos. Benditas todas las emociones sencillas, sean oscuras o resplandecientes.
>
> Nathaniel Hawthorne

dimanaba esa misma esencia que parecía
y era
laceración, abeja en la mejilla,
pequeña atadura que pone a andar o gesto
irradiándose, desvanecido de por sí
su extravío, su nuca, sobre una pira,
almohadones y asiento completamente comidos
por la polilla. ataque repentino
(alergia) o convulsión en los objetos,
mancha en la piel que ayer no estaba,
quien mora una casa deshabitada
oye perfumes, atribuye, vástago,
una materia –como tal,
confusa– a la ceremonia de su
descubrimiento: aquello que polarice
la circunstancia, conceda a la necesidad
un calco de sentidos como grutas.

grutas en un jardín:
la más inocente de las formulaciones podría
acarrear, anegado el ocio, acumulado
polvo y sus marcas justo en centro
de pupila, la gracia, que es atroz
si un despertar no la acompaña. lo no
vivido, en su herir,
arco espejado de actos que se queman,
mástiles en el corazón cuyos banderines
portan monogramas cada vez difusos y volúmenes
ciegos cada vez.

pero un ciego puede acechar un jardín
sin salir de él. no ha abandonado la galería
que desempaña su agitación, distancia de su
ferocidad, llama y peligro del follaje; ni ha
trocado sus pasos, tambaleantes, por el blasón
de un juicio –al menos no en su ocupación
del espacio– que lo arrancara súbitamente del regazo de esa
incisión que lo reúne. junto a la mesa, la taza posible
ahuyenta el anhelo de saturarse, y compone
la avidez en un campo de hielo. lo blanco, lo demasiado
prístino, lastimará, renovando al infinito desmembrar
alguna postura de las millones atascadas
en los pasillos del Libro de Estampas:

la mujer como arco y el hombre
como flecha, la mujer como perro
y el hombre como perra, la mujer como
agua que pasa sobre el hombre que anhela
ahogar, la mujer y el hombre dilatados
en un encogimiento, cruza de papeles
cuyo alrededor envuelve (seda) a los que esperan,
atienden al rocío que fulgura
mientras se sabe invisible.

quizá un gesto le hubiese conferido
aire, dignidad, roído por los labios

de la suerte; aunque este andar
desabrigado impone
al espacio por el que ronda su ciega
ceremonia, la amalgama de la acción,
aunque desconfíe, besará su sien,
concederá un minuto más y un minuto más,
hasta rodear, suspicacia, el objeto inseguro
fumado por las raíces.

alguien en una mesa simula beber té.
simula una poción cualquiera, cierra
un ojo, juega a las adivinanzas
con lo ciego posible y con
la gama, la turbación que nunca
sucumbirá. pulgares en el
chaleco (no lleva chaleco), media
sonrisa: abeja
en la mejilla.

27 de abril de 1987

NEGAR LAS EVIDENCIAS

aunque el tumulto haga tantear, en el potaje
de las apariciones, otro hueco, escasamente
compartido, o aunque los pliegues hundan
máquinas y máquinas –verás los cambios
del clima: oirás a los dioses deslizarse–, o
supures, esclusa de ti mismo, a cuenta del
horror y sin embargo estés a punto de enalzarte,
pendiente, al anzuelo de la persona, el ojo
–te deseará, te desprenderá–, o aún desees
en ti mismo moverte y veas al extra, o, entre
risas temibles, tu ámbito exhales hacia otro
espíritu vagando en lo furtivo de los bloques.

27 de abril de 1987

ANTES Y DESPUÉS DE BARRER

raíz pegada con tierra seca, igual
a ti misma o una placa de metal lustrada
por el óxido interior que la contiene,
corte fantasma –miembro de qué eras,
mientras eras sentida– e inútil
adherencia nuestra mano
presiona un instante hasta
desmayar, lejanía. tumor el instante
escinde el objetivo: una pasión no es
minuciosa, capta sin capturar, y olvida
a cada rapto su permanencia, su celo
por la perpetuidad que apenas dura.

cabeza plantada por humillante
condición del barro que secó, escondite
para ardillas o gatos
recién paridos. el nido, nuestra
boca, la boca la tierra que
algo desgarró.

la extensión mirada dispersa
–un primer pensamiento que durará
toda la vida, y un segundo
pensamiento para rasgarla– la
entonación por el rechazo
recíproco fugaz de los contornos, y
el saqueo espira, sequedad en piezas exactas,
guardando en nuestro museo
privado esa torcedura
de la boca, esos
desprendimientos –impavidez
del instante– que ningunos ojos
petrificaron. extrajimos, momia del bosque,
tu hoja falsa en su esplendor de dorso.

esfinge tal vez
carcomida con pintura
o pulso colmado
de indiferencia. y restos
–centímetros–: suspensión el tallo,
rencor la piedrita que guardabas, descuido
que se preñara. tal vez un clon de nosotros
te hubiese aceptado, residuo que no
surcas la memoria ni devuelves pulso
ni ala. ser tan simple te incrustó,
nuestro tacto hizo agua: tal vez,
en el asolamiento de lo parcial,
parcelado, partido, móvil de la
corrupción, pero intacto.

27 de abril de 1987

ROCÍO VISTO

en la simultaneidad de los pulsos –la vaguedad también
una índole– esta mañana, interceptada, me detengo
ante nubes, lenta y veloz y lenta, veloz hemorragia: «buen día
abismo, buen día oscuridad». detrás no hay nada, casi:
el ansia que, un poco, al contemplar, apunto como nubes
que pasan (devoraron) reídas. esta es una postal
sin dorso; celebra la semejanza que hila
los corazones en un rodeo («huidizo») o más bien un salto,
detención de unas cigüeñas
sobre un arbusto. ¿qué atacarán, esta vez, en la absoluta
fragilidad: niños, ruidos, partículas? si no, nuestra leve
inclinación (un hombro) hacia lo extraño, una taza (té) cerca
del suelo pero no todavía (cerca) lo que sueña.

después comí como si estuviera
en otra parte; hiero, con la respiración,
puntos que se iluminan (absorben) desde adentro
y de a saltos impregnan la cabeza, el cuarto,
palmeras: danza la materia al sol, tras vidrios. esta
leve inclinación, ¡salud!, no llevaría a parte
alguna si en el acto, simple, de perder –no ¿no? no–
no cifrase. abro la puerta, quemazón en los dedos, ¿embriaguez
para mí, embrión? también la ausencia fijando al suelo
anchas de cosas absolutamente únicas, y solas: personas
casi siempre de espaldas, o de pie, cruzan
la sala, aquel idioma imposible –cada término
sólo una vez, para una vez. el agua fijaría el doble
fondo: congelo, en el desierto, nube –corrupción de nubes,
unas en otras, contra sí mismas: sed, acto, absorción,

y la advertencia: «paga. paga y consuela», como al descuido,
estoy, vapor –desajuste, el reino: todo un repertorio
de planetas, e ínsulas, ínsulas fuera del mar– la suma
velocidad traza un exceso, lentitud, entre pliegues,
con los ojos quemados.

el rodeo se puede olvidar, también el recoveco: el puente
no, no hay escondrijo, almenas de la mente, sino alcance
turbio cada vez, una vez, sólo una vez, cada segundo entre un alma
y otra, ¿maquillaje?, gracia la suspensión y los motivos
si las almas navegan –alrededor, emboscadas, ¿alrededor?–, no más
en el espacio, promontorios. sólo el tiempo, su cascada,
astilla, lima los bordes; reencuentros, hay, para clavar
otra estaca contra la poderosa razón
que por regir desvive y en piedra
convierte a quien anhele (es mentira): grieta, picaduras
de un devaneo, a regañadientes. y las facciones: arbustos,
plagas, placas –alteración: los momentos
apuntan, intersticios: manchas de sombra: ínsulas los pequeñísimos
cuerpos –allá, acá abajo…–, sin la conciencia, desprevenido,
sólo pulso, tal vez no sepas qué estás haciendo,
en este momento, con tu pie; respiro golpes
–pronto, pronto– vera del bosque,

se repliega la evidencia: velar (velar)
pues la conclusión es simple,
rocío visto sobre hierba. estrategia plana, vastedad
de la melancolía de un fondo, útero en sí,
aparentemente. variaciones del cuerpo en sus posturas
ante algún atisbo o grado
de lo posible, ficto. las apariencias
delatan (atan) (atacan): el relevo revela y no habrá,
al respecto, profecías; sólo el hilo (escozor),
suspensión entre música,
diluidos los centros.

entre túmulos: alimañas,
causas… salgo de cabeza,
desde la cabeza,
broche inerte. ¿y la paternidad
de un espejo? casi
no hay más que marcas, podría
dejarse a la reducción

de impresiones digitales,
un coágulo –el excremento no es
excedente sino otra forma
de brillar, al sol. ¿el hecho
o el hechizo? ¿el rompimiento
en círculos? ¿la impronta por la
refracción? el hálito no deja
huellas en el sueño,
desprende gajos la corriente
atroz que los imanta.

pequeña gloria, larga extremaunción y al fin bautismo
doméstico, sosegado al rasgar. tras vidrios
escondo mundos; no éstos, sino otros –otros no,
si estabas pensando. proyectándose y perdiéndose
«este rebasamiento, en relación a este rebasamiento, en
el centro de este rebasamiento: no en el sentido
sino en el sentido del rebasamiento», no es nada
más que el esfuerzo por sacar, no buscando, de ninguna
manera, hundir; si se llama, parte
en el sentido.

glaciares, orillas de lagunas.
después, cifremos, la atmósfera rechaza (ropa de cámara)
–¿un accidente sin consecuencias? ¿un estado continuo,
de la cabeza a los pies, todo un murciélago,
membranas enrolladas?– reflector, un cristalito
de rocío, entre los dedos. lo arranqué, los signos
prendidos a nuestra alma cóncava,
catacumba: empiezo, recorro, pero cunde
el pánico entre los seres rendidos
al absoluto de su absorción
en la normalidad, línea para flotar en naves
que ya se hundieron.

sólo hablo, hablo con las manos.
seré, en la duración; y no
deseo envilecer (¿y tú,

fisgón?) pues cuenta el hechizo
y el rechazo cuenta: ¿anagramas?
¿arenales?

    la rosa en su sitio
se cubre de polvo; la frente
pantalla para fotos
de fantasmas, y la
molicie de ciertos
números vivos –Santo
Sudario, Calavera de Cristal,
ruinas en musgo–: nada altera
los nogales, paciencia
replegada, ocultándose.

15 y 16 de mayo de 1987

LAGUNAS MÁS ALLÁ DE LOS FENÓMENOS

algunos árboles revertidos
al pasar disgregando en fin
cierta unidad de pulso en la
ornamentación sigilosa. que el alma
exige –acota R.–, rama
entre las artes de lo inaudible,
sus otros bosques en la gracia
de las fisuras que se buscan
y la desgracia de alcanzar
lo más temido.

reemplazo los ojos
por una línea, atajo
–confiere R. al pasar–
o tal vez prescindencia:
olvido, casi siempre.
lo que tendría que estar
pero se ha ido, lo que tendría
que estar pero se ha,
por buscarme, preguntado,
alguien con mi nombre
–murmura R.

ah, y renglones de cielo.
astillas de golondrina,
agua compacta para lavar lo vivo –tuvo,
por presentir, aquel instante.
olvido pasajes, gregario, de huesos
reunidos como tribu, tapiz,
extinción de todo efecto, y
genitales, y, casi
siempre, ruido, puedo creer.

R. es un túnel entre él y su alma.
R. es una memoria colgante, una especie

de patio. R. empieza justo allí
donde al parecer concluye. R. carece,
salvo en ojo de tormenta, de
silueta. R. pregunta
demasiado, y por su boca florece
su alma colmada de amor y de contagio
hacia las dalias heladas. R. se olvida
también de su alma. R.
suscribe, al final, la sombra pánica
en el pasillo, la cruza, en su vidriera.
R. desconfía. R. es igual a R.
R. se acaba de ver en un espejo y sabe
que lo que ha visto es apenas R., que
está más allá de R. y su alma, de R.
y su conocimiento del espejo.

a falta de estilo, estilete:
ve sus cuernos luminosos,
los brazos para mover montañas,
ve, en fin, completo olvido
de la simetría, acto de mitades
que no se tocan del todo –supone
R.–, y tal desproporción
lo contiene en un gran
angular de algún espacio que
se agrega a su alma
emboscada que asiste
a su propia ejecución, y
segrega sombra.

el poder conferir,
como el poder de
confiscar –como el
poder–, pierde
lo que ama. lo que se ama
pierde al alma. la suma
de Los Trabajos –aquí,
donde se pierde el tiempo–

entrega un alma sumidero
de Ocio. los sucedáneos
del verdadero atributo
juegan, gatos, con la cabeza
trunca de R., que sueña
con definir lo finito y reunir
lo compacto. lo que sentencia
está preñado. lo que sueña
preñado, sentenciado.

menos limpio que su libro,
mínimo en su rapto,
R. lo confiesa todo. olvido
a quien me sigue –imprime R.–
durante toda una cuadra,
haciéndome señas, diciendo
que sí, que ha visto. me veo
en un bosque, justo cortado
por el tronco: los árboles
crecen al revés, los seres
vivos al revés crecen de aquello
que se calcó, esa espadita ígnea,
la moraleja –bosteza R.

esto es coloquio consigo mismo.
esto es himno autista consagrado
a la aspiración, a las plumas del iris
que todo lo sueña y (ah) talla,
sobre un pequeño cuerpo,
«sapo tal vez
con príncipe dentro» –R.:
esto es una grabación y se destruirá
y los segundos perecederos
y los pasajes borrosos
de otro libro,
que no es éste.

23 de mayo de 1987

CORTESÍA DE LA CASA

sobre el cielo,
el cielo; bajo la tierra
pliega sus fauces, bajo los pies
pero también encima, enclave
desmembrando. recuerdo
reliquias en los conventos: un
diente de santo en algodón, hilachas
más lejos que partir a cada
instante, un cabello después
acosado como cuerda
para calmar a las fieras, una escena
pintada por el diablo –cuya firma fue
su incompletud– que
descendió hasta bambalinas, un esqueleto
vestido, una sombra de oro
asomándose a su reversión.

la curiosidad, sin embargo, a veces
salva al gato: *kinesis* allí
donde los átomos son augures
de su sueño, el sueño
de la plenitud del día, aunque sea
invierno, aunque
presenciemos cómo
se cargan semillas
que no van
a reunirse, hasta emigrar.

impidiendo, por no saber
pedir; mordiéndose la cola hasta
barrer, como siempre, ceniza. la ciudad
–cuando la noche jamás llega– no soporta lo leve
de inciertos crujidos, devenires
hacia la potestad del sueño, el ascua,
algas que se podrían entumecer y son

el aire: recortes en luz,
primicias de algo que morirá
aunque no haya nacido
todavía. no se soportan
los crujidos, tanto
gerundio, infinitivo: las copias
que reunimos de nosotros.

pero ser no es
agonía, no es espera –así como ser
padre y no parir, brevemente
inocula el terror a todo cuerpo
que revele, como tal, distancia,
posibilidad de fuga… nubes tragadas
por follaje.

el aire se posa
–esponsales consigo–
sobre el mismo aire
cambiado.

24 de mayo, 1987

NO HAY FUTURO

estar, y no tanto, como en la
fotografía. junto a la dama desnuda,
difusos pliegues: ¿el que esculpe
o el que embalsama?, junto
al empapelado (oropel) que roe,
en este instante. como en la
fotografía: los soldados antes
de los disparos, como en la
fotografía: los soldados, sus rostros
entre la congestión, el tráfico,
durante el fuego, como en la
fotografía: los soldados cayendo
como en la fotografía: los soldados
después de diluir, hace un instante,
la orden que los mató. como entonces:
verdugos ríen con una cabeza entre manos,
y se hacinan en la ansiedad
por cobrar, tal hechicería,
un sitio en la obviedad borrosa.

ante «la prueba»,
disparidad: capas
superpuestas de voces,
fotos de algo
que aún no pasa –y aún
no cesa–, fantasmas
en el mismo lugar,
entre los niños.

quizá bastaría regresar algún
objeto a su sitio, pero
el instante ignora qué es objeto,
qué es sitio. la impermanencia, en
todo caso, revela: este cuerpo apretado
por la cámara es hermoso (ruido

en los ángulos) aún, aun ya muerto, aún
suspira y es amado. junto a mí, está indefenso
ante el vigía, el ojo que aturde.

turbulencia, emana del instrumento, el
enigma. buriló unas figuras, no quedó
sino esa burla: mañana, no hay;
minuciosidad de los incidentes,
interferencia en la sanguinaria
relación, en las estratagemas. congela
un sueño soltándose
desde la cáscara.

nada rebalsa aquel supuesto:
atrévete, y pasa. la modelo y la
paciente se parecen; las une
la exposición, su estar
hacia la desnudez
que las extrae, y el ojo
en un lugar distinto
las deambula.

suprime piel, suprime expectativas,
y escúchate suplicar. deslizado el cuarto,
en extremo la cima poderosa, aun
el vacío: un radio
de acción alternando
ruidos en la luz,
suplicia porque ama, ama
porque teme, teme a la evocación,
equívoco al inhalar. ¿el que es
culpable lo será «por siempre»?
¿y el inocente, hasta cuándo?

idéntico al secreto
voy a roer, usina del temor,
la médula. la pregunta
quisiera, por exceso, volverse

argumento, más allá una necesidad:
luz no simboliza, raya
lo que, transversal, se entrega,
se dilata, se
convierte.

30 de mayo de 1987

PEROGRULLO DE LO ANTERIOR

Tu existencia, cuya pérdida no lamentarás…
Ihara Saikaku

carezco ya de pulmones, peje.
un acto asigno, espuma
donde las moras
tiemblan. como si hubiera
un ritmo preciso, una andadura
precisa, una confianza en alguien.

lo más antiguo, durante
toda la noche, todo
el día arrasó,
estar boquiabierto:
cada intérprete de la danza, sus
mudras –rodillas saltadas,
articulaciones atorándose–,
despliegan territorios de penosa
luminosidad.

y ya no queda una sola
mancha: si uno
se situase en algún punto
intermedio entre la luz y las luces
que desde todas partes graban
la oscuridad, aquello que
adviene se alcanzaría,
en tanto especular,
con otro gesto –ése el punto,
la danza.

pero el mordisco apuntó
hacia la única
mandarina que la mano podría
aferrar. en algún punto internándose
excéntrico de ámbitos, sucesión

esponjosa donde me vierto, sin
empezar jamás.

los presentes
que me hiciera –diálogo
entre osos de una jaula
a otra, cosmos sostenido
con la escoba que mueve
el polvo que volverá–
desgarran la página
hasta la próxima.

hasta que no haya
próxima, hasta
no hallar: racimos. lo tengo
presente: aquel
parto me raptó. más
que un objeto, el sitio pleno
porque parece que va
a terminar.

aunque no quede
nada que obligue,
la masa de lo sentido
me reconoce.

proximidades a punto
de tocarse –alguna vez,
colapsan: «lo que no hay
es presente», agrego
hoy.

¿no soy el feto
amoratado en su
jaula que flota,
no soy el
esqueleto rascado

por la mano
del funcionario?

    en ningún otro lugar,
tampoco en éste.
sorprendida quema
la desnudez.

30 de mayo de 1987

IMPROBABLE

> Sobre un cerco de varas entretejidas, una enredadera semejante a la hierba desplegaba sus hojas de fresco verde y entre las hojas había flores blancas con pétalos entreabiertos como los labios de la gente que sonríe a sus propios pensamientos.
>
> Murasaki Shikibu

¿acaso no fuimos, pendiente de horas, parte
del río de garzas que no podíamos
ver desde la casa pero fluía
por encima? ¿acaso, mientras tejías y yo
saltaba entre los párrafos, voz
alta, archipiélago de párrafos, no nos
absolvíamos, aparición, en
blanco? ¿y los párrafos, no se iban,
sobre el plano, disolviendo, sin otra
perspectiva que niños
arrojando frutos («helicópteros» los
llamaste) justo frente a nuestro
mirador? ¿acaso no fuimos, nuevamente,
pausas, mientras leíamos a la señora
Murasaki (*todo era*
enloquecedor), esa impregnación
que hicimos
estallar?

ámbito cruzado, también, por mirarse
y mirar, me salvaste, un desmayo,
compacto de vacío, ocluído
por el exceso o la falta –sería igual.
nuestra cocina: en las cucharas, péndulos
a su modo, el mundo cóncavo nos tendía
entre juegos de niños, perdidos, la
proliferación (Brueghel): uno asomado, uno
de cabeza, uno entre otros, desnudo, uno la vastedad
del doble fondo que el pintor no pudo haber visto
pero dejó pintado. «y alguien diciendo,

allí mismo, el mundo cóncavo
en las cucharas»: te oí.

antes, hundido en lo explicable,
réprobo ante la reciprocidad; después
un sedimento, un brillo. *nadie sabe*
mis cosas, podrías decirme
también, como Blanca –y eso sería, sesgo,
merodeo hacia ti misma,
contigo misma. hubiera jurado entonces
que obturaba toda distancia
el ensimismamiento recíproco,
repentina.

esquirló, durante el sueño,
aún ramas del trabajo, faenar,
vestir bozales: no estás tejiendo
una ropa fantasma, adentro estoy yo
–hasta que supe: algo se mueve
y algo permanece en lo que debiera
ser su lugar, aunque no es, aunque no hay
ningún lugar.

cercada te oí: sucesos imperceptibles
para los otros. algo relativo, ataste,
a la historia que leíamos (*la*
fugitiva), voces llenas
de humo, trasluz: «si alguien
llegara de pronto y asistiera a esa
escena no notaría nada», y supuse
también así nuestro seto,
desconocido para el mundo, de
este lado del mirador.

¿acaso no apagamos la puerta y
desenrollamos el *kakemono*,
distribuidas las islas de
la memoria en los pliegues? ¿acaso

abreviamos la necesidad, fuego
cruzado desde riberas en planos
simultáneos?

tiraste una bujía. los zorros
disfrazados de personas
nos instaron a huir. por el crujido,
nuestras ropas compradas, supimos
más –más que por cualquier
otra vía, cualquier otro arte: «me
pasaría la vida
entre esta abundancia,
los mercados», para mi susto ante
la profusión: montones de cosas
libradas, su inutilidad, ese absoluto
semejante a la gracia –amo
tu mente que también brilla
con su sigilo para sí.

caminemos, amada, los talones
delante –que nuestras huellas
se hagan pistas ilegibles,
perduración de un secreto
que no sabe qué va a guardar,
y que eso no importe.

tiraste una bujía
al suelo. el desafuero en
plenitud, rozó el temor: encuentro
cierta irreverencia en admitir
la atrocidad de estar alegre
por estar con vida,
veladura a su modo. nuestra risa
pinta su ruido, abanica
más allá de los cuerpos, pero en torno,
sin consumirse en la distancia:
por alguna esquirla de gracia,
ilegibles, respiramos cerca. el aire

que hilamos se pierde
en conjeturas.

1 de junio de 1987

LO HUECO

mimo aire, compongo anonimato,
tenue brillo, desplazamiento,
en jaque: restos de algún futuro
maquillaje. guerreros (Nueva Zelandia, *National*
Geographic, 1963) con los cráneos
de sus madres al suelo –atrás sus espíritus
furtivos– sonríen para embadurnar, grasa
de cerdo, calcados en un trance parecido
a la muerte, airosos, sin detenerse
en el efecto o quizá
estupefaciente que nos anilla, veo, ajenos
también al aire. desprotección de quien carece
–sólo conciencia alrededor, y nunca piel– de alguna
ráfaga, sobre el rostro tantas veces
puesto, depuesto.

no soy otro; y así los otros,
mientras esperan ¿a quién? entre franjas
de sombra. en la trastienda el número
vivo se repite –inadvertido,
pronuncio espíritus. cosas afluyen a la boca;
yo no las oigo, no las sigo, ¿cómo
ser otro si no soy
siquiera, *yo*, que huye? traspongo
acordes, herrajes, portales al borde, escenario
para crímenes como la perfección, más frágiles
persuasiones que una sola
mirada fija quebraría.

tampoco una ulterior
dignidad para la forma,
la descarga de un pie
contra la tierra,
insacia –contra la tierra:
manará, por la irrisión,

recogido desde extremos
que, orígenes, a cada instante
recomienzan, obscenidad.

3 de junio de 1987

SOTERRADA EN EL ZOOM

la hilera de hormigas porta estandartes,
plazos ahora fríos que fueron planos
incidentes: un ojo dejado
por la lluvia, virado hacia arriba,
dentaduras de pasto. el cambio no las
afecta: ellas no esperan
aceptación del clima, leyes
diseminadas para retacear. nada las recibe:
un poco halcón, él desplaza, desvaído, su
cuerpo *zoom* y capta baldosas –rugosidad
dando el entorno–; con calma deberá
posesionarse del espacio
que perdure. Babel proliferó esos huecos
entre la acción, suspensiones de un
segundo donde nada parece
porque sucede.

espesura, te estás por
romper: suelta
tu intangible. a través,
destellan otras caravanas, pocilga
para nubes detenidas sobre
tantas confesiones, a
destiempo, explícito aposento
que, transeúnte, de incógnito,
se digiere. arrinconado en la obviedad
pero hacia el mito
de sí mismo –el mundo es el refugio,
refugio para niños temibles,
temerosos de su privada voracidad;
más allá la acción, la investidura.

solo, centro de la multitud –son
tus disfraces, simetría–, sin oír,
la desposesión, del tamaño de

una hormiga: a veces misterioso
asalta lo miserable, preparado apenas
para lugares comunes; acaricia esa
cabellera, el desencanto: «¿y para esto
he venido?» (y esto de dónde lo
saqué).

ajeno se deseara de los ghettos
ensañados: supervivir un circo
al que se odia y se requiere, en virtud
de pócimas idénticas. la vida verdadera,
ensamblaje –el origen, intemperie, y el fin,
anonimato: imperceptible de sí mismo–, cobra
detrás de la vigilia, detrás del sueño.

alrededor, estas almas deslizantes
–no, no las compares
entre sí o con hormigas: la verdadera
vida nada ancla en la relación
de unos actos, una verdad que haga más firme
e imposible retroceder. resta el cedazo
ante el encuentro, el menoscabo
en la enunciación. nadie adivina su envés,
cara de tres puntas solitarias: zona, comida,
evaporación por hilachas del sueño,
sólo fiebre metalizando. ya no tramo;
la detención ansiosa me sacó a pasear
y los mínimos detalles me confiscan,
impiedad que registra.

«no sé nacer, y ansío.»

2 y 4 de junio de 1987

HI FI[*]

sorprende objetos
lejos: su semblante
(emblema) estrictez
y arena. una descarga,
la sombra de mi mano
alteró su
transcurrir.

recién llegado
no supe dónde
establecerme, casa
rodeada: me bañaba,
en la cerámica un perfil
borrado por el pie
un instante, volvía.

me quedo a solas
con mis órganos,
y en ello naufragan
sensualidad, perspectiva:
hasta el enorme
animal que, ovillado
en la mente, lo domina todo.

6 de junio de 1987

[*] Abreviatura de «High Fidelity» («alta fidelidad»), inscripción que promocionaba los discos de larga duración en los '50.

FALSAS ALARMAS

«…la enfermedad
entrega su animal: de alguna
forma, en pocas
semanas, desliza, rapacidad, sus
redes, por todo el cuerpo:
medusa…»

–toda una madre,
lo dijo. yo
recién expelía, sometida
a impostura la carne, vacío
vestido («…un verdadero
horror…»), situado, además,
mientras hubiera sueños que
de sí desconfiaran;

inciertas semejanzas
pagan la necedad,
en la grosería cercenan:
poseerse y ser poseído. ¿te sonó
ridículo? –cuéntame, suspicaz,
otredad despliega agobio,
hoguera que se arma,
sumas:

el bostezo eficaz, la torpe
imposición haciéndose
susurro, la distraccion, las fotos
del viaje («miren, aquí estamos
nosotros…»): cauteriza
el agua, y tu ojo, centro
del culo (recuerda: ¡la pluma
es oro!).

¿algo que agregar? ¿algo
que sugerirle al *chef*? te sienta bien
este papel –digo yo–, total…
ya no soy un lienzo en blanco
ya no soy un lienzo cerrado
ya no soy un lienzo:

he sido
presentado, pequeño
teatro de las vísceras y
los músculos,
la estática:

tarde, el pasado,
imposible de sumar,
ligado a nada, implorando
nada, ¿de dónde provienes,
desde dónde eres rugido,
entretiempo? («juro que nadie
me reconoció»),

y la calle: perros,
su cópula, a la vista,
el tráfico –dentro
de cabinas torsos
movidos–, un aire frío
las ropas, medio infladas,
haciendo de cada quien objeto
para otro, aunque a solas («y
sin embargo alguien me conocía»)

mientras cada quien
supiera escapar hasta
su escombro. «¿alguien
preguntó por mí?» –¿nadie
responde? el aire, posesión
amniótica, hechiza para no quedar

pronunciado. me tragué
y no consigo conmigo vivir:

algún mañana, quizá me toque,
presa de conversiones,
desde todos los bordes. horas
–y horas– sentado, sin oír
ni mirarte, sin
despintar un solo término,
prestado, sucedáneo otra vez:

cómo vira –mientras tanto–
desde la altura, este vaso,
toda la tarde, la vida entera cabría
en este vaso picado. toda la vida
pasó: no quisiera, ahora, morir, pero
cómo quisiera: aquellas nubes,
acechan este bosque de la
dificultad, el error…

movimiento incesante,
increado, atacaste: despelleja
tener, sin duda, un alma
–blancos dispersos.

18 al 25 de junio de 1987

¡EA, RECÓRCHOLIS!

> Expliqué que no podía decirle nada. Que, tal vez, todo aquello fuera mentira, que figuraba en los libros como cuando no es cierto.
>
> Marosa Di Giorgio

enamorado, entre ilusiones ópticas.
lazándose hacia la contención
odiosa, disimulo que en un instante –desmenuzado–
se esparcirá, rodeando el sueño
vívido en su espanto, su especie
de sobresalto: la música se recorre
tal las pisadas de quien yace –uau, cierra
los ojos y dime quién ve, nuca entre manos,
anúdate, también, fraguando, hasta la sequedad,
aspereza, visión eléctrica, otro sosiego–,

¿todo está en «mi» cabeza? ¿el «ruidito», las «mil
maravillas»? flechazos, fotos, se trata de
que éste es un día pleno y en la memoria sigue
nublado. cocina la mente, mentida
por la memoria, su apego: silbaré, para disimular,
para los otros lo que ellos vean, para
que en aquello que suspendo alimenten
sospecha: en mí sigo durmiendo junto a
una rompiente. la eternidad sea tal vez
demasiado; extenuante devenir,

bosquejó el agua: demorando una
ausencia, atravesara el rostro, fraude,
cada expectativa –roza agitar despojos–;
distrae, aunque señala: mandarina
junto a plato, estado de quietud, licuefacción,
estanco cercenamiento del tiempo, untándose,
ajena a la plegaria, al atrevimiento, a la falta
de oportunidad. algunos desvíos –el paisaje–
sujetos a otro principio extranjero,
para que alguien –huido, entre columnas– pase

corriendo hasta llevarse, levado, sus
pisadas, frío compacto, átomos
se corren y se llevan:

no del aire mutilaciones, ni de sus rápidos
saltados, acero, se es, la fosforescencia
de ésta o alguna calle, con la contención donde
algo posible, un tiro, a mansalva, un chasis
contra la carne ahuyentada, ciertas lagunas
hacen aplausos, coro de plantas, organismos
fuera de toda proporción, y aun del sueño, se es.

en cambio resbalaré, a un adentro
esparcido. tampoco desde este
lado de las fosas, tantas
bestias (mármol) arañan lo que no rechazan
(mármol mojado), reducir por vía
de descripción que comparezca;
cierto espejismo deviene
sentimiento arrasable desde su impulso,
concentrado en timbres, visto
desde arriba, trote alegre en la maqueta, desde
su otra cápsula, hasta el centro del caos,
mientras es, tras, se miente –y dice
que medita–, pero yo encuentro
niños los árboles.

tramas, materia, firmas,
mientras fosforeces: absuelta
del momento, ni exterior al que
aferrarse cuando, uf, se tropezó,
sin que el abismo –encima– confiese,
aparte esa nitidez sin fondo.

6 de julio de 1987

LUGAR Y FECHA

llegan, desde el otro cuarto, zumbado,
voces, el televisor: con ellas compones
repentinamente pliegues hacia una suntuosidad
acre, irregular. abrigo, como aquéllas,
desproporción, y miro, encinto, de puro
sueño, travesías, casi arañas, inexactos
compases, derramándose. nuestro hogar
merecería un salto por sobre tanta defección,
bizquear durante árboles nunca pensados,
hervidos desde la cúspide, al oído.

pero «nadie se aburre como yo», semi,
frente al desierto convexo que se abre
cada vez que un bulbo clava su ojo: los años,
envoltorios, restaurarían apenas, sin otorgar
más, cierta lozanía sólo viva
si de objetos se tratase –nadie se abanica,
nadie se pinta como yo, geometría en un friso
demasiado arrancado: cualquier música
será incidental, y los actores roerán su parte,
fricción de agua, arenas movedizas:

me quedaré a soñar, me dejaré
herir por tu presencia –ánimas sumándose
a la impostura donde te puedo, turbia, atisbar,
fatigada entre almohadones, o celada
en la redención de estos destinos.

11 de julio 1987

REPENTINO DEL BLANCO MÓVIL

aceptación de estas raíces, ciervos
del polvo que flota, así como el desapego,
antes, mientras pareció que llovía, antes de rodar,
gas atormentado por la ley. entronizo el polvo,
aguja la sequedad del origen que se aproxima;
esta ventana escucha: «blanco móvil, estar incluso»,
estrella el alma contra sí, los amaneceres
en sordina se traspasan, la transparencia huye
ironizada por el éxtasis. miro cuando no, sucedo;
un tigre me recuerda, sueño en que moría, ese lujo,
los detalles –tigre para retumbar a través:
aunque parezca, llueve.

la incompletud hace gemir,
extraño apetito hacia los plenos,
indicación rumbo a
lo saciado, fuerzas que descubro
bajo el atisbo sepultadas. una vuelta a la llave,
estoy seguro –abrupto crujir, parecido a un paso
aunque no, un solo paso, fuera del doblez,
evaporarme en su advenimiento: sin medida
me amé, y perdí, y he procurado fingir
que nadie me perseguía, pero fue callejón
drapeado con apetitos, más arduo escozor, más
pleno: descoser –incluso– el propio sexo,
la propiedad, en fin, del número, el
acento. y repatriarse, paráfrasis,
cuando nadie mirase tras las estelas del biombo.

varias vías pulen única fiebre. derivé,
desde entonces, hacia barrancos
sumidos, comisura, de miedo, abstracto si se
lo mira a los ojos, carne desclavada;
supuesto me detuve ante un espéculo –aún

se podía desear–; desván, oculté, maquillaje, un secreto, incluso para la propia mano, que revuelve.

12 de julio 1987

EL SIRVIENTE

tampoco para retratista: remirar al sapo
destripado en su virtud por alabanza
de un cifrar de salón, minuciosidad
vuelta tortura, honor y gracia de aquello
que, sin precio, se *debía* conocer. tampoco,
un domingo, desmayándose en las sombras
de su casa, silabear un mambo atorado
por la electricidad –sapo, allí mismo,
echado hacia atrás, es decir retrocediendo
ante junturas, el muro simulado, su reino
pinchaba vértigos en un tablero y llamaba,
al tiempo, sordera sus correspondencias,
vitrina con que rodeara. tampoco había nacido,
salvo por un brazo, acalambrado, una vez,
en la noche, cierta en su indefinición
de los finales de párrafo.

12 de julio 1987

ENVÍO

A Luis Issaly

> Bastante es dejarse tachonar esa máscara al rostro en los lugares donde no se puede hacer otra cosa.
>
> Gérard de Nerval

cualquiera, aunque vires
la cabeza, medio afilado,
gárgola en el juego, el hecho,
atravesar puentes colgantes
porque el abismo respira por encima,
palacio que se desliza. la cualidad de ésa
y alguna otra turbulencia: irrepetible,
elegancia de un gesto que no reconoce
atribución, unanimidad del gesto
por toda embriaguez. los sentidos,
«portándose mal», nunca ocultaron
lo que danzaban ciertos
ámbitos, intermediarios donde
única vez, el retaceo entrega:
afuera, herrumbre, entre las olas. al
momento, tres lugares se han
disparado –ella ríe, porque
tiene ojos para oír, y él, a
carcajadas, se escurre.

cuál, si recurrimos
a contorsiones –o, más bien,
réprobos, de espaldas a una sumisión
que acarreara responder. un claro,
de a saltos, recortando móviles,
elegía hilos de la mano
cuando, según la dirección, el codo, quieto,
sobre la rodilla, mientras estás sentado,
distribuye o niega
los zoológicos del diálogo, humito,
sin abstinencia, por donde vayas, lejos

del daño. recién lo supe, el abismo abdica:
impregnar el campo sitiado con miradas
y rehuir hacia márgenes donde misterios
tiemblan por nosotros, más que presas
en la cacería, el cine –riesgos que corren,
hemisferios cortados por un ruido.

pero vaguísima, reptante
detención, los extremos facetados:
sólo antes quienes ríen, con nada,
vibrante en la extensión,
lo efímero, mientras pasa, mata el tiempo.
graves disfraces, dirás; términos
de agua para confundir: tapires con flores,
frisos con estados aparte.

no lo puedo precisar, todo el tiempo
me ciego a expensas de aquello
que los antiguos llamaron, y los figurantes
de alguna esclava actualidad aborrecen:
desdeñaste –y tus casas intercalaciones,
furtivo entre los sólidos, los enseres–,
el cielo soltó su zarpa. arte de prodigios
entrañó; tres de nosotros, siglos
que, emboscados, puntiformes, retuvieron,
como hasta el tórax, el «fin de sueño»
–ella entonaba
flechazos contra el cortinado ansioso, él
movía, abanico, su lente, y el otro,
el tercero, los reconoció, sin sobresaltar
aquello guardado que reunía y se rehuía.

en sentido inverso, narrábamos
vulgares historias de pasión, el reino
una maledicencia, que se alegraba,
en fin, de su vulgaridad, su pequeña fiebre:
puerilidad repartida en los fragmentos,
de algo, sin nombre, que se agrega a sí mismo.

sólo en sombras tribales,
pero encendiendo hogueras. según
el orden, aparecíamos, medio mordidos,
adjetivos para la simultaneidad, medio
soñados entre nosotros, entre esa
torsión, el bosque
que formamos.

17 de julio de 1987

TOMAS CON LUZ ROJA

bastó argumentar, simplísima operación:
«...y ahora estoy (¿ves?) y ahora no estoy (¿ves?)»,
con el dragón de una insignificancia, un velo,
sobre algo como la cara, acosado por
las maquinarias del acto, en fila india, cada
instante el repliegue, según
el grado, articulando el intercambio
entre un infinito interior y, de otra
parte, lo percibido.

me detuve, reciclaje, frente a un río, aristas
de una superficie granulada, mientras viento
ardía vidrios contra cartílagos (sic) y la cara
empezaba a apagarse por obra y gracia de esa
luz estrábica, estroboscópica: despedazó
lo que narraba.

me lavé, untado al apetito, el efecto mortal.
sumido ante los roces
inconsumados, la vigila se disolvió,
brevedad en aislamiento cóncavo, celda
la memoria: todo prendió, tenazas
de suma fragilidad, antenas que, ampliadas, mostrarían al ser
acordado, impropio, su desnudez conforme
al horno de diferencias, conjunciones; un calco para
entronizar la sustitución, que provendrá,
poco antes de volver
a diluirse.

tal vez algunos ojos cautivos sobrevivan:
sus tronos impávidos, esas cabezas, se sugieren
apenas, envadas, de algún modo, hacia otra
expiación; no los tributos, los sucesos perceptibles
–pues yo quisiera la única redención que puedes
ofrecer, pero eso será en cuanto llegues, pero eso

será, en cuanto llegues, deshielo, corrimiento
del techo, sin extinguir la evidencia.

los cristales de aquellos autos, seguía
mirando: un punto que no estaba
en aquella agitación surcada, en sí,
perplejidad con filamentos,
fibras. me veía, siempre que no mirase
directamente esos cristales, pues la misma
velocidad, entonces, era impedir. instrumento
de la diseminación, el acto, artificial, labró algo parecido
a titubeos: «¿por qué pesará más *yo trabajé en este lugar*
que *yo pasaba por aquí*, *trabajé cuarenta años en este*
lugar y no *pasaba por aquí, entré* (dónde lleva
esta corriente) y, ultimátum, por qué más *cuarenta*
años que *este segundo*, obturador?» –hacía trampa, ya
lo sé: desenrollaba pergaminos, deudas, y llevaba
hasta tal complicación, unas reproducciones, cierzo:

«en su majestad, el Imperio Romano consiguió
desentrañar el destino; sus pitonisas sólo
atibaron al cosquilleo *sí* o *no* de unas preguntas
–los etruscos, en cambio, sin traducción, alabaron,
múltiple danza, el silabeo de los músculos
y aborrecieron los flechazos de lo escrito:
profetizaron…» –bastó observar una pareja
que, desde el túmulo, terracota impregnándose en su
lejanía, sonríe: la proximidad del júbilo ante el advenimiento,
más feroz, de lo seguro, la descomposición que irradiará,
sagrada, sobre el disfraz, la pompa.

agotar el cine cósmico, los granos del resplandor, el
suspiro, entonces, se hizo caravana: el encaje excéntrico
de los motivos clavándose sin fin, adherencia, donde
un sabor, por ejemplo, se repite, para mutilar
en el objeto probado, la composición de una causa asaltada.

me enfrío, acoplo, el escozor no me permite
descifrar. mientras espero, en casa, que ella
aparezca («solo, sí, pero con alguien
en la casa»): su ropa
perturba la silla, su desuso tacha la herrumbre, lo atascado,
causas sin importancia, minucias que anegó
el desvelo, fuera de ráfaga.

jungla, mientras miraba. bebí esos fuegos
de artificio, saludé, argumento, el paso
de mi ansiedad, la experiencia saboteando, mis manchas,
según la óptica. vivía en aquellos reflejos
sólo cuando pasaban, a mil, como un veneno
que, dilución mediante, podría curar. pero yo quisiera
–se me disculpe la monodia– *intimidad conmigo mismo* (¿estaré
envejeciendo?) cada vez que el hálito de un muerto
empaña el cristal.

24 de julio de 1987

EL GAG DE LAS APARIENCIAS

espejismo que ciertas huellas
exprimen, imposible fosforescencia e imposible
perduración, modula, yeso, la retina,
espectáculo que late
porque late punzante: perritos
rociados por la refracción, parentesco
con la voluptuosidad concéntrica mientras
se hurgan envases recién saqueados –¿no se presiente,
así, el suntuoso estar de los residuos?–, o algo, la
plenitud, algo, cuando ninguno ve, adhiere, a
lo que calla, lo que se escucha temblar, coincidencia
apenas en un gusto, pasajero, horror hacia
la simetría.

extraño todo: estar
articula su espasmo y ciega
las superficies amadas, sin
resolver aquel enigma
–lo que esperaban los ojos.

pasillos de la vacilación: la danza
escinde, finalmente, a los que bailan, cuando
la danza se escinde –de los que bailan
prometidos–, para despeñar el córtex, y los misterios
–al pasar– afinan fijeza inestable que,
entre las cosas, absorbe su inocencia.

desprovisto de reciprocidades, me concentro
hasta el vicio, cóncavo, porque encierra, de los tormentos
ínfimos, minuciosos. un rompecabezas jamás
haría otra cosa, su plenitud descansa
en su uso, su nombre a través
de planos donde la asepsia sopló todas las velas,
aparentemente; y después, vuelta a la madriguera,
laberinto para abolir

la espina de la vacilación: dejarse encontrar
siendo inasible. ¿será eso, exaltándome, el mismísimo
celo, el afanoso amor? ¿y será, de mis sentidos
suplente, ese amor sobreabundancia que apenas
desenjaula del pequeño círculo del yo?, yo
creí.

y entonces –no lo menciono ya– recompongo,
un color cerca de otros, promesas de redención y el imantado
amor roerá, esa mezcla de planos: como en retratos
de Frida Kahlo –una circunstancia
quiebra cuajado el espejismo en la absorción
en un sentido, virado, un accidente, lo que no
se pudo decir: hechiza el sitio que el fuego
plasmó, alrededor, para su gozo, más allá del efecto
de calor, o luz, que nos deslinde del tiempo.

las almas, me escuché, se hermanan
en un reflejo que ataca la negación –mascarán
lo inaudible: el pez salta, suspende los ojos
sonreídos. ¿será eso, en círculos? y si así,
entre los mundos probados, ¿qué declara?

acusado, absorción en un vacío,
reposo. cuando dé el okey, aún no habré visto
nada. alguien, al pasar, nos menciona, ante
la imposibilidad de guardar el amor, mientras somos,
no sé, microfilm, afinación por el revés, no sé si deba
mencionarlo, violados («pero soy tan ignorante…»).

veo una pared. una mosca (verde) en la pared.
una pared meada por los perros, hace treinta años:
prueba que el mundo estuvo colmado
alguna vez, y ahora, sólo por el deseo de un envío
recíproco, y, por las dudas, teñido, el mundo real:
que algún día nos encuentre.

la plenitud iridiscente
porque se afina
en la carencia. raspo las costras,
abarrotes, con la aspereza
de interferir, preñar;
comiendo en la madriguera el mundo
plagia su falta, propaga
bacterias de otro sueño de gracia,
radar o red para el contagio. los últimos
días del mundo con una mancha de comida
en el saco –todavía no veo: ¿concebí,
amor deslizante, adyacencias
que sacan la lengua y lloran
de risa? lo juro,
interruptor.

26 al 31 de julio de 1987

VERBIGRACIA

bichos, al respirar, volamos
la superficie que
nos imanta –surcos dentro de
surcos nuestras vidas,
mampostería: distracción,
heridas que una incierta
levedad hace volver,
sobre los pies.

remueve el viento
bolsas, enormes, plásticos
vaciados a la altura del último
piso. superficies pueden abrir
un espejo, su abolición:
¿vaciados? resplandores absorbían.

rascar el cielo,
estalagmitas: cuántas formas
de no estar, justo sobre
los pies.

la ciudad superpone
alteraciones de tiempo, y se
refracta en su tráfico, sus
intersticios: pagodas, minaretes,
iglúes, sucedáneos del ego general
y el origen, magma en sombras
que se deslíen, fechas: el presente
se rayó, cima de una absorción
fue la memoria, ese walk-man.

vacuidad el coágulo,
evanescente la víscera. algo
brutal, civilizador, bajo andamios:
sedentario, el deseo, centrífugo mientras

se adolece –superficies, etc.,
mostrándonos al sol, danzando caníbales
nuestra tiranía.

imprimada la mente
vierte dobleces en vez
de padres verdaderos.

en desmedro, atributos sin objeto
pero expuestos a sustracción,
anonadamos. placebos arraciman
sentencias, disfraces surcan para apilar:
caminé, caminé (las calles
desconocían) la transparencia
entre remiendos –galerías,
pirámides, en efecto.

las bestias y los dioses
pactamos, alguna vez, junto a la sed
saturamos lo espeso, lo flotante…

atorado el cráneo, ¡oh
buitrecito!, ¿vendrás a mirarnos
algún día? ¿con estos ojos harás
un tapiz para nadar
en él? ¿retocarás el hueso,
sospechosa linterna
por las polillas comida?

hasta el 10 de agosto de 1987

ERA UN CROQUIS

tazas en un borde, esperando
ser lavadas, y la ocasión
–evasiva– en que un gesto
destituya el poderío
sembrado en aquello que vigila,
susurradas presencias: cómo
grabar este volumen y las distantes
mutaciones que, a la larga, armarán
su versión del cuerpo, y no el cuerpo, y no
sustituir allí, con losas, presteza de tanto
impedimento, o rasantes lozanías, devenir.

pero, residuo, fosforesces: bajo un haz
de mutilación –también bosquejo
que desactivará, indiferencia ante
los devaneos, oculto
en alguna parte, arrinconado
por la geometría, horas antes
de nacer nos atisbó, robó
la semejanza.

vive el árbol por donde andan gusanos.
los días, subidos a las ramas, confiscan
repentinamente –o es acaso el gesto
con que «me doy cuenta»– y sólo el espacio
engarza los coágulos de la dispersión,
extáticos espejean donde, olvidándose,
el cuerpo se encuentra, mecido aún
en su oleaje, voces remotas que ya no
esconden su atrocidad –ensalada a medias
viva y a medias consumada
por la corrupción, esperando
en su acantilado un gesto que lave–; pero
el espacio pasó, sin tocar el timbre

roció los pasos,
sumió

por cierto, en lo esquirlado,
inasible caligrafía, pendiente sólo
de un instante –hormigas en escuadrones
planean arrasar el jardín, un jardín
que ya no está, aunque lo estés mirando.

la flora difusa murmuraba
congregaciones de objetos de acuerdo
a escalas, temperaturas, sonidos tácitos:
nada, sino el fuego, lavará, desprendiéndose
sin regresar para contarnos
cómo es, lo que volcaba las tazas, o las juntaba
sobre deslices, filigrana tramada por
unos brotes, un solo gajo de luz de otro lugar.

repartiéndose nos dio
alcance pero no
nos alcanza.

14 de agosto de 1987

DESPUÉS DE UNA FIEBRE

el centro pudo ser
tu colon, el hígado
quemado por repugnancia
a morir, una vez más, sin
haber reunido un solo acto
con su radio de acción,
ni borrar el infinito
espejo que había en ti.

ileso, en la lisura del acto
de yacer, ¿de dónde
regresabas?, y la ceniza,
continuo de tráfico
interior, fue tu guía,
hacia lo inmóvil, vislumbrado
el retaceo: te miró a los ojos.

y esa migraña revelaba
que «dolor y joyas
se parecen, brillan según
el lugar que les asignes». cruzaste
roces con la monotonía
del mundo que deslizaba
sus cintas, su percusión,
para entregarse a distancia.

rasguño de un segundo
en el muro contiguo, donde apoyaste
la cabeza para soñar, tentar
el sueño: vegetación que rodeaba
lo sostenido por su abandono,
naranjas y bermejos demasiado
concretos donde ibas, con
tu bicicleta, a pasar, mientras
te hundías, niño, en la pista

trunca, el cuarto veteado
por tu regreso.

17 de agosto de 1987

VIDA PRIVADA

desde algunos crujidos súbitamente se despejó
el claustro en que, anfibio, moraba, y se
mimetizaron los sólidos, sus extremos
deslizantes. me contraigo pero soy el disparo
que desenvuelve una secreta
operación, un sucedáneo: juntar las más
bellas nalgas pero a través de lo roto
(medias) y (manchas) otra posible
enfermedad, aquello lavado justo antes
de latir.

tanto, entre un cuarto
y otro, reduce
el ritual donde suspiro
para no olvidar, a una
respiración mayor, olvido
mayor. delatan, inciertos
antepasados, a su modo, prodigios
mientras la desnudez
los disgrega.

cuando cada cual, justamente, es aquello
que puede ver, el exceso
de cordura vira hacia un rapto insensato
–el justo medio torna sublime su colapso,
demasiado fijas sus alas de pez.

¿y si pesara este suspenso
en un olvido prismático,
o, por esa videncia que apenas violentos
cauces operan, en voz baja, raspase, a pérdida,
acechando su velocidad, relente
que borra, para distracción, algo
trivial, ahora abstrayéndome,
vuelto doble, qué fiesta

me pegaría, al no estar ahí, vuelto
hacia el doblez? ausculta,
jaspeado, el ámbito en que respiro,
dilución inmóvil cava in mente.

y me podría, alga, desmayar.
lejos ya («ser tan rebuscado
sin hallarse nunca…») si –cuando
cada espamo teme el entorno enjoyado–,
porque voy a comer en *eso*,
me lamo, me muerdo.

16 de septiembre de 1987

INTERLUDIO

por fin, el suelo
cargado con
lluvia de instantes
paralelos, los lejanos
cables, aves, un
paraíso que
nos esmalta.

podría tratarse
de una luz pasada o
de un coto con
animales que persiguen y
animales que
los espían y ningún
animal al que cazar;

nacer de un toque
frío, desplegado en esa
amputación que anhela
agregarse, agregar algo
a la marea extática, sus
reflejos aún engarzados.

entre el cielo
y yo (cables) la ranura
insinúa un verde
reverencial, flamencos me
interrumpen.

el cuerpo careciendo de
violencia, ya no cabe. ni
su absolución por el
reflejo, ni la gracia
de su falta. no quedan
amuletos ni animales

que reflejen, desde la
superficie, las redes
de agua del mundo:

dispuse, único
para prender, de un día, un
gesto. ¿el hábito aparte
de responder y luego
odiarse porque ya se sabe
lo que siempre se supo?

hace tanto
me contemplan
tantos seres,
que ahora son
anónimos.

19 y 21 de septiembre de 1987

TEMA: INESTABLE

desentrampa, me digo, esas flores
blancas, sin importancia. borde
inoculando a su agonía
relámpagos apenas, bajo las plantas
de los pies que el siglo
atemoriza, espolvorea. «¿se te pasó
el mal humor?», en el agua, mirando
desde el fondo cómo
la claridad era volátil, y lo sólido
despeñaba desde antes su fraseo.

como para dormir,
después, y no soñar
más que con ojos
sumergiéndose en el banquete
del tapiz: olas que se descosen
al final de habitaciones,
casa atestada. aro el vacío
alrededor recorre esta lejana
ciudad que «está, seguramente,
en el mundo», y con los pasos
abstrae la última
luz, parecida a un frasco.

suspendido, sigo fuera
del espacio: sobra en lo concéntrico
que me despide, lo fraccioné
en retoños, y así, sólo
empezando, respiro a la par.

cuál coincidencia –la ropa
refractaria, adornos retráctiles
en su ángulo, cautivos de por
sí, por su esplendor. la mente,
anfibio que se ensimisma, adviene

al sucumbir el fondo –simulación en torno
e impenetrable frase, eras el aire. «¿será
este día el día
prometido?»; fiel, entre dunas,
saltante atisbo desata
amor tumultuoso que no finge
que muere, y se hace agua.

fragilidad con que el torrente se aclara
para huir, entre los márgenes que una
suposición desenvaina, por efecto de vacío
irisado, y sombras rozando en su desliz
aquello que vigila
habitaciones sumergidas: golpeteo unas voces
detrás de columnas donde el florero se me
parece o un cielo pareciera
surgir, a la zaga, de aquella rama, disco
puesto a virar.

ya no hace alardes concéntricos el ojo sino
en su arrasar e inmerso
pía apareado a su estancia de testigo. ¿ya
no será ese sumergirse, pulso
acuoso, volutas donde se creman,
leves, las espinas
del ruido y lo que llega
hacia las áreas que su congestión eriza? adviene,
incierta en su felicidad, demasiado
abiertos los ojos.

el ojo no serás
que despierto encuentre
descifrar, roer:
habiendo olvidado
los nombres
de estas flores –tras
la rendija su quietud
las traspasa– un instante

te liba sin concluir en lo que creías
contemplar y en verdad
te contemplaba.

días de octubre y noviembre de 1987

SEGUIDILLA

como si árboles
y nubes vivieran
una vez más, sólo
para el oído –temeroso
de sí, su cauce esquivo
sopla otro
cuerpo, las evidencias.

me llevo implícito
–inmovilidad en que
despierto, y lo que está
despierto vira, vibra:
turbación que ningún
espejo devuelve.

e inesperadamente
más ancho el cuello, más
líneas tensando superficies
hacia el relámpago. si se
condensa, nimbo, el rostro,
animales lo disgregan.

la cabeza inclina
esos vestigios
que sólo el sueño
descifró, cuando nota,
titibeando, el abismo que
vuela –y tiene algo
de pez y algo murmura–
sobre el desierto.

la mente retrasa,
todavía. floresta
perfora el costado
de los torsos amantes

e, inclinación,
me reúno conmigo
donde todo eco se pierde.

las formas ya no
dormidas se aligeran.
hacia un estanque
temible la cabeza
astilló su ebriedad, y
aquello que contenía,
cayendo al agua, sin redes, ni
un sucedáno fue.

7 de diciembre de 1987

LAS VISITAS

cristalitos, las alas: rompió
a llover, durante siglos
encerrados en nuestra cómoda
historia, estuvimos. una cigarra
había venido, no sé cómo, hasta aquí,
para hundirse en arenales
invisibles –supo, con nosotros,
que una guarida prolongada es jaula
y que

alambres del patio tientan la vastedad;
los devoradores tejiendo simetrías
(Blake) mientras párpados
se abren para volver a cerrarse, luego
de los motivos inconclusos
de la atención. nosotros dibujábamos
alegorías en el corazón que la
turbulencia y lo que dura

irisaron; fragancias que repartiera
algo que el sueño no penetra, y sólo
un junco, en la espina,
clavándose a un vaivén
que se hace quieto, mientras la mente
muere, al fin, podría develar –y no
devela: alas, fuera de la araña,
lúcidas, fuera

del viento que ama
lo que se ha
secado –lo que ha
secado–, no sé cómo.

13 de diciembre de 1987

NADAR UN BIOMBO SÓLIDO

nadar lo sólido, repartir
escondites de aquello
que la apariencia unió,
levitando entre muebles, sin
que esos muebles que
nadie usara, sean juguetes
para una divinidad
sin atributos, o, un
insecto cuya feroz
naturaleza es inaudible
pero hiriente, flotar
quizá lejos del hecho y de
la gruesa planicie de
su sombra: irrumpió

un ángel fastuoso y después otros
volúmenes cavados en la
disparidad que semejaban
torsos, grados diversos
de la amputación, boscaje
entre torsos, un rudimento zumbado
por las raíces que hacia ninguna
parte llevan, moldeándonos en su
desproporción: un ángel
crecía al mirarlo cada vez
–en mínimo cuarto, divina
torpeza; tintes del pasado que,
ajeno, nos recita. también zumbada

sobre el mármol, iluminación
dispuesta para que entrases
como Palas esquiva, y sostuvieras,
salir de tu propia cabeza,
su impenetrable lozanía: «¿serían así,
entonces?». y la penumbra donde, por

descuido, y no
tanto, el boddhisattva nos calmó,
palma laqueada para cuidarnos, niños
aún, de los ruidos, de la presente
encarnación, de nosotros –oh Jizo
Bosatsu ¿deberé
orar ante
vitrinas? ¿habré de recordarte
semejante a un árbol,
con ojos?

mientras dura, cada objeto
astilla el alma
del artesano que a sí mismo alumbra
entre tanto anonimato: unir,
a la vista, algo
que a fin de cuentas sólo está
para algunos: la minuciosa,
capciosa voluntad de mostrar
lo que los pliegues del caos
ominosamente ocultan, y delatan;

cuando, ya sin eco, te sigo,
sitio contiguo –desentrañaste
eso vacío que se
colmó con ángulos, para encontrarte
en territorios cruzados a solas, en
otro tiempo. desde las ruinas
fastuosas y la salvaje
mutación de bosques
entre bosques sin suelo,

o en ciertas
casas cuyos cuartos
llevan hacia la suma
aridez con que unos árboles hunden
aros de vacío alrededor, y esos
gatos se persiguen

detenidos, casi, al borde donde
cualquiera de nosotros no sabría cuál
océano observa, al asomarse
la mente plagia una vez más.

¿y los vidrios
estriados? ¿ondula, detrás,
lo que respira y se
agita, con la expulsión
de una claridad demasiado
evidente para ser,
entonces, el mundo? –allí
aletea, sin saberlo: al
traducir borrasca, lees
presencias. y aquello

aparece contigo y
te reúne y trae
tus objetos
amados contigo. torsión, caña
colmada con huevas que fosforescen
sobre la pátina, limo: da igual
el oro que nos come
las uñas, al raspar retratos
de los duques, los
adelantados: no vi otro
rostro ni los muebles
que nadie usara. el repliegue,
plenitud en ciertos puntos
opacos: se nutre y yazgo,

en esa voracidad,
trasluz. oigo, mientras oscilo,
cómo te estás
vistiendo, y cómo el biombo
recita, de otro modo, la perspectiva
en que te encuentro sumida:
eres esquiva, lábil

para el alma –pero el tiempo
nos teme. se puede oler

cómo el tormento
suelta, resta vértigo,
ni siquiera objeto
al cual orar
o cautivo
abismarse.

los dioses se rozan
para dejarte hablar,
verás: en tu sitio
distraen ramas de la vacilación
–la sangre armando lo que podríamos
levitar, y pasa, alerta, celdilla
que la mente asigna
en su negocio, de rodeos
sólo hecho, la nitidez

nos vela. disuelve
hasta anunciar: aquello
que escondes,
amo. insecto cuya
atrocidad modula,
insiste por consistir
sin que pregunte el presente
por un solo átomo
en el campo de juego.

29 de febrero de 1988

ENTRE ROMBOS

lo que no supe: lo que se estrelló en las manos
y dormitara, apenas, hasta esfumarse: repetición
de un gesto donde jamás se repite el alivio de oír,
formas espesas, su diluida luz que a todo entrega
esquirlas de todo. lo dicho acerca
de los Nuba, en el Sudán: pintarse, durante horas,
todo el cuerpo para un día, lapso con instantes sólo,
siempre distinta, única geometría, impasible
ante los devaneos del júbilo, su incierta profundidad:

adónde desembocará esta irisación
de los nervios, este acoso de lo que inquieta
y quizá sustrae, el cuerpo en tanto,
reconocida a través de fotos la distancia
que nada recupera –y la noción, casi
espantada, de que es la muerte
la que compone el fondo
y el trasfondo de la obra, eternamente
en sus principios, clandestina entre los remolinos
ácidos del gesto sin que se vuelva
hacia el todo, al reír.

pero compruebo lo aislado
de la flora en que sumo
esta permanencia hacia la distracción,
atravesado por tus ruidos
en arrabales de la casa: vas
componiendo un tapiz
hecho de actos como sonoras
ocupaciones o instantes, más bien: una masa
en la que otros perfiles ahuyentarán el miedo,
el asco redentor ante la aparición
de estatuas, quizá nosotros, quizá esta raíz

hundiéndose en el mar que yace, a lo lejos,
tras el codo. quizá estos tiempos simultáneos
en que somos dos, vernos el alma, y uno
sin que sepamos el porqué, ni la hora
hundiéndose en el mar, lejos, tras el
codo, que yace. quizá sea lo que no he podido
o yo mismo tu fragmento estrellado, lo que no
creerías recordar y el tiempo impuso, manto,
colmena el vacío, deslizante tu huidizo
gesto de cortesana: lo no repetido, lo que va
a temblar.

11 de marzo de 1988

LEVES EMBLEMAS EN UN PASAJE IMPERCEPTIBLE

despelleja, entonces, ese reflejo que impide:
sacude el mar inmaculado su cabellera
de anciana, la dilución sobre la espiralada
superficie, los hechos. sin reciprocidad, sé
benévolo, mar –revela el sueño donde oramos
aquellos que, una vez, quisimos
suspirar: el retazo, continuo, al modo extático,
amanuense –todos estos años
en la conciencia, impostor, repitiéndose,

labrándose y repitiéndose, el justo
medio, siempre aplazado por
alguien que te toma del brazo y te ruega
que mires, te detengas, repares
en *eso* oscilando bajo los pliegues,
su fauce: intrigándote además por el mero gusto
de perderse, en el tiempo, con la inútil
labor de la conciencia, talando, taladrando, ladrando:

las proporciones, en su orden, siempre
te intrigaron, porque ensañan
extravío y niebla de un derredor, volúmenes
en estado perpetuo movidos entre el calco
que el cambio disipa y envilece. me congrego
donde flores en un tránsito secas
y vidrios alterados por emblemas
componen el atravesamiento, el éxtasis: pequeñas
tallas con la beatitud como insomnio, acantilado, agua
astilla lo perpetuo
que roe sonido –radios, trámites,
ermitas– sofocándose por
devenir: un niño convertido,
un niño vuelto hacia la húmeda madera (no
ángel no demonio), sus ojos desde el vidrio
imponen a su ausente.

ojos que contemplan lo que el amor
diluye. impenetrable el roce,
espirales de gente que circula
hablando *cosas*, fijando, entonces, la intención
de componer lo real: «yo estuve aquí» junto a «nunca aquí
estaré». filiforme eres, mar, y lo que envuelves
acusa, desde el equívoco
del momento y del suspiro
presente. contempla desde abajo, ve
contemplado –ojos interrogan, atan.

sólo red los detalles, qué estrategia
tornó voladora a la alfombra: ser de nadie
y albergar, en sí, otros extremos, otras
causas, pues, ¿no hay algo del dios,
también, en lo siniestro? (totalidad es ausencia
estallido de las partes pero en virtud
del escorzo habitado, los planos
hacinándose en lo simultáneo, irradiante)

¿y el escorzo no te reveló? ¿y esos cajones
no guardaron hasta *hoy* secretos
de damas góticas, cuyos cuerpos eran
ceñidos por el imán
de su difunto cosmos? ¿y el sueño bicéfalo
no hizo del dios, acto en cuerno de marfil,
un cuerpo solitario, unidad difusa y sólida y vacía
a un tiempo? ¿y no eras, gemelo del mar, vuelto
hacia los fondos jugados en imposible
movimiento? –¿quién te miró, hace siglos,
en este espejo, que rehúye, porque devuelve
aquel reino, inciertas posesiones, y el alivio, y
el temor, de este regreso?

ojos vueltos cera, el pasado reluce
mientras se quema, con el soplo rehén
en turbadora contundencia

de sus objetos. los objetos del pasado
te presencian a través de esta
luz albina, oblicua, de claustro
diciéndose: «hunde tu cara en las telas
que hacen a esta desnudez
inocultable»: diciéndose unos
a otros los objetos (y el no ángel no
demonio cruje todavía vibrante).

la geometría, a la que el mundo se
reduce y debe –en la que el mundo
vuelve expansiva su faz– eleva
un ritmo voluptuoso: esta luz teñida
desampara, circuito insomne de bambúes, rasgo.

un jardín altera otro jardín.
su sola estancia, aun sin cruzarse
nunca, lo trastorna. así un cuerpo
humano hace del otro doble
presencia, memoria líquida. así
la intermitencia insinuada entre los ojos
de la multitud imposible, impenetrable –niños

como un actor de la Ópera de Pekín
pintado por Polanco, o acróbatas al probar
las calidades indoloras del tiempo, mientras se está
saltando; como esa lívida
consistencia en Alan Davie,
continuo hendido, en apariencia
fijo, desplazamiento pero sin lente
que reúna, chorreadura voraz que ataco
recurriendo al gesto como vacío, agitado por el paso
de cigüeñas entre dunas rotas
como labios simétricos: ¿bandas? ¿leves?
¿columnas nítidas?

con la esperanza puesta
en la

conciencia la
conciencia,
una sustancia vierto
y pierdo otra.

Lima, 23 de marzo de 1988

EL CASO DE SIMULTANEIDAD

un fruto cae: estrella
el tiempo mientras la Virgen
de la Gracia tallada en Filipinas
sonríe a la pálida
insolación de paseantes mientras
hundo la mano
entre una mata de moscas y robo
un fruto mientras
nieve sinuosa cae detrás.

devenir silencioso que sonríe
a la pálida rapidez, sin mácula
de paseantes: contemplo cómo
nieve es encendida
con paseantes que se parecen,
difusos tigres en el desierto.

es un término equívoco
en equilibrio sobre
andamios de niño con que altero
hacia otro árbol, sin mí,
entre una buganvilla con párpados
entre una camisa sobre
las rocas que se estrellan

y el auscultado
mar y el torso
que se estrella
entre una cabeza aislada por encima
entre una cabeza reflotada hasta atraparse
hacia otro árbol.

sobre el desierto
sobre el esmalte el desierto

blanco: los pájaros o sus momias
cortan el pacto córneo
mientras tanto
en el desierto expira
por encima de la mano la cabeza aislada.

es un término equidistante.
es jaula de nombres.
echándose a dormir
sobre arena el cuerpo se equivoca
mientras cae:
lo que el desierto roba merodea.

la Virgen de la Gracia no es
la Virgen del Tránsito no es
la Inmaculada Concepción
no es: mientras sueño
con desposeer, virar
la buganvilla contra el reflejo
los hematomas de la arena por encima
los hematomas la nieve
el desierto encendido.

vistos en su término
sin comparación posible
discuten nuestro infinito
la perspectiva, sus abultados
roces, cada estrella
un amor disfrazado
un fruto sinuoso: haz

que todo permanezca
así, en el preciso reflejo
de su vacilación, donde envaina
la otra naturaleza, amor
guardándose o amor estrellado,
amor-hematoma, amor-paseante

concéntrico generas
intensidad reflejándola.

8 de abril de 1988

FOSFORESCENCIA

fallas el aire,
rugosa fatalidad: viendo
esas telas de Paracas, todo antiguo
dios perdura en la desprotección
o cercado, sin secuencia ante el futuro
que iba a llegar, ahora, como demonio
ese dios atenazado por la transparencia,
mientras delira.

son pigmentos, «profunda
alteración», las voces
representándose mordientes. y el yo
idéntico a puertas que no llevan,
escaleras que no dejan
subir y vidrios hacia un falso
exterior, desde el interior volátil
revelando, por la violencia
que condensa, oculto.

el ojo, demonio, atiza
lo que atisba: *ser un cable*
pelado y en la fosforescencia
donde se entrega, por aquello
que el yo niega o desconoce, dios
también en su agitado
refugio. nada lo adora, ni el deseo
de obturar los ideogramas de
momentos sobre la carne a oscuras

–esas telas, quizá,
guardan al príncipe
y su palacio mortal, su sobrepeso.
condensación de los cambios
relampagueando al pasmar
alguna otra cosa que no cesa

porque a ceder aprendió,
a oscuras se descubre. para
el yo, nimbado, oscuridad
sin adornos o el adorno
de su desnudez.

14 de abril de 1988

TRAUM

«la forma es caprichosa,
es capciosa. supone:
esas manchas ahondan árboles,
velámenes, un perro
que quizá resulte
redundante.

personajes dentro
de la tempestad, es un título
de Turner. por aquí
aparecer es rojo:
el sobrepeso el eco
nada arrebata nada implica
arrasar es fugitivo.

si me vieran
en este momento me moriría
de vergüenza: estoy bajo la ropa
aún desnudo. de lo que se
deduce respirar es un acto
privado de intimidad.

Turner estuvo
en Stonehenge y dejó un apunte
sin importancia, un fraseo. por
lo mismo, qué no apunta
a la cabeza, viajero
que se engendró.

llevar el paisaje
hasta un extremo
agrietaría el ritmo canjearía
la perfección en pedazos
resplandecientes.

una suma pertenencia precisa
un personaje inverso
y, de pronto, el paisaje
lo clava.

ya está todo hecho,
poco es lo que queda
de él: una mano sin mira
ante la tempestad que ríe y ríe.

compensar el espacio
dejado blanco
por el acto
oblicuo a nadie,
ni siquiera así. la forma
es capciosa, es caprichosa, es
agua.»

1986

EL TÉ

UN PASEO

una niña abstraída como una
miniatura egipcia de pronto
sonríe: es melancólica
la alegría. y la calle
emplumándose anuncia
que esta ciudad, como las
otras, será el pasado,
remotísima en su espiral
con olas de arena sólo
esperada por las nubes
que se cubren
y se jalan:

miniatura acústica es
el sueño, rodeada
alegría que premedita
su inestable hablar, sus
ociosas voluptuosidades
ahora. es la sombra
imantada sobre mí, y me llama
nube –en el vacío
vestido de alguien.

busco la horizontal
que filme la aparición
de tantos rostros, entre
las nervaduras, intersticios
preguntándose el precio: es
implacable, el blanco.

una niña con un gato
estático que la
abstrae, burlando
al ojo que sigue
desnudo, sin mí: ¿qué puedo

hacer con ese blanco
que tritura los autos
y los racimos, esa alegría
cuya abstracción será
el pasado?

¿es melancólico
amar, si el centro esquivo
se alegra porque nos
templa, en un destiempo
que sin embargo se hace
ligero, sumergido?

es tan ausente
en su velocidad,
y tan estática:
trópico impregnante,
el ojo, es del sol
reminiscencia.

la alegría me
confunde: sus intercambios
caníbales algo sueñan
mientras me suplanto, gato
contra la arena.

nieva sombra, rumor
del oasis de los secretos
a su tiempo. pero vayamos
por partes: es atisbo
bajo el Sahara
de la mente, y lo que entregue
serán llaves para otras
ciudades aún dormidas…

se reflejó
en la pupila:
horizontal, si es
que sonríe.

LA CORTINA

con repentina antigüedad
que es extrañeza del cuerpo
ahora desnudo.

fragmentándose, aliadas
con su ausencia, fuera de
los techos, de
las antenas,
las oigo.

cicatrizan esto que oye
en mí, y absorben
lo que muda en
semejanza.

¿son estas nubes
las de la última
mañana? ¿es ésta
la aparición final
sobre la puesta
y la escena
vacías?

no es siquiera prescindencia
lo que mueve las briznas.
el zumbido, otro pacto
con el presente que ríe
mientras me roza.

más allá del gong
de la memoria
que llama entonces
porque no quiere
morir, y huye.

pero quién muere, quién
alaba el paraíso de sucesivas
floraciones, apenas polen
despegando la tierra de sí
misma, la luz de sí, los ojos.

quién nació, alguna vez;
quién pregunta por su aparente: me
ignoran, pues amo
lo difuso que las traza,
que las abre en flashes
como al cuerpo
ahora desnudo.

una línea en el agua,
una daga casi,
un golpe blanco más allá
de su sonido de gong
satinando las hojas
todavía mojadas.

¿acaso no estoy,
soplado? ¿y las iridiscencias
del acto por esto, acaso,
no ríen?

una cigüeña alteró la sombra
de una palmera: isla
en el desmembramiento,
reúne.

sin embargo, agregan la suspensión
fuera de cauce y convierten, por
amor, al ojo: no es
propio, no es
ajeno.

las briznas y sus sombras.
la sombra de una cigüeña
que ya no está
en sí.

pero frunce tu ceño el esplendor
de los desplazamientos.

tanto vaticinio es rocío
cuando te tiendes
junto a mí, en rara
contemplación, y te
despliegas.

hacia la intimidad que quiere
reírse de lo que muestra
y lo que oculta.

¿la última?

con dolor, la conferencia
de los mundos, atraviesa:
es la gruta
del que oye.

es el girar
en vano
del que se oye.

es la duda, que envenena
despacio, de quien oye
cómo el ropaje
se sopla.

es el esplendor
de lo soplado y sus
briznas en el cuerpo
que oye.

RÍO DE COSAS

a Mirta Rosenberg

la panera de mimbre, tras
el cristal de la jarra
con agua, sobre la mesa, es
Buda. y cada gorrión
cortando el hilo inmóvil
del patio, bajo la poderosa
luz de la mañana, es el Espíritu
Santo. y mis manos, como
mis pies, sabios ahora
por el dolor que los aleja
de algún centro esquivo
y los alivia, a la vez,
del sobrepeso, la mente
que olvidó cerrar
las ventanas, son, cada
uno, maestros de la levedad
de sí mismos, viviendo sin
mí, colmados por absorción
en el exceso
que se desliza.

lejos aún
de la crueldad
del que cura:
que el tiempo pase,
pátina, tras el cristal
con agua, en su
concavidad. hay un impulso
que me mueve y que ya
no cicatriza: es Buda, es
Espíritu Santo, las mil
caras del vacío pujando
con la ferocidad
de lo que se volvió

más leve. cada célula, celda
expansiva, es humildad
colmada, como si fuera centro
de un sistema planetario
donde las mismas cosas bailan,
inmóviles, la luz poderosa
de la mañana.

CINCO PLANTAS EN UN PATIO

a Hugo Padeletti y Dante Pierpaoli

otra está meciéndose hacia adentro,
como la espera
de alguna disolvencia que la pliegue,
guardando su tamaño para el reflejo
destinado a soplarse. se rodea
sintiéndose levada por un rollo
de espuma virgen, pues algo
oculta cuando sonríe,
algo agitada –si se considera
que lo inmaculado es
lo que ha sido visto
todavía.

otra escucha con atención
el golpeteo de la luz
en sus oleajes
agudos. se abre
y se cubre con la expulsión
que a su modo la hace
invisible –no es fácil
mirar a una planta, en
especial si no se conoce
su nombre vulgar: pero está tan
alegre, que el musgo
que la cerca la despliega.

otra nace porque se fuga
en su casi apaleada
emoción, metal que sueña
con ser elástico y manar
en levedad y estupor,
para ganarse la muerte:
dos pájaros se posan
al volarse.

otra se contrae un poco
para vibrar
la intimidad aérea
de sus espinas, joyas
de juguete. está
despeinada, pero se inclina
con gesto de trepar,
y está al acecho.

NATURALEZA QUIETA

usaste demasiado
los ojos: ahora toca
con cautela las alas
atigradas de la
mariposa.

seca, en la calle
veloz, atestada, es esponjosa
para los rayos finísimos que
la traspasan, remolino
en tus dedos
mucho más tímidos
que en la infancia.

no hay que temer, sin
embargo, pues ese roce
será también una puerta, y
cómo las yemas
se tiñen sin arrastrar
simetría o la fábula
de poseer.

pero cuidado: tocarla
será también
perderla –es polen
ya listo para fumarse,
rociado desde sí mismo
sobre un campo de ecos,
vanidades.

guardar este día,
guarecerte un poco allí,
otra parte, en otra
ciudad, imposible: sería
como reunirte con tu

holograma, ahuecándote sin
respirar y sin deseo.

    tocas tu sombra.
con el gesto con que
tal vez te tomes
la otra mano –pero cuál
aferra, cuál acaricia.

    sostienes, fotones, ese
discreto enigma, fuera
de tiempo, desconociendo quién
–cómo, desde donde– te arroja
polen por la espalda.

JARDÍN

unas hojas, sueltas, vibran
hacia el cielo: apuntándole, la
extrema quietud de la mañana
es trampa para las cigarras
cantadas, con la absorción en
el calor de los seres en su nitidez
–en esto desperté, sin saber
si estaba aún
la mañana.

¿es promesa, como delicadísimo
contacto con los helechos, algo
fríos, por ahora, la mañana? ¿está
cantada? –cuando un plácido
sueño se repite una
y otra vez, ya es
pesadilla: lo que soñé,
acontecer imposible
de reproducir.

pero el cielo, incisión de nubes,
árboles, en su ornamento, «parecen
máquinas pero son
la voz», me dije, mirando de
reojo las ramas, contra
el cielo amputado.

las nubes callan lo que saben,
atoradas en el pasaje
donde cada reflejo es bosque
y la memoria
reconoce: «esto es
la mañana, no hay duda, esto
los años que pasaron», vetas
sobre el sueño compacto

de los objetos reflejándose, y su
silencio, ya sin huesos.

ningún animal, salvo sus voces,
sale a mi paso. verde en el
verde, la transparencia nieva
por acordes: a cada instante
se detiene el tiempo y se
refracta, lejos y dentro
del cielo.

«AUTORRETRATO MASTURBÁNDOSE»

en la mirada hay vías
que se mezclan
ya sin fondo, vías de una
verdad que carece
por completo de sonido, pues
pertenece al campo
de lo velado
y lo visto.

más allá de que la boca,
que parece pintada, tenga
ahora consistencia de otra
especie animal, y las rodillas,
iguales pero ajenas, tiemblen
mostrándose al simular, en la
mirada hay alguien
que sonríe.

el pubis es muy joven
para unos ojos
tan viejos: moviéndose
insinúa la aparición,
la inminencia. va a
parir: el sueño del vigía
entonces se cubre
con la pasión, que semeja
una planta que se enrosca
en la sombra de otro tallo
enviada por la vela.

mientras se exhibe
ante su miedo y su amor
hacia la desnudez, aunque
esté el cuerpo medio
vestido –tampoco es quien

ahora cree: alguien
desde la infancia mira.

sólo el cuerpo confía,
sin el ruido de las ciudades
de la mente: «deseo a la mujer
que hay en mí, y deseo al hombre
que hay en mí».

SE OYÓ DECIR

culpa y miedo son llaves
pero no pueden abrir.

no cortan la dualidad
del esclavo
del ocio y el negocio.

son sólo el comienzo: rezo
que se elastiza y juega a desarmar
cada paisaje delatado por lo invisible
–aunque alimenta, no sacia.

ataco el bulbo de la distracción.
aparezco con el sexo en la mano.
otro silencio reúne fragmentos
de objetos estrellados
contra sí mismo en una nueva
trama, más antigua.

soy un desnudo que sale
del agua.

salgo del margen
para espiar: no hay adónde
ocultarse –y esto mezcla
estados aparte con estados
de atención y la gracia
que nos hace mueve el agua
llena de dioses.

todas las partes,
todas las partes de las partes
y las partes de las partes
de todas y cada una:

¿yo soy, entonces,
lo que espío? ¿veo,
en consecuencia, lo que
soy, y sólo aquello
que soy?

son llaves para no pronunciar,
no prometer,
no saciar.

sin recuerdo y
sin olvido, la calma
no pregunta: hay manzanas
verdes en la casa,

un poco ácidas –lo
suficiente– temblando reposo,
sin esperar siquiera
la devoración.

POEMA DE AMOR

a Violeta Lubarsky

nadie conoce la pregunta
que abriría la puerta
hacia el otro
estar.

nunca hubo nadie que
disparara su pregunta y
abriese una puerta que ya
estaba ahí.

ni puertas, ni algo
que entrara
o saliera.

ella dice: «para qué someter
con la pregunta».

y lo abrupto termina
y lo sereno: esta destrucción
en la que, aparentemente,
estamos, llamándola
mundo, ¿qué
destruye?

dice ella, mirándome:
«el arte también es
estrategia –libro
más antiguo donde acción
y quietud se llaman
igual».

EL SENTENCIADO

alguien dice «lo mejor
y lo único
que una persona puede hacer
por otra persona es
acompañarla».

(alguien dice «esta porción
del budín es para mí,
porque soy una persona
enferma».

alguien dice «hay que enloquecer,
ésa es la regla
para borrar la pátina».

alguien dice «cuando llegue,
disfrutaré los frutos».

alguien dice «esta vida
me resulta ajena
porque soy alguien que pasa
inadvertido».

alguien dice «es necesario
obedecer; obedece y tocarás
lo inequívoco y tendrás
razón y estarás seguro».

alguien dice «yo, que soy
el más débil, yo, que he nacido
vulnerado y tengo la ventaja
de las víctimas».

alguien dice «ensayemos,
amor mío».

alguien dice «la pasión
es lo más puro y lo menos
aburrido».

alguien dice «la verdad era
vida».)

alguien dice «lo mejor
y lo único
están fríos».

LA TERRAZA FELIZ

a Pedro Cugnasco

las aves carecen de centro
mientras vuelan: la bandada
que las sostiene
las dispara.

alrededor, la inmovilidad
de la convulsión
de las torres.

cargadas con familias
lejanísimas, si alguien mira,
pero como quien mira
la gozosa turbulencia de
la claridad.

es, siempre, un instante:
luego cesa.

las aves se repliegan
en el punto
en que se expanden.

un instante en que,
increadas, desaparecen,
o casi.

pero vuelven,
giran, movidas apenas
por un remolino
abierto que no tiene
principio.

el desierto puede ser
esta extensión sin motivo

aparente: sin sombra, todavía,
mientras conversamos.

selva es
la aridez aparente
donde se vela
y se ve.

vienen las aves
que no vuelven
ni parten: comen
nuestras voces.

y soltamos el nudo
y la servidumbre
cesa.

nada de lo dicho así
como nada de lo visto
así como nada
de lo sospechado.

en la terraza donde se es
porque se está
feliz.

desierto de lo no
acosado, oasis
la aparente
aridez que ve.

comen: de la memoria
y de la doble ignorancia
de quien pregunta
y pregunta
para no ser
saciado.

en el fondo, corresponden
a esta zona cautiva
de lo que huye, mientras
vuelan y sin embargo la tarde
no cesa.

sólo lo que se atora
cesa: lo que propone,
lo que presenta opción,
lo que castiga y recompensa,
atormenta y seduce y
domestica.

ni el centro voraz
ni la distracción
de la ruidosa
periferia: núcleos virados,
nuestras voces…

todavía, es lo único
que dicen mientras
ilustran la dócil
fragilidad.

RUMBA

en la niebla real,
en la niebla real,
en la niebla real,
en la niebla real
hay una orquesta.

hay una orquesta,
hay una orquesta,
hay una orquesta,
hay una orquesta
que nada pronuncia.

que nada pronuncia,
que nada pronuncia,
que nada pronuncia,
que nada pronuncia
en la niebla real.

PRESENTE

donde las hojas secas,
rojas, frescas,
se evaporan
y se exponen.

donde un ínfimo
ornamento alumbra
esta mañana y nunca
otra.

donde el fin
ya no empieza.

estoy bizqueando
la dualidad: el sol, que
abarca todo, aplasta,
sin vacilar, la torpe
esperanza.

lo presente entonces
se reduce, sin control,
hacia una extensión
que no sería capaz
de comprender.

hasta lo más alto
en las construcciones
que una cigüeña ve
como ramitas
vacilantes.

las hojas portátiles
quemarían, sin embargo,
la mano: arena oscura

en la boca de los que todavía
no nacieron.

pruebo el sabor, que es
la nitidez de la pera,
la vida que aparenta
y sonríe.

ya no la búsqueda de Algo,
ni lo que llevan en sus picos
los pájaros dispersos, islas
en lo abierto, hasta cortar
los hemisferios de una fruta.

¿temer, dentro del sueño?
¿acaso puede
estar el temor? ¿puede
temerse en otro recinto
que no sea
el sueño?

si se previera otra,
otra vez, con la segura
compañía del temor, ¿sería
despertar?

¿sería este saludo
–y no otro–
de los árboles, su
estática, sacudiendo
el sagrado derroche?

estallando en monogramas,
las frutas que no hay
por qué probar, pero
se prueban, igual,
por el amor que las vuelve

eso que vive, eso que
expone allí.

¿habrá que buscar?
¿habrá que repetir
el asedio al castillo,
con los faisanes de arena,
con los guardianes de canto
rodado?

todas las corrientes,
todas las vías
en la aridez que florece
siendo aridez y la proliferación
que sonríe siendo
nada.

el cielo presente
está quieto en su lealtad
a lo inestable.

lo compacto, etéreo,
lo evanescente, flasheado,
lo atrapable, poroso,
lo reconocido, impenetrable,
lo transparente, capcioso,
lo inocente, corrupto,
lo saciado, inocente,
lo cercado, oblicuo,
lo fatal, perfumado,
lo doméstico, ebrio,
lo continuo, sin solución

y los árboles
fragmentarios
y enteros.

ya no a través
de la instantánea
del presente: «¿estás
aquí?»

¿o no es
lo contemplado
lo salvaje?

PASATIEMPO OMNÍVORO

junto al rectángulo
del libro abierto
sobre la mesa
vacía.

junto al blanco
que el sol invade
y borra lo que parecía
una caravana inmóvil.

estoy vestido otra vez
con mis reflejos: nado
hacia el esplendor
que está vacío.

con la misma mano
con que mato
a las polillas.

estoy al acecho
de una señal que haga
de cuenta que el ojo
ya no puede contar
lo que acontece
sin él.

pues todo acontece
más allá del ojo
o del acecho.

junto al rectángulo
que, blanco, enceguece
a quien lo busca
y a quien busca
en sus pasillos.

junto al residuo
que la brisa dejó,
para levar, ahora:
la espuma negra,
la hierba negra,
la ciudad negra.

una sacudida, volátil,
destripa la situación
en que me encuentro cuando,
a tientas, permanezco.

junto a mi ausencia
estoy presente: un coro
compuesto por reflejos
disemina la imprecisa
red.

junto a los turbantes
de las pinturas florentinas,
junto al Bautista que señala
la dirección de su *ironía*
en el sentido del contemplar,
junto a la mujer en el cine
vacío de Hopper,
junto a la trama en la que nada,
salvo impregnar, resuena.

entonces soy espiado
por mi ausencia
en lo que tiene
de falta y en lo que tiene
de acecho: sacan un tablero
al balcón, en el edificio
de enfrente –si es que hay
enfrente– y es, al sol,
una antigüedad, un *scalextric*.

junto a la puntuación
que desune todas las verdades,
los forcejeos razonables,
lo virtual, las propiedades
privadas.

junto los pedazos:
rombos y pentágonos de papel
de estaño, de colores
que la naturaleza no
impidió –un bosque,
si emerge.

una serie de raptos
que se beben
de un trago la conciencia
mientras fosforece
como un par
de medias.

puntas de escenas del film
semanal, *fumetto* donde
grabo lo que simula
pronunciarse.

junto a los gatos y perros
totalmente sueltos,
totalmente leves
por la calle que jamás
se repite.

este día dentro de otro,
y cientos de miles
en el prisma concéntrico,
cóncavo, centrífugo,
discontinuo.

estoy entre dunas
impronunciables: para la araña
y para el pequeño dedo
de adulto revestido
con impropia
desnudez.

junto al rectángulo
armo otro rectángulo
que se parece y no
a otro rectángulo
del que nada puede
decirse.

junto a la pieza
de al lado del libro
abierto en una página
volada, mandada a borrar.

junto al rectágulo
del libro abierto
sobre la mesa
vacía.

ENFANT

estás desnudo pero te viste
tu propia sombra,
¿no?

así es como es, es todo
lo que podría agregarse
a la disgregación
que sume.

más que civilizado, igual
a tribal; más que aparente
igual a secreto –y lo que muestra
al yo es lo que lo
disuelve.

¿ves cómo se ahueca
y cómo se deja
y cómo vibra ligero
y cómo cunde
y cómo, ausente, se presenta
y cómo te sigue y no te sigue
y cómo se irisa contigo?

no es todo lo mismo
y todo es
lo mismo. yo no soy más
que yo, y yo
no soy
yo.

¿y tú, quién, qué
balbucean tus párpados
sin propósito? ¿qué leen
tus dedos, qué ama
cada uno de tus oídos,

cada uno de tus pelos,
cada una de tus sombras?

¿no?

OTRO EN OTRO EN EL OTRO

Ni el dolor es el enemigo
Octavio Armand

cómo me hace presente
tu placer.

y cómo nos hace
la gracia: «oración
de las apariciones
del agua».

o «lo que está
en el momento», «el no
devenir, que acusa
recibo de esta secuencia
discontinua»

o «este acto desprendido
de todo es pequeño
no devenir», «desprendido
hasta del devenir
y del no»,

¿es «tan efímero
y tan disperso y tan
veloz»?

cómo nos quedamos
por mirar un batir
sobre el estanque que improvisó
la noche, pasada: unos
gorriones recorridos
por delgadísimos relámpagos
de placer.

se distraen: de sí
y de la bandada
que no los espera
porque no hacen
falta.

nada que
soltar, nada
que suelte.

sin que medie devenir
surge otro
pájaro, del que apenas sabemos
lo que se ve, que es
demasiado y no es
suficiente.

revela, según parece,
su atención y vive
la canaleta, las hojas que forman
y transforman
el fondo.

está solo, por eso
juega. por eso está
jugado vivo.

por sobre la profundidad
o la fiebre del suelo firme,
está tan plenamente
confundido que su juego
lo juega por su vida
no es él.

sólo un fragmento del lugar,
y en ese fragmento sólo
un fragmento del lugar,
que no es cualquier

lugar aunque sea
cualquiera.

el pájaro de
pronto nos ve: de
pronto el pájaro
no nos ve: el pájaro
de pronto no ve
en nosotros.

estamos quietos, pero no:
es eso
lo que recibe
y lo que acepta.

es eso, porque no
huye, por lo que
no huye.

sustancia de efusión, apariencia
fuera del agua, coro espejado fuera
del foco de alguna bifurcación
que nos obviara, nos obligara
a elegir, medir el impulso
mientras brilla.

cómo, por eso, es continuo
al moverse: cuanto
más lo miramos, cuanto más
amamos su presencia tatuada
con nuestra perplejidad, sólo
entonces, en ese punto
ciego, el pico
arranca lo que hasta aquí
no estaba y ahora está y ya
no está.

no para quien estuviera,
no para quien quería,
no para quien ve.

cómo un pájaro
bajó adonde bajó
una abeja: el agua
estancaba lo que el ojo,
por defender lo que había
encontrado, había perdido.

sin sonido, sin
la memoria, el pico
traga.

una abeja: el pico
y no el pájaro, el pájaro
y no su memoria, la memoria
del pájaro y no la vacilación
que no mata a la abeja
ni al hambre.

los gorriones salpican
con fragmentos.

el taco
de tu zapato negro
contra el borde
del agua.

vibra por espasmos
el amor. ajeno por completo
este lugar de la profusión
se reduce
ahora
aquí.

cómo se contestan
unos y otros
sin que intervenga
una respuesta
para el ojo.

se regalan y se pierden
y se despliegan y se hacen
presentes.

«¿qué aferra lo encontrado?», «¿qué
se encuentra aferrando
lo que está sujeto?», «¿puede estar
sujeto lo que se encuentra, lo
que encuentra, aferra, puede
sujetar?»

las partes, extrañas,
se conmueven y reúnen
porque tienen gracia y porque
tienen hambre.

y, a la vez, hace gracia
suponer que, después
de todo, un mundo se medía
y se alteraba
y miraba.

cómo es
eso que toco
y cómo te toco y no
te reconozco.

cómo es eso que ríe
y cómo es tu boca y es
lo que ríe.

delicado laberinto,
nos presencia
sin que haya tiempo
para presentir.

agradece y
agracia: expande su
batir en puntos cuya luz
no viene ni va.

CREER EN FOTOS

«...creer en fotos, enamorarse
de una foto...»

¿me siento, tranquilamente, esta
tarde, a morar, porque siento
la sumisión a ese nudo
que no se termina
de atar?

¿y me refleja
lo que respira?

¿y me reflejo en sacudida
de ropajes que, por mirarlos, están
encendidos?

¿y fluorescentes?

¿mientras el viento
agita lo que los lleva y lo que llevan
vaciado y
atado y
sumido?

¿tanto la desnudez, aislada en su
espera, risa cruda, no cocida,
apariencia de *joia* –¿*joia*
en sí misma, después de todo?–,
como esta otra
crudeza, que perturba porque oculta,
con matices que escapan, de la posible
moral de la posible modelo
del cuadro posible
de Rubens?

¿tanto la desnudez como
lo oculto actúan
y evitan
y calientan?

¿habrá un amor para el gusto
y para la mente, patética, y para
el apetito, siendo
uno?

¿las zonas crudas serán, además,
lo separado, y las opacas
la desprotección
de lo que tanto se escondió
y sonríe?

¿y habrá, así, verdadera
entrega que no sea
verdadera opinión? ¿habrá, en algo
como un escondite, algo
que esconde?

¿tanto se hizo ya
lo imposible?

¿y también cada acto
saltado de la acción, y
también ese despliegue
casi inocente y
feliz?

¿me siento, en
consecuencia? ¿y qué
se ignora? ¿y qué
ignora?

¿y lo que ignora, asimismo,
lo que ha visto, de algún modo,

lo que prende en su
desconocimiento?

«...si me mostrasen
la foto de ese Arquitecto
que, pegado a sí mismo proyectaría
slides de nubes
sobre las pantallitas de los muros
de las minuciosas, y firmes, construcciones
de la ciudad, recién
entonces,
creería...»

¿pantallas? ¿lo posible
abanicándose?

LOS DÍAS EN EL SARRO

una araña, en la zona húmeda
del azulejo, sube algunos
pasos y cae un par, cada
vez, y ésa es su forma
de borrar
lo vertical.

si, con el dedo, intentase
acelerar su pasaje
hacia el archipiélago de reflejos
en la zona seca,
¿cambiaría?

¿zonas de claridad, zonas
a salvo?

¿es que sería posible
interferir? ¿o no sería
que las cosas sólo pueden
pasar, y sólo cabe
tomarlas por eso son, como, por
ejemplo, este viento que parece
frío y, sin embargo, en eso
que es, acaricia?

«la mente, patética», y, ¿por qué
no?, en su ofensiva, ingenua, sus
estrategias según un plan, más
que frágiles, para ordenar, en partes, en
zonas, lo que no deja margen.

las lamparitas del Gran Hotel,
en el último piso, otro
ejemplo: arman una secuencia
de claridad que está por encima

como si fueran frutos
de algún árbol fantasma que iluminase
a la estación de trenes de enfrente, por donde
pasan las cosas,
cada día.

y lo que alumbra no es
otra cosa.

plantados en su especie
de humildad discontinua, que es
un oír que se reparte
en otras joyas, los árboles
verdaderos están vacíos
de verdad.

no anhelan, quizá, iluminar: iluminan
su paciente fiereza y su absorción
que lo alude, ni incita, ni busca,
como el ojo, que su ornamento
revele.

¿es que sería posible
que algo pase? ¿y el ornamento
no viste algo que también sería
si el ojo no estuviese allí?

¿pero sería posible que algo
pase?

¿vestir, no sería algo
que se hace, también,
con el fantasma?

porque, más allá de que sean
o no lo real, o de que lo real
sea otra cosa, los fantasmas

siempre aparecen
donde alguien los llama…

y lo que tanto abruma, ¿no sería
la consistencia misma
de la cosa
que pasa?

suceder,
e irse.

como lo que las nubes revelan
(velan y velan): ¿no cura,
acaso, de la enfermedad de la fijación
y de la enfermedad de la acumulación
y de la enfermedad de la contemplación
y de la enfermedad de la intervención
y de la enfermedad de la revolución
y de la enfermedad de la punción
de la polución
de la solución?

en otros ojos puede habitar
una presencia agitada,
que sería, también, el envés
siendo dorso: lo que ni siquiera
es objeto de
meditación.

las nubes, desde arriba, serían
una selva, pero desde aquí, que no es
totalmente abajo, no son otra cosa y por eso
son otras.

permanecen y se desplazan
ante las curiosas pupilas
del cazador
de nubes.

¿vibrar un desplazamiento
sin reacción, como la
araña, según
parece?

«*tengo* que salvarte», piensa
el buen salvaje, que es
el cazador, conmovido, en el fondo
consigo mismo.

y envía su dedo pringado;
y lo que parecía en peligro
se paraliza un instante
para saltar.

la araña no lo ve
sino como fantasma, y él,
aprendiz de adulto, no ve una araña
donde ella está,
sino siempre donde acaba
de estar.

¿pasan otras
las cosas? ¿pasan
cosas?

«después de todo así es
la vida en el sarro», concluye
el fantasma, «pero lo único
que no acepta es una
conclusión»,
piensa
el fantasma.

PERMANECE VIVO

a Fernando Aldao

¿lo llamarías luz
de invierno? ¿es lo que calma
a la fiera líquida del ojo
que clama por una sola
ocasión para clavar
el vértigo que
nada produce?

¿o es la necesidad
de alguna clase
de demonio
que compense así
la propia fealdad
del predicador?

¿por qué no se puede
lo que de verdad
se puede? ¿o es que acaso
todos no lo saben
todo todo el tiempo?

¿pero acaso no es ya
lo que ninguna
otra forma
podría?

«lo que estás haciendo
con tu vida», ¿qué otra
cosa podría ser que la propia
vida?

«un ciervito que volaba
adentro de una nube,

en una sola ocasión nos vio,
al otro lado del estanque…»

¿o acaso no se es
ya?

¿no arde como una línea
el reflejo de un ciervo
hacia el corazón
de la elegante gratuidad
del oscuro placer
de respirar?

¿uno ya
no es
lo que quiere
ser?

LA INSTANTÁNEA

a Violeta Lubarsky

los autos despiden
espirales de incandescencia
que hiere, por lentitud
acelerada, el ansia
de fijar: los reflejos, sobre
los edificios, vagan
sin control.

en un círculo, los peones
son los carceleros
cuando ríen a propósito
del *retrasado* que sólo
quiere seguir, en su bicicleta,
diminuta para él, según
los otros, y ser la misma
velocidad que condensa la nieve
de una secreta risa.

la mendiga, fruta de estación,
con el cigarrillo todavía
apagado en la mano, contra el pecho,
largamente recita, para sí
misma, y su voz tal vez no sea ya
suya, entre los muertos disparados
con prendas que fosforescen: «Boris
Karloff, Boris Karloff…», y la luna
y el sol están, un momento
de suspensión, del mismo lado.

media cara vacía, el gato
se retuerce ante el ensueño
interrumpido de la paseante
que, entonces, no sabe qué hacer
con tanta entrega

al dolor, y busca un ojo y un
hocico nuevos para el que tal vez
no perdió, en realidad, la batalla.

el propietario feliz
del próspero negocio, olvida
tomar sus pastillas de colores, y *casi*,
sin saber por qué, mata
a sus hijos contra las voces
que una pantalla funde.

la pasión de los fieles
por su líder, finalmente
los desespera: al morir, ellos
le arrancan la ropa, destrozando
esa postura que se creía
definitiva, sacuden el cuerpo
y, *souvenir*, de algún modo
lo devoran.

esta luz presente
se divierte con mimar
pequeñísimos gestos
que conversan
entre sí.

¿será parálisis, y no acto
sereno, lo que emite
las eternas preguntas
en un área más
dulce y sin embargo más
áspera?

(fue ella quien
dijo «uno nunca conoce
lo que posee».)

sumergiéndose, lo vivo
en su despertar; observo
que lo abarcado es apenas
este pequeño acto
desprendido, que nada
aferra, porque es
apenas.

¿será que ver es estar
con el pasado
en paz y no la rumia
cuando dice «me siento mal
aunque esto sea
yo»?

¿será la entrega
a una deriva
sólo posible cuando
nadie está?

(fue ella quien
dijo «nada es
lo que se posee».)

«¡pare, pare, pare, pare, pare!»
ordenan los parlantes, centros
repetidores de centros de
aspiración comunicada, de
nulidad contigua, de
porosidad articulada, de
ficción entendida, de
verdad aislada.

¿será cruel el amor, cuando
excluye, si es que algo
se excluye, y la rumia
que dice «ya no te veo, ya
no te reconozco», y frente

a su pantalla
imantada por terror
bosteza?

tal vez la distracción sea en suma
imposible: nadie está solo
ni a salvo en su orden
de cosas ni librado
a la voracidad que uno
crea.

¿será, así, a la voracidad
que uno, conmigo, lo que más
temo?

(«dejame ver», dijo ella.
«dejame ver», dijo él.
«dejame ver», dijo ella.
«dejame ver», dijo él.
«dejame ver», dijo.)

los árboles, en la calle:
con máquinas se los poda
y nunca se lo puede
domesticar.

¿será como Thoreau decía? *¡Ah,*
cómo desearía saber
que crezco incesantemente
y sin orden!

¿será soltándolo
que el amor respira
y brilla? ¿pero quién
estaría afuera
del amor para
soltarlo?

¿será el amor
lo que ve, y
lo que ve en las formas
la profundidad
sin fondo, y lo que uno,
por no aferrar, ya,
no refleja?

ávido, suelto, algo
cruel, estalla: nada
en reflejos, lo
que se ve.

no es verdad que la afinación
por el placer afirme a su vez
la afinación por el dolor, ni
que el dolor sea en verdad
residuo del placer, ni
que el placer resista
o el dolor resista, ni que
haya, en cualquier caso,
sentidos que prevalezcan, ni
que uno sea
con el otro
o sin.

esta música, que nada
refleja, no surge
de parte alguna,
y ninguna parte
surge: nadie está solo, pero
está tan solo,
al saberlo…

(«dijo, dije, dijo, dijo,
dije.»)

nadie controla
los reflejos.

ALGUNOS BOSQUES

a Elena Garrison y Daniel Herce

la lámina de color
celeste cubre toda
la pared y no importa
si es piscina
o nube delante
de la luna.

la pared es papel
secante: absorbe voces
y regala dispersión
de voces que desarman,
gajos que son
cada uno centro
y semilla.

la luna no es espejo
del sol: porque recibe
luz, es luz
para sí misma y emite,
como nosotros, que somos
luz porque la recibimos
y la enviamos como el celeste
que descubre a toda
una pared.

las relaciones no se detienen
jamás, escribió Henry James:
el légamo trabaja al pantano,
el árbol al jardín (y al árbol),
la intemperie al gorrión que espía
y es nube para sí.

no es que oscile, apenas,
la intensidad de la luz, mientras

respira las superficies, sino
que cada grado de lo simultáneo
es la modulación, arco
iris que no está
a salvo porque está…

alguien, en cierta penumbra,
grabó para mí: *es bueno descansar*
en el suelo y entregar el peso
porque no hay más
allá donde caer.

el agua trabaja
sin trabajar, mientras cae, o corre,
o sube, o circula, bebida, el cuerpo,
o hacer sonar los destellitos
de la distancia
que absorbe a las cosas, o limpia, sin
limpiar, lo que no estaba
sucio, no con preguntas, no
con respuestas.

ningún accidente es posible,
entonces; ningún eco, ninguna
anticipación, ni error, ni
interrupción, aquí,
en el agua,
en la telepatía
que conduce.

es que nada conduce
a los gorriones, al amanecer
que se espía desde la cocina,
en un cuarto
piso: las tramas que hay
en las ramas se contestan
y es el júbilo en la forma

que reparte los panes
invisibles.

que el río se ocupa
de sí mismo, ya lo dice
a las claras lo que no dice
el río –la cacería sigue
y no hay perseguidores
ni perseguidos: es
el conocimiento del juego,
de la presencia en juego,
en el juego, lo que
voltea el tablero.

arrojarlo al fuego,
que es el río, sigue,
sin refracción, repartiéndose
puntos de luz que son la única
luz, sin esperar
que el juego termine
con algún resultado.

estar jugando es seguir
jugado, con la taza
en la mano y la mano
en sí.

o es un acto salvaje
o no es en absoluto
un acto: espiral, la atención
puesta en la música no está
sino en la música que no está
sino en la atención.

la música, en el medio
de la casa, bailada durante
horas, y bebida: la música,
que es el río, no se detiene

en su espiral
de relaciones.

    las voces, desposeídas
de un centro, circulan
como una orquesta
sutil y
peligrosa.

    la risa, el golpe
en la mesa, los autos,
los juguetes, las estrellas
que no están afuera,
y tampoco adentro, de algún
sistema, frotan la cuerda,
el disparador que hace
que la tensión entre
alguien que sujeta y alguien
que suelta, vibre…

    ¿no suena quien
no sujeta y
no suelta? ¿la luna
está próxima y se puede
tocar?

    pasadas ciertas horas, lagunas
donde la dispersión anida
sus semillas, los invitados partieron
la casa en hemisferios
asimétricos, con una zona
de luz prendida, en la cocina, y voces
vistiéndose entre sí, hasta
animarse, y otra zona de luz
desprendida, en el living, oyendo
en el suelo, el láser que imita
la presencia de los músicos

para que presenciemos
a la música.

	hemisferios de una cabeza,
el silencio repartido
en manchas –una un claro, la otra
penumbra– con núcleos de sonido
–voces, discos–: *yin*, *yang*.

	la fiesta en blanco,
fiesta que celebra
al suelo que cae
y al agua horizontal
y al fuego que aquieta
y al nomadismo, que es
oasis, de una pieza
a otra, en el mandala
de la casa.

	¿hay momentos
como cuentas? ¿en qué pieza
del tablero podría estar
el tablero?

	la ventana, recuadro
celeste, dejó virar
lo que se mezcla,
lo que mezcla
los papeles: los árboles ya
no eran más que árboles, y
el fondo lila sólo diálogo
entre el amanecer y sábanas
colgadas de lo que esté
más próximo, trabajándolo.

	no hay momentos
culminantes, ni altas cimas
donde clavar la bandera blanca

(banderas en blanco no hay)
para el puesto del vigía –nadie
es dueño y nadie
escucha otra cosa
que la música que es
para sí misma, y que él
para sí mismo es, y sin embargo
el oído, punto de luz, escucha.

y sin embargo, los ojos,
cuando se ven,
se tocan, y lo que se
toca ¿a quién pertenece? ¿y no es
eso el amor, que no pregunta
porque está viendo?

un homicida, un vendedor,
un invitado a la fiesta,
cada cual es cualquiera, pero todos
exponen ahora su pequeña
obra maestra, y son, por lo tanto,
maestros de *algo*, maestros
de eso que muestran
y eso que no.

de lo que ignora,
de lo que dice sin decir
y lo que cree que dice
y lo que cree que se dice
y lo que exactamente dice
y lo que no.

«todavía no veo
a las palabras», dijo
Daniel, con espirales sagradas
en la mano, a través
de la luz mientras humeaba; «pero
eso que intuís, lo intuís

porque sos vos y no
las palabras», sacudía
yo el árbol:

«es un circuito, es un plano
de circuitos, es un circuito
de planos que carecen
de plan»

«es esta cumbia
de Santa Marta, aunque
la orquesta tal vez sea
un cinerama de monitos a cuerda,
animados por la luz»

«es esta borrachera
de toses, toses, toses…»

«eso es…»
«sí, eso
es lo que dicen
las palabras» (interrumpí)
«eso es (dijo)
lo que dice» (me miró,
Daniel)

¿yo el árbol?

los que estaban en la cocina
pasaron al living, a bailar;
los que, tirados en el suelo,
escuchaban la oscuridad,
pasaron a la cocina,
a comer.

la danza, como la digestión,
es continua –sólo saberlo es
intermitente y hace creer

que la intemitencia es
importante, mientras carece
de importancia.

«en otras palabras:
mientras seamos importantes,
careceremos» (nadie).

alguien, en China, era
perseguido por los perros,
hasta que saltó al único árbol
que latía justo antes
del abismo: en el árbol
estaba la última manzana, y,
entre perros y abismo,
comió.

Kafka narró un paseo
por el bosque: por seguir
la línea del sendero, creyendo
que todo el tiempo seguía,
perdió la cuenta
de su respiración y se sentó,
entre raíces, para ver
cómo se había perdido, debajo
de qué árbol estaba; pero (son
sus palabras) «como estaba tan
distraído [...] rozaba apenas
la preocupación» –entonces notó
las plantas cargadas
con bayas, y
comió.

ACUARIO

a Gabriela Giusti

en el Estado Real
de Suspensión:

aunque parezcan
sumidos en su maqueta,
son, todavía,
peces.

la transparencia
los vuelve esplendor,
bulbos aéreos que unen
la dispersión y
la estática.

son peces todavía:
el ojo los pierde
en su espiral, dentro
del repertorio de sueños
simultáneos.

no es el objeto
de su adorno, ni la
emanación flotante
lo que los salvaría
de dejar de ser o ser
otra cosa que peces
votivos:

ausencia que es
ausenca de
vacilación:

rasgos de algo
que se es: la verdad

de un rostro aunque no haya
nacido todavía.

no es la pecera
del pensamiento, claro,
que desde la zona
de su vigilia asume:
lo que los envuelve
no es
lo que los vuelve.

no es el gesto
directo de lo
que se sitúa:

una secuencia fija
(las peceras) y una
discontinua de planos
semi encendidos (el agua) y
entradas, salidas
de destellos (las
burbujas) y una siembra
tan rápida y tan
quieta

en el Estado de
Materia que circula
hacia sí misma y se vuelve
el artificio intocado:

suspensión de
lo que en verdad
no viaja.

Gabriela los había
pintado, como en una
repetición de monogramas
sobre el alma

de los peces sin recordar
cuál era el mar, y el mar
siempre estaba donde estaban
los peces.

sin que eso pregunte,
acerca de lo que aquí
se juega, que será el juego
del alimento y el hálito,
de la materia animada
por la materia y
su atención:

en un Estado de
Atención, de fotogramas, de
grados, a través de la curiosísima
vacilación del visitante
al acuario: los peces
extreman su ensimismar.

zig zag con que nadie
alcanza el sueño que
se repite, el sueño
de las esencias que
perfumarían lo visible.

el visitante diez
minutos se detiene y deja
de ser lo que había
sido para boquear, también,
sin que nada parpadee.

es por sorpresa y con todo
antiguo: en el Estado Real
de No Recordar
lo que se vive:

la combustión que está
en el agua:

en esas voces que percuten
el Estado Real:

el Estado que No Espera,
la propagación de su alerta
mientras confía en el
enigma, eso que nunca se dice
del todo y siempre
de algún modo
se dice.

despertar sería,
en la dispersión,
el amor bizarro, la
psicodelia de los peces
en su dilución de la *cosa
mentale*:

su ausencia en lo sumido
que es el zumo de un yo
que se disuelve y
pierde ojo.

lo que ahuyenta y echa
espuma, agita su papel
de aparecido en el cristal.

la superficie no es
atravesable si no es
amada como a un filo
atravesante:

despertar ya sería
no estar, en verdad,
despierto ni detrás

de lo que algún
anzuelo…

la suma presencia
no experimenta sino
voluptuosa pérdida
y ausencia de ojo
que vela y sin distancia
ve: fiereza y
calma se mueven y
dicen *mu*.

¿vacas del agua,
los peces?

pero no en el sentido
de cierto objeto más
allá:

eso mudo, eso
que el sintetizador
de la pecera vuelve
apariencia pero late
igual:

el hecho es
que nada
sutura con nada, como
un *cinegraf* que hace
reír.

LO INESPERADO

a Bea Fresno

lo inesperado surge
con la única fuerza:

no el sueño en el sueño, ni
el delgado despertar que
vigile y
olvide:

la mente se distrae
consigo misma, pero el cuerpo
no puede mentir:

lo inesperado habla
y es la fuerza
de lo leve y lo árido
y el roce
de un sereno fuego
y el regocijo
de lo que vibra inocente:

no puede mentir
esta espiral:

la única presencia
la única inocencia
la única iridiscencia
la única conciencia
única ciencia:

conocer lo que va
a morirse de sí mismo
sin otra espera
ni otra mente:

la cajita de fósforos
tiene algo escrito
alrededor: *seguridad*
de madera…

¿huir será
mentir?

¿será quemarlo todo
el aceptar
la única presencia
el No Regreso?

el completo abandono
a esta incompletud
que baila alrededor
de lo que está alrededor
de lo que está sediento
alrededor
de lo que juega:

espiral que alguien pintó
en ciertos muros de la ciudad:

estás tan brillante
que el solo
verte es ya
brillar:

el cuerpo siempre dice
la verdad, aunque, la
verdad, ¿qué será? ¿y por qué
tiene tus ojos?

la niebla nos hace
creer que existe:

¿qué tienen los ojos
que tanto dicen
acerca de lo vivo
y sumergidos al desplegarse, es
imposible dormir, estar
despiertos?

¿lo que nadie vio?
¿lo que todos, ahora,
estamos, sin duda
alguna, viendo?

¿los trapos doblándose y
abriéndose y
quemándose en el aire y
confiando, como el aire que
en nosotros confía, en la pura
dilatación, en el
suave encogimiento?

un cuerpo le dice a otro
que de verdad lo ve, que
de verdad lo huele, que
de verdad lo escucha,
mientras, sin reír, ríen:

las mitades, la
insuficiencia, lo
reunido por el tacto:

pero hay
una palabra
más serena
que *yo*...

¿qué será
lo inesperado?

¿y siempre se supo?
¿lo entregado a su propia
contemplación? ¿siempre
estuvo aquí?

sólo hasta el borde,
hasta el relámpago,
hasta el enigma
que nos toca:

hasta el arco oscuro
de lo que se toca
en verdad:

después, el milagroso
abismo donde, cápsulas,
giramos…

la espiral no espera y
no hace más
que jugar:

la espiral no dice
otra cosa
que lo que siempre
dijimos:

¿lo entregado?

¿puede cesar
lo entregado, puede
haber contradicción?

el simple hecho
de que estés
brillando:

bailada con la única
fuerza alrededor:

¿qué serás?
¿quién serás?
¿cuándo?

«y sin saberlo yo te vi
y no soñaba
y no estaba recordando»

en el aire
sólido y
desierto:

lo inesperado baila
y tiene los siete sentidos
en la única atención
en la única zona:

lo que hace
respirar, cambiar
respiraciones:

las semillas estallan,
las hojas crecen
hacia adentro:

siempre estuvimos
en el mismo lugar:

este lugar no tiene,
en verdad, lugar:

antes de la aridez
está lo leve, que
es todo

lo que se puede
entregar:

y las manos viendo
y el despertarse
bajo el arco del instinto
y por el jadeo sagrado
y la sagrada risa
de lo que tendrá
que irse:

la espiral de las vocecitas
en la oscuridad arqueadas:

luces que se cruzan
y en el instante,
sin que nada
se pierda, se descruzan:

viva, en la porosidad
de lo abierto, más
que despierta, en lo
que brilla y expande:

tú:

«qué raros
los cuerpos…»

de pronto tan sólidos,
de pronto tan acuáticos,
de pronto enrarecidos,
y cerca:

la gracia nos baila:
nos hace bailar
su orgullosa dispersión
que es sin embargo concentrada:

lo inesperado ríe
como lo que está unido
como lo que está aquí
como lo que despliega:

cruzando y descruzando
las sombras en el único lugar
de la única casa:

¿qué será saber?
¿qué será no saber?

«ah… ¡estabas aquí!»,
dije, en la niebla.

COMÚN Y CORRIENTE

a Eduardo Mileo

vacío como lo
abierto:

desplegado en la inmediatez
y en lo concéntrico:

sumido en lo crudo
de lo extraño
de respirar:

respirado por lo mismo
que en todas partes ve:

sin reflejar, sin retener,
sin esconder, sin recordar,
sin olvidar, sin buscar:

así el pececito
vuela y el ave
a nadar aprende:

así aparece
lo que nunca
dejó
de estar:

la sombra de un niño
es igual a la sombra
de una niña:

la pintura suena
la música se pinta:

un par de ojos junto
a un par de ojos:

una estrella aparece
junto a esa luna
del desierto y nunca
había dejado de estar:

«¿vamos a ir
a jugar? ¿vamos a ir,
los próximos treinta, cuarenta
años, a jugar? ¿y el próximo
minuto? ¿vamos a irnos
a alguna otra parte?»

la sombra de una niña
amada por la sombra
de un niño común:

la extraña
y extensa
absorción:

en un extremo del sonido
en un extermo zigzagueante
de los roces ínfimos
del sonido
en un extremo facetado
de lo que quiere pintarse
con nuestros ojos:

así el pececito
aprender a nadar
y el ave
vuela.

ANTES DE CORRER

«¿terminará algún día
la aridez?», murmura
el niño
que ha dejado de ser
y sin embargo es el mismo
niño de la fotografía.

desde el árbol, a cincuenta
metros, mira hacia abajo,
hacia lo que está
mirándolo desde abajo: el hombre,
que podría ser su padre,
pero no lo es, aunque
lo sea.

el hombre que podría
ser, pero no, no, no, no es:
«podés saltar
ahora», grita el hombre
a lo que está
entre el follaje.

con su pequeña náusea
y el diminuto sueño de mirar
repite el hombre, sin contornos
que lo retengan –y en su voz
el niño cree distinguir
una veta.

y el niño salta
y mientras va cayendo
recuerda cosas de otras vidas
que tal vez, en verdad,
sucedieron –incluso a él, incluso
a las vidas perdidas

de otros niños que,
esta tarde, no están allí.

mientras cae piensa: «es
un sueño», y con las manos
disuelve todo aquello que roza
su caída lenta en un espejo
que, como todos, no tiene
fondo:

«esto es sueño», se dice
el niño, mientras va deshilándose
en un suceder que no es totalmente,
mientras cae y se dice y el follaje
incesante va deshilándose.

el follaje devuelve objetos
sólo de fuerza, sin utilidad
posible, sin nombre
posible:

sin retenerse en algo
como un contorno real
o un sueño real
o un niño verdadero.

«voy a caer
en tus brazos, papá», murmura
el niño, «voy a llegar
hasta tus brazos», murmura
sin mirar:

la estela que va dejando
lo va dejando, y en ese
surco el árbol, el hombre, el mismo
niño, son todo el reino posible,
todo el reino invisible.

de pronto sabe que ha llegado
al sueño: atravesar
los brazos, romper
cada eslabón de la distancia,
abrir el espacio, aunque no entienda
cómo es él ni quien lo llamaba ni
si él mismo era el mismo niño
que soñaba.

desde abajo, el árbol
es ahora muy pequeño: uno
o dos metros afilados
por el gesto
de saltar.

«¿cómo llegué
hasta aquí», murmura
entonces el hombre, subido
al árbol, mirando cómo
el niño se aleja y no lo ve
y cómo el follaje es en verdad
lo que salta y vuelve a saltar.

«podría ser mi hijo,
y de algún modo es
mi padre», sueña el hombre
inclinado hacia la grama
impasible, con nubes
surcándole los ojos.

«podría ser yo mismo,
y de algún modo yo mismo
no ser», murmura y
cae.

mientras cae, mientras
siente que no es él lo que está
cayendo, sino que todas las cosas,

repartidas entre lo que son y
lo que no, son lo que cae, mientras siente
cómo lo que ve es el follaje, que lo
ve, el hombre tararea su veta invisible,
semejante a un pequeño reino
en el sonido de este día, que
tal vez sea lo último
en caer, desde sí mismo, o lo primero
en repartirse y saltar:

«no puedo caerme, la altura
desde la que me siento caer
no es otra cosa
que otras vidas, oídas a lo lejos,
oleaje y viento que alguien, a quien
no recuerdo, fotografió».

«pero voy hacia tus brazos,
papá», tararea el hombre,
desgajando las sílabas en células
expansivas:

«¿cómo llegaré
hasta aquí?», pregunta
el hombre al sueño
en que su propio niño
lo acuna y
contempla.

AWARENESS

a mi madre

supongamos que esta puerta,
que nadie abrió, ha sido
abierta por la música, pero
¿quién mueve
a la música?

es en completa soledad
que el ojo queda
para siempre abierto, aunque
ya nadie sepa alguna cosa
acerca de Siempre o el ojo
o la Pradera de la Completa Soledad:

¿quién vela tras la puerta
movida?

el paciente conoce
su dosis: sólo uno
se curaría
si despertase
de su vigilia…

en completa vastedad
nadie sabe una cosa
y lo que parecía acontecer
estaba inmóvil, y lo que seguía,
precedía, y lo que se iba
secando, florecía, y lo que
parecía, parecía.

la mirada es siempre
un horizonte.

entonces miro
allí donde ya
no hay nadie, justo
en el centro
de la pupila:

o miro (a nadie)
justo allí donde la mirada
está perdida y es siempre
lo que nos cuida
lo que nos sacia
lo que nos vela:

en disolvencia
en ramas disparadas
hacia el corazón
de la nube mayor, la nube
de reclusión oscura y
de oscuridad que se recluye:

o el prisma revelado como zona
intocable, insondable,
incurable:

tal vez contemplar la altura
como quien mira a las alumnas
de una escuela bajar
las escaleras en su levitación,
sin tocar o dejando que sean
las escaleras las que las
tocan:

tal vez sumergir aquello
que siempre estuvo solo,
en los colores primarios, no
en los colores visibles:

tal vez, en el bosque,
volverse laguna de sentidos
que al dispersarse se reúnen
y nos entregan
la gracia de ser
nosotros…

¿quién nació por primera
vez? ¿quién habló
para siempre?

es en la Extensión
de lo No Vivido:

es en la ilación
descentrada de lo que
se concentra:

es en la sucesión
hacia atrás:

es en la hermandad
de los sentidos
contrarios, y en la
contrariedad, inocente,
de las apariencias
y sus dobles:

es la estrella federal
que alguien había convertido
en bonsai, y devolviste
a la tierra, y apareció
la sagrada asimetría:

es esta puerta sin
sombra:

no se puede abrir
no se puede cerrar
no se puede mirar
no se puede olvidar
no se puede aferrar
no se puede imitar
no se puede leer
no se puede salvar
no se puede curar
no se puede evitar
no se puede perder.

LA VÍA

dispersar las semillas
de la mente:

y sin embargo respirar
la evanescencia muda:

el agua soplada,
el sonido intermitente
en sus canales, manchas
de lo que suena todo el tiempo:

dispersar las manchas
de la semilla
y sin embargo respirar:

todo el tiempo suena
malicioso el durazno
que al trasluz incita
al juego de la devoración:

sonríe el sonido,
la mente es agua:

y en sus vías
todo el tiempo
muda:

la mente mancha
la superficie
del agua que al trasluz
intermitente juega:

el sonido vacío
de sonido:

las semillas de agua
encendidas en la malicia
de toda superficie:

el amor más tímido
y el más ciego amor:

semillas de sonido
de la sonrisa increada
de la materia encendida
de la mente respirada
de la evanescencia
del juego:

malicia de un durazno
(«ésta no es época
de duraznos») que suena
todo el tiempo:

ocelos del agua y
del hálito sobre
la superficie:

en el sonido que respira
la evanescencia encendida:

en la violencia de lo abierto
aspirado por los picos
en ausencia de lo absoluto:

y sin embargo dispersar
–es una abeja quien habla–
las vetas del perfume
sobre la superficie
intermitente:

malicia del amor
que por fuera parece

y por dentro suena
y por fuera respira
y por dentro enciende:

    o un durazno prohibido
o un cambio de canales
o una mancha dentro de otra:

    la mancha venenosa
del juego
del amor:

    las semillas, que estaban
prohibidas, fueron
probadas, y su aspiración
dispersó el juego:

    el juego intermitente
con la violencia
intermitente:

    violencia muda y
volátil:

    campo de lo increado,
el amor se come:

    el amor se hace de
intermitencia de semillas
de aspiración dispersa:

    respirar la mente
que come

    en los perfumes
y en los ocelos de la abeja
y en su campo de relámpagos:

está perdido en el amor
lo que sólo puede ser
encontrado:

ciego, porque ve,
mudo, porque habla:

dentro de las
semillas dentro
de las semillas dentro
de las semillas:

el agua
del agua:

intermitente en medio
de lo que está vacío,
todo el tiempo:

no se reduce el juego
ni se elastiza en la
dispersión y deja de estar
donde creías:

penetra con relámpagos-x
lo que está ciego:

incita a tu devoración
y es su repentina alegría
tu intermitente
amor que está y no está:

«dejás de estar
donde creías»

te picó un perfume,
te devoró un sonido:

habla, porque no sabe hablar,
porque ve un juego, juega:

dispersar las mentes
de la semilla:

y sin embargo mudar
la evanescencia respirada:

el agua
del agua
del agua.

VACACIONES DE LA HORMIGA

a Violeta Lubarsky

verse entre dos
respiraciones:

pero no es estar en una
o en otra, ni tampoco
en el lábil movimiento
que traspasa y las envía:

verse y de algún modo
ya saber que sólo es agua
que nos respira:

la estela de lo zambullido,
lo inmediato en lo lento
del vértigo, nuestro quieto
resplandecer de hormiga
a la luz del sol:

enigma lento, lo que estaba
y está:

las dos mitades, que algún divino
capricho separó, como rechazo
a lo posible, imantan
las almas engendradas, hormigas
flotando en el estanque, islas
a la luz:

la sacudida del cuerpo
cuando otro cuerpo lo envuelve
y no es espejo lo que adviene
y nada es lo que adviene entre dos
y la sacudida es el cuerpo
y entre los dos son dunas:

el océano, son, fascinados
en su alerta
a la luz de lo posible:

cómo sucumbiría
lo que carece
de medida:

el mismo hálito que impregna
hace virar las vías de la entrega
donde cada gota de rocío
es el sol:

«pero lo inesperado también es
lo que se ignora, lo que de algún modo
sabías ya, y regresa, con la misma nitidez
con que las hojas se frotan
con ese rumor letánico, encendidas»

y surge, de las mismas hojas,
contra el cielo, lo que de fotones
traspasa a pájaros el instante:

«también es aquello que deja marcas
y que el cuerpo recibe, en su
ignorancia, y el recinto
de lo ignorado devela los vivos
y lo que de ellos está más
vivo:

en desplazamientos
de colores, de lugares, y es así
cómo una pieza verdaderamente
no encaja:

más acá del olvido, más
acá de todo irse o
quedarse»

el secreto apetito y
la vanidosa saciedad y
el transparente espejismo y
la secreción y
el pulso:

cómo podrías perderme
o perderte yo; cómo podríamos
reunir lo que nunca estuvo
separado:

«no es que el Genio de la Lámpara
haya tocado mi frente y ahora
vea las cosas tras un prisma
de claridad, sino que la vía
de las metamorfosis señala las dunas
que formamos sin otra forma
que lo amado sin fondo»

cómo es el oasis,
cómo el páramo:

al perderse, en vilo
borran, huellas de lo no
nacido, huellas
de los primeros moradores
en la isla
de lo reunido:

verse:

isla en la dispersión
en el enigma:

el mono envía su palma
abierta hacia el oscuro
alimento –después imita

lo que ha visto, mirando
a los que creen que observan
una jaula:

el mono goza con el encierro
de otro mono: ignora
que entre los dos
sólo media una porción
diferente de comida:

en Bengala, un tigre
corre tras su presa
en el estanque, y la cámara
lenta vuelve evidente
el hecho: sus patas
no se hunden
en el agua:

el hambre y su alerta
hacen levitar:

enigma lento el prisma
sin presa –es simple, carente
de engranajes, absuelto
de sistemas, irisado,
cruzando nuestras miradas
que se revelan
entre sí:

un cuerpo quema al otro
y las miradas queman
lo amado en el enigma
y lo que será
era lo que es:

Estado Sin Nombre,
Impropiedad, Sin Partitura:

no tengo un nombre y sé
que nadie tiene un solo
nombre que lo revele
ante su propia mirada,
ante las dunas de su amor:

la hormiga se zambulle
y el aire sigue
quieto:

la rocía el aire
y el estanque no se hunde
más que en sí mismo:

resplandece el enigma
y por sorpresa, de raíz
la vigilia esponjosa
de lo entregado ahora ve
cómo cada cosa es la vía
de su metamorfosis:

un mismo cuerpo
para cada cosa
que nada
separa:

un mismo resplandor
en la isla del hambre
facetado:

verse entre dos cuerpos,
pequeñas olas que nacen
de la orilla:

una hormiga sin nombre
quería hundrrse y se quedó
flotando:

«no sé quién sea, pero sé
que el oasis carece
de forma si no es la forma
que resplandece cuando estamos
a oscuras por lo unido»

lo unido en lo facetado,
lo visto en lo ignorado:

lo posible respira
la vía facetada,

la hormiga-zombie
de algún modo sabe
respirar:

¿el descanso de la hormiga
no será, ah, de ser
hormiga?

de algún modo,
respirados por el imán:

el rocío a la luz
y entre los dos
la confusión de las islas,
la letanía de las pequeñas olas,
lo que estaba y está:

¿vas a quemarme
esta vez?

¿vas a quemar,
con tu respiración
o con la estela
de tu respiración,
lo que carece
de medida?

¿con la misma nitidez
con que las hojas
se frotan?

UNOS OCASOS

en el sueño de la consistencia
lo que se revela es
ausencia presente y veladura
cada huella que huye:

en su desenrollar, desenvainados,
los peces son las hojas
del árbol encendido
del agua:

el río, en esa ciudad
desconocida, rozada apenas
por un sentimiento fatal
de placer discontinuo, mientras,
ajeno, estás caminando *–estás*
caminando– y las gaviotas te plantan
alrededor del sitio en el que ahora
estás:

aquí, en el mismo sitio,
las ciudad como suma
de pasiones vigiladas
en museos, aparece:

hundirse para emerger,
aquí, en el mismo sitio:

llegar a una ciudad, días
después que tu cuerpo, viendo
unas gaviotas justo en el corazón
de tu paseo irisado, despidiendo luces
apenas perceptibles bajo los párpados
del único instante:

la consistencia asumida
como porosidad, mientras el arco
de las cosas fugaces
irradia delgadas vetas
que no son todavía lo negro:

al día siguiente, estás volviendo
–*estás volviendo*– y desde la ventanilla
del micro el campo se despelleja
ante tus gestos desarmados por la mecánica
de la ruta directa, la línea:

durante horas te acompaña esta luz
fugada por el verde
de los fragmentos inconclusos
de los campos en tiras
de variaciones
de la estática:

esta luz empasta los rostros
de los pasajeros, que están
dentro, aunque alguno, a veces,
quede afuera reflejado
en la precisión de lo que se va
borrando mientras está quieto:

lo que se borra como suma
de centros disparados
hacia la inmovilidad de lo que
se va:

pendientes de algo («una
espera»), hojean revistas
de actualidad, y entran, por el
trayecto, en franjas aparte,
en levedades instantáneas
donde el tiempo termina
de pasar, y es sólo el frágil

atravesamiento, mientras te ves
como ejecutante vacío
del espacio
vacío:

    la mente es el ejecutante
o también el instrumento, o
la ausencia de instrumento
es lo que vuelve a la mente ausencia
de ejecutante, de lo velado, vibrando:

    la trama de un Tao o un Klee
en las páginas
de una revista semanal hojeada
a través de las ráfagas
del campo:

    el cementerio de una ciudad
pequeña, de provincia, visto
desde la ruta –como si estar
en la ruta fuera estar
a salvo, camino seguro, camino
a casa– brilla y los nichos
familiares son láminas de plata:

    el eco de una fábrica de gas
iluminada en la noche, noches
pasadas, sabiéndote, entonces
como ahora, con destino
aparente pero cercado:

    ¿pátina de lo neutro,
pátina del sueño de una vida
más allá de lo anfibio?

    y ya estás en tu casa
y tu casa es el sitio
que parten ruidos aislados,

y no es la que habías dejado
y nunca la habías dejado
y nunca tuviste una casa:

desde la cama, la refracción
en las paredes del edificio
de enfrente, recinto de la casa
de citas:

estás oyendo –*estás*
oyendo– a una mujer que jadea
y nadie sabe si es placer
eso que en su voz atormenta, impide
contemplar plácidamente el ocaso:

te ves pensando «debe ser el fantasma
de esa mujer que murió aquí,
hace años» y te ves pensando «debe ser
una actriz» y te ves pensando «debe
ser su primera vez…»

el edificio, hacia lo vertical, corta
el cielo, pero en una sola
veta de nubes el aire
se presenta:

nubes azules
sobre cielo
blanco.

SENSACIÓN EN SU RED

más acá del Bien, del
Mal

y, con todo, retícula
del simultáneo devenir, sueño:

¿consiste en algo el ser
feliz?

«Yo, el Velo, advierto: nada es
lo que te espera: nada
esperes –aun estancada
el agua está moviéndose: es
este instante
tu vida»

…se nos habla constantemente
del deseo pero nunca
del placer…, destilo:

nubes hacia uno y nubes hacia otro
lado (no hay nubes
que regresen, ni un solo
movimiento en lo posible, en la
poliédrica luz)

prendida al Velo, consigo
misma la carne
sueña:

en milésimas de segundo, en
implosiones de estrellas, en
el impulso y el pulsar, en
cada célula, en

la apariencia que es
la duración:

«es, tu vida, un gesto
cuya vulgaridad te pronuncia y
el instante te hace
bailar mientras
te baila»

(el laguito artificial es,
con todo, lago)

vacila todavía el espejo
en el que todos vamos
apareciendo impregnados de
advertencias y
pasajes:

«pero lo diverso es lo que
aparece y siempre lo único
aparece, uno lo expandido»

la impresión corrida
de una revista con fotos
donde los cuerpos, los
genitales hacia el posible
espectador, se exponen
ante un flash
sacrificial:

¿se oculta lo que se siente,
y actúa, por ansia, en la cacería
de un reflejo?

¿ocultar lo que se siente para volver
obscena, de algún modo, a la luz?

¿se oculta, en alguna parte,
lo que siente?

¿y quién es
el que siente?

con todo, el recordatorio
del derviche, ¿no es
un dardo?: *estaba*
crudo. fui
cocido. fui
devorado.

«yo, el Velo, te recuerdo:
ceguera es
haber nacido»

y aparecemos todos: el celoso
carcelero de sus objetos
filtrados por un arco de pánico
sedentario;

el que hechiza
el flujo del reflejo y espía
detrás de su abanico;

el enamorado
de su propia carne, que no sabe
cómo fecundarse;

el monje, venerando
un campo de esfinges;

el que jamás dejó
de recordar y, con todo,
siempre olvida;

el ebrio de cordura,
poseído por una esperanza
sin fondo;

el tonto de la tribu,
agitando respuestas como palos;

el que no acata ni
desacata;

el que a sí mismo llama
yo, mientras lava
el espejo y silba el estribillo
de la dualidad, que es una vieja
canción de amor:

mímica de la duración,
el amor no tiene otro
yo:

la misma ceguera
lo que nació y
lo que no va
a nacer:

en un campo de rocío, en
una extensión de kilómetros de
gotas de rocío que de cerca
son fotos, en colores, con la hiriente
obscenidad de lo que quiere
brillar:

en una expansión
pulsátil:

¿amar, reconocer? ¿reconocer,
perderse en lo amado? ¿amar
en lo visible lo que se va

a perder? ¿perderse en lo
desconocido? ¿reconocer lo perdido,
expulsado, aéreo, entregado? ¿lo ciego
de lo visible?

vulgar contemplación
del secreto sinuoso
y perplejo:

¿en algo el ser está
desnudo y completo, desnudo aun
de su completa, fragmentaria
desnudez,
y
brilla?

en una serie multiplicadora
de la simultaneidad, en espejos
diferentes que devuelven, con
todo, la única escena:

lo uno es
con lo otro –destilo,
el viejo estribillo que todos
recordamos, aunque nadie conozca
el título:

«¿quién sos vos?»
«el que te mira»
«¿vos quién sos?»
«uno que quiere ser
vos»

dos pájaros, iguales
a todos, acoplan, en
brevísimos saltos, sobre
un poste, sin que

el relator recuerde
un solo gesto:

¿qué es lo que se siente y
qué es lo que siente y
qué es lo que hace
sentir, aun cuando siente
que nada
podría ya ser
sentido?

lo que vulgar, se expande
en lo oscuro y, sin bordes,
simplemente
está *ahí*:

«yo, el Velo…»

sagrada dualidad de las vulgares
sorpresas:

la carne destila y
tiembla

(«llevame a ese lugar
desde el que estás
mirándome»

«ya estás
ahí»)

entre septiembre de 1988
y octubre de 1989

600 PUERTAS

[1992]

Entre las posibles condiciones del concepto movimiento una sola es estética: la quietud de la inquietud. Ella es la expresión de un movimiento continuo que llamamos vibración y que nuestro ojo capta en forma estética. Su armonía nutre nuestro espíritu, como el aliento la vida de la pintura. La intranquilidad de la línea significa que desea ser plano, la intranquilidad del plano significa que desea ser espacio.

Heinz Mack

MÍMICA DE LA ABSORCIÓN
la materia inmaculada.

al escuchar la lumbre
en segundos
al ensayar lo detenido.

pliega en la sensación
clandestina porque aún
atormenta la lentitud
con que parece no cambiar
el suelo.

una por una trafican
las 600 puertas
de su evasiva.

LAS APARICIONES TRASPIRAN IMANTADAS:
el ojo olvida como si acordara
el latido en su delgada asimetría
despejado.

¿prolifera lo que ignorado presencia?
por el resplandor de su deslizarse vudú
tatuándose espinosa la húmeda gracia,
totalmente quieta, fuera de la hora.

pinzas, una atención espadeante,
el mínimo ajuste con la vastedad: la
resistencia concéntrica ante el ataque
del adulto explorador, su linterna
de chispas que se astillan.

ataca el ojo el laberinto buscando
del relámpago trasponer la niebla
natural enemiga. viaja oblicua el atorado
rápido del periplo, para jamás nunca
contestar, la doble risa de la risa muda.

merodean los escombros de los bordes
plumajes del escándalo suspenso
que ya huyó. larvando sentimiento de espera,
arrebato de aspiración diagonal, un zorro
japonés olfatea los alambres.

la picadura, que todavía no llega, ya
envenenó: el aura sin advertencia resinosa
hacia el cíclope tímpano latido espeso
bosque, flota desnuda su veladura
volátil entre los focos del follaje.

raspa incontestable engranaje de limaduras
y encajes un rectángulo de sonido
blanco. juega a ciegas el borroso
explorador: ánimas frotando al inaudible.

corazón de tramada incandescencia, rabioso
irradiar apenas captado en lo que desanilla
planetas y anagramas, motor que otorgas
lo que enciende sin el ojo, ¿destruirás
esta vez la intangible fortaleza?

labios, lagos apenas entreabiertos y el lejano
espejeo de lo que no es pátina, vacilación
en el fluyente recinto de aridez en redes
de innúmera indiferencia. suspenso del peso
quien todavía, en algún sentido, se desplaza.

velo de impaciente encierro al respirarlo
el ojo: ante lo dador, ¿abrigar?
¿parece no prestar atención el nido
que bulle opacas reticencias? ¿el fetiche
de su conocimiento? ¿hasta desaparecer
hace surgir? ¿pabellones atrapantes
al dudar de un escudo?

semejanza, aparta las faces y el haz
obsceno. la calavera que guardo
también acuerda. fiereza emergerá
cruda vida olvidada por quedarse
memorando, afuera, lejos: «ya era
hora». ¿al dividir ordenas, obedeces:
«después se verá»?

ideograma de lo cercado, separación
que anuda, para salirse
del prófugo fuego lento que ángel fuese
de la guarda en los infiernos fríos.

frágil resistencia que turba, que nadie
domestica.

PERIPECIA DE UN PENSAMIENTO ESCAMA
acerca de esto, sin piel, que parecía
importante, pulsando el reel, a
metros, oleaje de cromático estertor.

tira el reflejo de muerte diamantina
vestida con ausencia que ralenta
cuando toca su distancia muda.

¿adónde lleva su penumbra
tanto destino a la vera?
empluma el rumor del mar la oscilante
conciencia del mediodía entre los álamos.

CÉLULA DE UN SOLO FLAGELO
la invariable montaña del capricho
afirma en dioses vacilación afilada.

aves en la sombra se reconocen virajes
de las chispas en turquesas inagotables
traspapelando el puente que el peligro
pone a la mancha que ahúma en su lugar.

ansioso fuego pero dulce desamparo
mientras borra con el ojo al mismo.

dragón el ángel de la guarda:
la diversión pasea del brazo de la duda,
los esfumados como pulgas alumbran.

¿extrapolar el aura circunscribe?
(¿y ese trastorno instinto que hace volubles
dioramas al socaire del fondo?)

¿CUÁNDO ES SUAVE CERTEZA? AL POSARSE
en la rama sin embargo nada aferra:
los avances de la eterna primavera.

la vaina de la duda que secreta
cicatriza envanece en su country
de concentración. la alarma lazarillo
con su espejeo de brújula moral
ante el sigilo del gingko.

con pasado suspirante un chico sale
tachado por su propio movimiento.

HILERAS DE AIRE PRENDIDO
a través de la estructura metálica, cerrada
sobre sí: para el tacto
estratos despacio pulsan
fragancias del secreto en la luz.

sin una sola nube el cielo
de la mente cuyo salto
mortal estrella
una espesura quieta y un lago impenetrable.

ANTE PREHISTÓRICOS LEONES EL ANUNCIO
del ansia al trasponer los pasillos
del simulacro universal.

osamenta de lo nunca respirado
tatúa el ensueño de cada piedra
tras el cristal de cada nombre.

la senda de alusiones, el cuerno
del guerrero, la mirada reunida
que cifra las antiguas primicias

donde el tiempo deja unas huellas
de pato, una lámina mal
dibujada, con mano de embalsamador.

minutos antes del tiempo una pileta
olímpica, tramada en grados
de lo turquesa imperturbable (grados

de la evanescencia turquesa),
cortada por la sombra de una palmera
sola

hasta la sala de las mariposas
donde un ala es una pregunta cerrada
y abertura que desenvainada implosiona.

cada ocelo umbral
para el desprendimiento que desarma
transparencias de atrapante sonido

en el cuerpo seco de otra espesa
mariposa. ¿contar otra vez las manchas,
retenerse en la «cacería sutil»

como en una sala de motivos
para insaciar la plenitud?
tímidos hilos en el sistema de arena

atraen entero al irradiante tejido
que envolvía en su arco
eléctrico el iris traspasado.

LA CRISIS DEL PERFUME. ¿JUNCOS
igualados por la corriente? ¿gajos
que llamas se reflejan?

¿soportarán los gránulos de arena
de la voz los verticales
edificios? camalotes sobre abismo.

el estambre arraigado a la deriva
del perfume la espina suspende
para el alma geminada.

EL SOPLO SEGÚN PARECE INFATIGABLE
ronda el espacio virado a eco
hasta ausentarlo. tormenta retorna
a casa, desmantela y al arbusto
traga sin importancia.

amasijo de hojas vueltas
a mojar, poliedros médanos
con que modula opalescente
el acecho cristalino: cada
cual inhala su lugar
en el moebio de vértigo torero.

letanía sin margen, masticatoria:
imposible tenerla, detenerla. la
araña devoró la tarde que emitía
hasta la fuente muerte por aire.

tachaduras de una velocidad sin huella
que no contiene ni expulsa cortante
de luces dándose un destino impostor
que no se escucha.

en posición de arbusto, delante
de uno que pasa respira cuerpo
en blanco, como el segmento
de la ruta: «si son palmeras,
amor, estamos en Tánger».

trasvasan ofrendas truenos y
lo que ignoran: fermentan hojas
bajo el agua palpebrada que
nunca acumuló.

distraída vanidad defiende
todavía una hemorragia
la duración envoltura: nada
al espacio vuelve que nada traga.

EL AGUA DE LAGO QUE DESVARÍA JAMÁS DURMIÓ.
la caverna falsa del minuto eterno
con hambrienta placidez olvida el sendero
que a alguna otra parte conducía.

el sinfín de la estrellada cinta
sobre el foso de la orquesta al aire
y el foso de la presa en el ojo
atisbándose camaleón de tiempos: jardín
vacío de las reminiscencias.

aire que no burla lo que abraza.
se hace agua en lo mestizo de los gestos
la conversión en soledades
sin anverso. hacia todas partes alumbramiento
y en todo sentido oscuridad.

AQUELLAS ARTES REPENTISTAS DEL DESVÍO
a que la gracia de la mano conduce
y traslaciones del mismo desalojo
hacia la órbita invertebrada.

luego una aguja socava la consistencia
de otra reliquia personal. no llave
ni amuleto contra el olvido que preña
con la ola experiencia del desmadre.

cada remolino anida en la próxima
mudanza que en el cráneo sopesa
balanza para sonidos
el espejismo del fondo.

cinco segundos de ardorosa, íntegra
impaciencia desbaratan a su vez
con sus vetas: verdín sobre la piedra
que se hunde.

para saciar el apremio de hallarse
a salvo de la apariencia partera
que separa, desdoblan nubes el papiro
índigo que las hierve crudas.

con toda seguridad, ignorancia:
nunca esperada, nunca contenta
quemadura del ensimismamiento
rumia caníbal malestar a la busca

de alguna gruta milagrosa tras
el muro de lo que dura. incluso

el pulimento de la necesidad desnuda
el dédalo de partículas:

el cardumen disperso por la mano
al entrar en la oblicua
gama que levita
la atención sin fatigarse de la espuma.

LA ALFOMBRA NATATORIO DE OBLICUIDAD
y el arco ileso de tormenta que al ser
pulsado cede, pátina rocío de un gong
aún no adivinable.

sembrada la rápida evacuación
de cada objeto a su fondo, la herida
vidente del magma en la zozobra,
desproporción ondulatoria de
sentirse respirar, otra vez.

en los ángulos troquelados
el lumínico alibí.
quiere distraer pero no alcanza
a impedirse. roza el suspenso
otra piel: vastedades al asomarse
desde la madriguera bautizan
con aire preñado de despeñar.

disparador en puntiagudas risas
la impronta arrasa la gravedad, la astillada
lástima de sí mismo: esponja el espíritu
aunque se oye al llamarse todavía huele
su parte de muerte en el banquete.

DEJÓ EL PARPADEO DE EMITIR MEMORIA.
morada y puente entrañados,
aunque no sepa tocar sino la mancha
del sonido, centrifugan anonimato
para la cobra del alma animada
por un tañido que la anonada.

desmorona el paneo del tiempo
escuchado entre las plantas:
¿otorga el don de una cierta
consistencia? excéntrico animal
eclipsado por el fuego fantasma
que exhala.

islas saltan hacia la química
que borra al trasluz: sonaría
a amenaza pero lima
la consistencia y su rumor. antes
de nacer, el templo
de impregnantes corrosiones.

ARDE EL BIOMBO
sus islas.

recintos facetados, rayos
de una rueda que absuelve
con su trazo
la mortal evidencia
de la pátina increada.

destellos que al exhalar
la fuga del ánima
contemplan.

ENIGMA DEL INSTINTO CUANDO LAS CIEN SOLEDADES
con sus voces fuera de todo otro destino
en ignorancia traslúcida al evadirse
cauterizan de la oculta espina el cautiverio.

AGITA LA BRILLANTEZ SU OTRA CALMA
sin alguien que recuerde o pregunte
por el escudo perpetuo, el miedo
diamante de un celo que resplandece
tallado ciego.

amarillos como parlantes secretos
pulidos por el roce huyente
mezclándose en pigmentos de duración
que el rocío afiló.

un pequeño salto, para bordear
el ojo de lluvia de la noche
pasada, no es todo un salto: sapo
serenamente aguarda
pecho acuático del ruido.

GUARDA UNA JOYA EL JARDÍN
en el centro sin bordes de su espesura
calculada, al acecho. pero tembló
el secreto, al rechinar, como en un río,
a través de una detención que no cesa.

reclinarse para fundirse con la curva
reposera. grama, creer que se observa,
cielo último, unos vilanos se llevan
todavía al lugar del que vinieron.

¿y la evidencia manifiesta límite sombra
del ciruelo? evaporan las velocísimas
nervaduras, hasta el cimiento, el lacre
de vacilar.

relampagueó la nave del vecino fruto:
fuera de nómina su vaina
para el reojo expansivo, ambarino
acorde entre cielos jamás burlados.

río de oscuración, las otras arboledas.
vueltas irrecordables hacia la abrupta
letanía que cambia y no cambia lugares
con la órbita intermitente
más lejos de un enjambre.

¿adónde iría al recordar
que nunca nació? moradas
huidizas brillan la húmeda
soledad de filigrana
de ese párpado.

ESTA RAJADURA ORIGINAL, SUS MODOS
de quedarse hacia la laja, burlando
incluso al claroscuro que iba
a forjarla, igual a la distancia
que une.

bajo estroboscópica fijación
la púa desoculta en la maleza
el raspaje de las cañas.

igual a lo que permanece ido
el perfume acusa profundidades
sin nacimiento en el espacio
que liba.

ARDIENDO COMO UNA PELÍCULA SE DESPRENDE
el alma sin salida. raspa la meca ciega
y salta la pieza remota del control:
dichosa reticencia de erosión.

pregunta del labio: ¿beberías del mismo
vaso que tu fantasma? óleo del pacto córneo
aguarda sónico el neón que esfuma
el friso frontera latido puente.

ESPIRA DE DISOLVENCIA EL ROCE
ralenta la gravedad de saberse
y sus lentes de purezas opuestas
hacen crepitar: la espera apura.

sin prenderse a las estirpes
alterno adentro induce a cambio
donar cada momento atrapable
y toda ración de ser idéntico.

ALUMBRAMIENTO A AÑOS-LUZ DENTRO DE UN BOSQUE
a kilómetros de este recinto de papel.

¿fiarse del caligráfico murmullo
rayano en fiebre de los grillos?

el hálito entra y sale y no sale
y renace alimento de la helada.

matorrales. el desfiladero de la rutina
de las llaves a tiempo abandonó.

diamante líquido veteado
de sigilosa impavidez de oscuridades.

desovilla la sonrisa prismática
al fascinarse inmemorial de disolvencia.

SONÁMBULO AFERRARSE A CONCÉNTRICA DERIVA
herida vibrátil del rocío.

CASI OTRO ANHELO ENGARZADO A LA SEGURA
herrumbre que a dar su nombre niega,
precipita el azoro confidente: «centinela,
róbate también la última espina
tras la áspera felpa de estar quieto».

¡propietarios de la piedad! frenillo
ante la intensa niebla en que robando
siembra, el aterrizaje lúbrico en la
orfandad efímera: «todavía espera,
la herrumbre pura».

ÓXIDO NUTRE LOS JASPES DEL BOSQUEJO
con ilesa atonía que enceguece.

al unísono adversos y aliados moran
derrames del esmalte entre la lumbre
de voces de niñas de los élitros.

ESTELA ROTA DEL DESVELO
la apariencia que es el alma
al moverse
brisa escultora de atravesarla.

ESTÁTICA DEVORANTE MERODEA. DESLIZAR DE CANOA
dando un viraje al pandemonio de fijeza.

andrógina marea el amarillo templado. abeja
indivisa de su amor imposible por la fuga.

el demonio de la alegría trajo bajo la manga
del kimono la pasión del equilibrio, que bulle.

paciencia agitada en móviles y abanicos
para asustar al hermano lego miedo.

«alta complejidad», la sirena en el techo:
«¡alerta! la parca parece que anda cerca».

lo unido en la gema del desborde terrenal.
archipiélagos de chispas de inexperiencia.

PARTERA AL ATREVERSE A PROBAR LA ESTRELLA
de la pulpa de limpidez furtiva.

LA SUAVIDAD PUNZANTE APENAS SURCA
cápsula extraviada de sequedad
que atavía: fruto erizo desvivido
sonaja para el segundo.

el claroscuro de la dicha instila
sombrillas de cartílago de iguana.

DOS CALAS URGIENDO ENTRE LAJAS
el oratorio de los helechos
contra el muro a cada uno imantado
detienen oscilante danza

«y a su recordatorio entrega
la calma por la que tiemblo».

HASTA NO RECONOCERSE MÁS QUE EN BULBOS
al flotar junto al eco que respira
refleja lejanía sin elegirlo: en su mantrada
estratagema augura el flujo.

nadie sembró el presente tembladeral:
voces empapadas de rozamiento
detrás de las orillas.

comiendo en la cala del tímpano
acecha velado pero a la vista
como el hueso en la espuma.

nadie sea sino oceáno al doblar
la lentitud en su vértigo
donde la dispersión encuentra médula
y la médula se encuentra dispersión.

ACÚSTICA ASTILLA DEL PARPADEO
asusta el no sufrir
roca de ecos poderosa.

ESTELAS SERPIENTES EN LA ARENA
modulan fatiga pero aquietan
el traspaso de lo que fuera
montañas ahora brisa.

camaleón en la emulsión
del sonido a hueco
permanece cóncava cada isla
sin origen de esplendor rugoso
o afelpado de las corrientes
del imprevisto.

se posaron las sombras frescas
al respirar detrás del doble
fondo delante de encantatoria
aunque traslúcida superficie.

UN JARDÍN NO APENAS BOSQUE GEOMÉTRICO
por la espiral en su aspersión
de la columna sigue sin resistencia
mojado.

no se inclina ante el oro
brutal de preguntas sino que baila.

desaparece en hebras de inmaterial
pero visible otrosí en la región
que brilla sin después ni más milagro
al sumergirse.

nunca sino en cinta que se borra.
nunca sino en lo virgen de lo impregnado.

de pincel.

si la inquietud que asiste
fuese un delfín tatuado
en un zumbido verde de
bronces.

la adherencia del espíritu
cuchillo.

EMBLEMAS Y ORATORIOS DE BICHOS AL TATUAR
la dispersión el manantial de rayos.

mataduras de la pared rascada que todavía
en el espacio divide lo que ni el segundo
separó.

el abrazo y el rocío, lo que ha sido
pero no sabría partir. ¿susurra el gusano
en su juego de mudras espiralados: «la vida
mata»?

segundo sin letras de sonido
del tilo de la escarcha primera.

PASTO MÁS ALLÁ DEL ALMA
enamorado sigue a su risa desahuciada
que no ciñe en el emblema resplandor
el deslizamiento trasluz de sus centros
detrás de lo insalvable.

sigue al acecho fugándose
de los futuros renacuajos.

EN CUÁL EXTREMA SENSATEZ GIRARÁ EL PÉTALO
de la pregunta inapelable en que una antigua
intimidad conduzca húmeda al temporal vehículo.

rasgadura la de algún firmamento: reverencia
de ramas un reverbero al otro lado del oído.

REMINISCENCIA DE CÁMARA ESPIADA QUE SE ARQUEA
tras el remanso sin calcos que el miraje
hacia los árboles irisa sumergido al minar:
el légamo insemina flamante impermanencia.

actrices haces cambian piel. retícula
en que nadie es hijo de alguna
lente con su acto tocando lo que entraña.

nadie mide el dragón mientras se borra
en el búcaro junto al influjo nunca estuvo.

precipicio quieto del ajuste catalejo
del vértigo inconcluso de conocerse: ondula
esa espalda huidiza que recita ante el acecho
de la sorda cercanía.

franjas de desnudez que desborda de otra
cosa. trazos de negrura borrasca de lacas
del errante cielo hasta tu pie.

EL NADADOR: «EN EL LIMO, CON UNA SOGA
delgada rosa entre los dientes,
la orilla se separa del que va
pero una vez cortado el río el acto
entero nada».

el pescador: «una vez partiré el río
sin riberas. cortar amarras no suelta
todavía del temor a la permanencia
en el limo».

el nadador: «cuando menos concédeme
hacia la única orilla
cruzarte espesa frontera una vez más».

el pescador: «¿el corazón, el borde,
el río que no lleva ni trae?».

LA CARA SE SALE FACETADA
desnuda hacia el halo
de un beso a la escondida.

sonido trayecta evanescencia.
ondulante la atadura al disolver
por enviado hacia lo visto
el recinto lábil de diverso: oasis
abundan bajo el ajeno
pulsar de las raíces que levantan
la vereda.

cruza de los torrentes, reino
de una dinámica de biombos.

LA RADIOSA SUPERFICIE CONTRAE NITIDEZ
turbadora de la absorción
en las campánulas.

gira el prisma del deseo de perderse.
ser la sed en el desierto.

unos nenes subidos a una rama: «nosotros
los salvadores del mundo», y otro detrás
en la centrífuga inmersión en la inferencia
de la avispada atonía que los enlaza
y venera.

hados picotean la oscura superficie.
células en el ánimo indomable
que nadie ve pero se huele: «quien crea
aferrar, ¿enloqueció?»

recinto evasivo del sustain
para esta mira difusa.

¿superficie sin orfandad? dónde
nace lo que no es un reflejo?

al surgir sin cifra de forma
inescindible preguntará
otra vez por alimento.

arabescos de manguera de goma
relampaguean para el musgo.

LA CONTINUA RÁFAGA HUECA EN BUSCA DE SU ECO CIERVO
al contacto vaporoso cuya risa confunde
a las palmeras de grafía contagiosa la hoja tiempo
en que perdida en el verse quemar del mundo vibra
clandestina sorpresa con su arco.

ESTRIBA EN IR PERDIDA LA ARIDEZ QUE FLORECE
y felinamente otro temible nacimiento
frota el destino reflexivo.

el tallo sacado del vapor de los zánganos
al crepitante instinto al reír.

suculenta de relativa altivez desprende
el hálito la que habita las frecuencias
de estribaciones como plumajes de ojos.

proliferación sin llaves de la esfera
ofrecida de súbito en letanías.
inmediatez relumbra esfinge.

y cada oceánico secreto: «no, a lo visto
no te devuelvas…».

¿EL DRAGÓN QUE TODO TRAGA? ¿LA TORTUGA
que se tortura con vértigo? ¿el
camaleón por entero a medias?

reticencia estridencia evidencia resistencia
¿con cuáles armas te libras
guerra contigo mismo fascinada de ti?

AL IRSE INTERNANDO EN EL MUNDO EXTERIOR
ínfimos deltas de perfumes.

comulgan ácidas risas de irisaciones
con el desierto que profana al siglo
y a la chispa platillo del segundo.

minado con miradas quedas
el óxido riqueza del resorte: Joker
cuyo radar de oráculo
aunque tampoco acepte no condena.

¿«no por favor»?

a la hostia del duelo la mínima
incidencia afila.

¿QUEMA FIJEZA EL LABERINTO QUE LA ZUMBA
tras otro cambio de guardia del apego?

suceder pudre los hechos: ¿adherencia
que no cura al pasajero, velo
a su caricia antigua de leve mordedura?

muta la piel al trazar
balbuceo de monje que ilumina
el manuscrito de su llama
anterior al útero.

baila el muro
del recinto sin puertas del momento,
el chasquido frota con su ojo
de tribu despejado el ángel
de madera del instinto,
que seguía intacto.

¿sella el enigma el beso
deshuesado?

DESIERTO RUMOR DE IRIDISCENCIAS DEL GRIS
en su chispeo de opacidad ojo del gato.

mientras el residuo de ondulación dual deposita
(«la electricidad, no el fuego, me asusta»)

el espejo arenisca se triplica
nómade silencio constelado.

ECLIPSE ENTRE LA SOMBRA Y SU BRIZNA
la pira magnética del vértigo que miras.

¿NO ATIENDEN LAS PLANTAS A SUS REFLEJOS
en la noche diminuta? ninguna huella
dejará la rueda. sonar de nitidez abisal,
alegría de pez cruzando el haz
de una linterna de papel.

ENRARECE EL CONTACTO ANTE LA SELVA
del espasmo. ¿no busca el goce sujetar
a su vez velocidades ya reídas? ¿no
mora, sin embargo, esta jauría
su astillado pentimento?

oleaje el acorde de impregnante erosión
sin otro acto que la suma
hacia el momento sin retorno que se oye
como si navegara relámpagos
en estambres de suspiros.

la cascabel de atención evasiva
¿no se consuma en el pulso?
manada, vacilante indiferencia.

EL KAKEMONO DE PODER DANZANTE
del relámpago cambio de latido.

dibujan allí para disolverse
los aros contenidos del mareo
envolvente, aconteceres discon
tinuos, como en un rapto captor
de su alimento.

«lo real es que
soy una Virgen diminuta en un estómago»

SEMBRADO ACONTECER SIN MÁS RELEVO O VATICINIO
un parpadeo niño disuelve lo que pincha
con ínfima inmersión entre los filtros
no voraces de las grandes orejas de las hojas.

esponja que fuera ósea en otra velocidad
sin vértice a su placebo ensueño se abandona:
bunraku del ensamble cardíaco.

(¿algunos granos de arena un instante se confieren
el derecho de ser los más intensos en el reflejo
de la playa; cuando la red del aislamiento
haya soltado, otro viento de alteraciones
lavará?)

afina la orquesta del estanque del hálito
levedad sinuosa que no espera.

CON LA PASIÓN DE UN COLIBRÍ
la usurpación de los surcos
que la rutina zurce
al azar, a la intemperie.

opacidad de mirarse flotar
máscara húmeda de muerte.

¿LLAMA AL OJO EL OJO, DESTILA
esa calcinante evasión
que a su expansivo repliegue
resonancia atrae?

el velo del estandarte: holandas
de oriflama. ¿llama ojo
a su kaleidoscopio del minuto
heliotropo que triza y sopla?

¿por la mirada se reconocen
equidistancias? lento el fuego
ríe la fragante penumbra
en que se labra.

EL TRANSPARENTE PLACER EN SU CAÍDA
de agua.

bífida melancolía sonríe
a su abismo de aguzado follaje
y semilla de espejismo cristalino.

oscura escucha la carne
el raspón aéreo de su lábil
desanillarse nudo: rama
entre los juncos.

LAS VIDAS PASADAS POR UNA CUENTA DE JADE:
¿es mudanza la desnudez,
pez del aire que no se ve?

¿GUARDA LA MENOR UNIDAD LA DÁDIVA
de ventisca que miles
de varillas abate?
¿no escamotea brevísima atención
aquello que precisamente
escudriña?

más
que embriaguez, más
que alegría,
flotan con alianza cetácea
–su desalojo su lujo–
los vacíos en la gota.

FÉMUR DE GIRA ENTRE EL TORRENTE
hoja fugitiva desdicha.

PREVALECE UN INSTINTO DE MORA QUE PARPADEA
la madrugada raptora la enredadera
del desdoro hacia el umbrátil
centro del corazón
que al ánimo innominado
proyectil de ansioso prisma envía.

no bajo la horma de alguna voluntad la dócil
aspereza de estos puentes
frotados por precipicio que comba
lo más ingenuo del enigma mientras trasluce
aquella disidente opacidad del ánimo
ocluido en su fiebre.

BOSTEZA EL GATO CARNÍVORA FLOR
la detención cuyo desdén semeja
circulado médano de ruido blanco
que pareciera amenazar pero late
la indiferencia
que carcome a la herrumbre.

DESEO DE SER INVISIBLE Y CELO DEL ARABESCO
que ríe la empuñadura del sable con muda
desnudez.

los labios de la estocada se abren y cierran
sin dejar sabor: risa pelícana, astilla
del momento.

ULTRAJE DELICADO DE LAMERTE.

lóbulo cuyo encaje agita
el péndulo que a su paso
realiza detenido néctar.

tartamudo el roce
se propaga: ¿por una
oreja sale la otra?

ah laberinto equilibrio de limo.

LÍQUENES EL CRISTAL
de roca que memora
como si bajo el mar estuviera.

en cárcel de seda la pasión
quisiera derramar su ágil agonía
fuente que donar a la sed.

pero el espejo imanta detrás
de su sino exilado y el cantante
estornuda y traga tiempo.

¿bastaría con que olvidase
lo que ignora
su remota falta de mirada?

¿la verdadera vida de la gota
la anfibia avidez que encierra
las satinadas transparencias?

LA PIEL BESADA POR OCELADOS RUMORES
hasta trocarse entre el duramen
cuando concéntrico pulsar serpea.

MICROSCÓPICO ESPEJISMO DANDO TRUENO
tras la grama.

raya la misma consistencia en el punto
en que los reinos de la retina
atajan distancias.

ajena retención insiste.
percute como a retina carcoma.

claroscuro el zumbido desliza
este desear inmóvil el aire.

SE AGUZA PENUMBRA DEL EMBOSCADO
felino avispa que se convierte.

arrebol fuera de bordes, fruto
de ventrílocuo furor de ramas.

hacia oblicua vegetación
zarpa el confín de otro celaje.

BUSCAR EL ATAJO QUE NO SE ALCANZA
¿alza una cresta de cesación
hacia la suavidad despistada con que gira
la llave que no sabe lo que abre?

influjo que háptica ilusión dilapida
tornasola el espectro de las trazas:
arbustos eclipsados hálitos.

late el asteroide sarta de espiras
oculto remolino de moebio.

enigma que al incubar reverbera
como si al quieto quedarse desovara
el ornamento del salto a la raíz
tal cisne celo en cinético silencio.

LA SOLEDAD INGRÁVIDA DEL PUNTO DE POLEN.
ameba el alma hermana palacios corredizos.

panal cada celda de reflexión frágil
en la visiva cornamenta del tábano

(azul fuego de fibras que al desnortear
desorienta, sonoro hacia la llaga

magnética): morada la íntima pátina inclina
a confiscarse de súbito vicio primordial.

narcótico tabú las flotantes raíces, una misma
centella oculta de flirteo aun cuando cambia

amoratado (azuzan tumultos la madriguera,
nervales chasquidos al desmoronarse la pupila

pican aunque mirada no tenga): profiere tránsfuga
abundancia. dardo por entrar a punto a un remolino

enmascarado de alertas, jamaicas, frotes,
papilas rozadas en la entraña de la onda.

¿DÓNDE EL TIEMPO SE PIERDE?
desde las llamas rugosas un caracol
islámico desmadeja su gema líquida
con inscripciones veteadas hacia atrás.

ERIZA INMINENCIA EN JÚBILO
al poder saltar el anzuelo:
dunas entre los dedos.

(¿adónde estabas, lector
del porvenir, por qué no acudías
a la entretela de los mundos?)

el buscador de oro pasa
por su tamiz:
Eldorado en los rombos
del manto que el huaquero
por monedas robara.

ANEGA PERO LUBRICA EL ÁNIMA
de los ampos del aura la múltiple vislumbre
devuelta cápsula a sublunar paciencia
si suya urde una otra desnudez
tras el votivo teatro de los pactos.

¿por la mirada capturar
a lo que actúa?

flúo. aleteo.

LA CURVA DEL ECO

[1998]

Esto tiene que ver con los métodos escalonados en el tiempo de que disponemos para estudiar un conjunto espacial, a fin de obtener de él una representación mental clara y distinta. Tiene que ver con la invalidez temporal del lenguaje. Falta el instrumento que permita discutir sintéticamente una simultaneidad de varias dimensiones.

Pese a este grave defecto, procederemos a un examen pormenorizado de las partes del conjunto. Pero conservando, tanto como nos sea posible, frente a cada parte la conciencia de que se trata de un enfoque parcial, a fin de no alarmarnos cuando una nueva parte revele otras dimensiones, proponga una dirección completamente distinta que lleva a una región apartada y en la que el recuerdo en eclipse de las dimensiones ya recorridas corre el riesgo de extraviarse.

Ante cada dimensión que se borra en el tiempo deberíamos decir: «Estás convirtiéndote en pasado, pero tal vez nos encontremos en un punto crítico y acaso propicio de la nueva dimensión que te devolverá al presente».

Paul Klee

Tuvimos la experiencia pero perdimos el sentido,
Y acercarnos al sentido restaura la experiencia.
T.S. Eliot, vía Wilcock

RÍO

( )

follaje en su andamio fluido
superficie inmaculada de cosas
espacio asido a su fijeza serpentina

( )

quedarse en la tierra mientras dure
la misma respiración que es tierra
y prodigios sacudidos del ramaje
del momento mundo avisan que se va
a quebrar y llueve de forma
indetenible

( )

esta pátina de conciencia despertó
esta otra mañana flor
de experiencia que se tiene
que exponer a los cambios
sin más sombra que ella misma
vibrando los campos mojados

( )

las sombras seguirán
en blanco no se sabe adónde
tan rápido colmadas
que ese deslizar será el brillante
planeta que parece azul

( )

UNA TARDE SIN TRIBU

> Acercas y alejas la proximidad:
> *Aquííííí*... y en ningún punto mientes, aunque desplaces el aquí
> con imperativo capricho.
> Como una fugaz corriente a hitos ribereños
> Tu movilidad fija al mundo y lo hace real y extraño.
>
> Eduardo Anguita

toco un tambor vacío
desde siglos de arcilla
para la sigilosa
esfinge en el conjuro
curación del tiempo
adonde cabe la obscura
en su risa irisada

( )

alumbra el reverso
el espejo que ciega
el espejo de gira
el pez en el flujo
el ojo que vuela

adonde hundo la mano
y extraigo un hueco
un planeta hechizado
como un erizo
por olvido en la ira
suspiro en sus jades
tierra del otro ruido
del otro
pero eso ya lo sabes
y entonces te abres

como una naranja
espejo de borra
de espaldas al tiempo
que se desliza respiro
la oscuridad espejada
el aire de vidrio
los pulmones son plantas
adentro del agua
el cerebro es un hongo
los brazos maderas
que se queman y atrasan
y me empino sin nadie
con el cuerpo en la mano
del que electriza la vida
o la devora sin pausa
o la despega iniciado
en los fermentos secretos
del hueco incoloro
que inmola el espejo
morada de un mudo
que se refracta triza
y me saca de enmedio
y me pone en la ola
de un vértigo estático

y simétrico aliado
y enemigo recíproco
frente a ése
del que tal vez yo sea
la única cercanía
tumba de otro año
otro siglo que pasa
repitiendo mi nombre
con mis padres adentro
esfinge del momento
detrás de la rueda
de fijeza cambiando
con mi antigua torpeza

de niñito sabio
besando la luna
al surgir desde el agua
de esta página sorda
que tus ojos martillan
tus ojos de fiera
encelada en el tiempo
ahora que entraste
por la misma puerta
de lo que voy dejando
y alejo al decírtelo
hundo esta mano
que no ves
pues tu ceniza es la mía
pero eso
espejo de viento
pared en blanco
espejo desierto
ya lo sabías

( )

cada estrella desapega
la oscuridad que la trasluce
cada día un retablo deslizante
cada noche un pabellón de humo
el horizonte con su espejismo
lo más humano en mí es ese ruido
trashumante adonde bailo desnudo
y soy la obscura
otros los pasos persisten
atenuado reflejo del trasfondo
llama el espacio
reposo en su atracción insurgente

tierra que nadie hiere
con el torrente ya sin ojos
te despejo y me quito
y toda almena es abolida
con su vigía
sin el fijo dolor de aún no estar
sino en el aire
que reía destino en el origen
parto repartiendo espejos
pacto con las horas
en un destiempo de hoguera
que nos contempla con hambre
y esta estrella se ve velada
velocidad a lo lejos
mientras dormido te hablo
es porque hablo que duermo
es porque sueño que hablo
venablo clavado a tu vislumbre

que ausencia se desea y empluma
deshabito los mundos
la invertebrada voz te propaga
y se va quedando en lo que oye
y te proclamo rumor
distraído por mirar al mismo
tiempo detrás de su abanico
el ojo encendido
el animal emerge del costado
corazón de hoja del feto
diamante que corta el hálito
de la más pura distancia
y es eso mismo extranjero
en tu centro de raja
espejeo tan lento
se repite en su abolido
e iluminado un momento
salgo de la serie de los días
pétalo del párpado verde

ya no te agites
aun de fiebre desbordando
la sangre hacia su flor dispersa
cada segundo es una cebolla
estrato de la zona que te sopla
trueno detrás de lo simultáneo
duna la refracción del espejo
destila claridad el dragón celeste
que te ensarta y anilla
y en la estrellada pulpa
del espacio te pierdo
como se ve perdida
más allá del muro
una linterna

( )

sea lo que seas
dialecto del agua
rumor del pasillo
cangrejo del espejo
reloj en la cama
camisa de algas
naranja en un plato
fuego concéntrico
con que me escuchas
en tu secreto llevarme
poliedro sin lados
orilla adonde nadie espera
dado que ladra el azar
y te destila herida el destino
espina pero de indolencia
indiferente y diferida conciencia
en ese hueco que es estar

tú eres el olor de tu ausencia
ilesa respuesta monocroma
que de ningún lado llega
y eras tú detrás tuyo
y más allá de lo tuyo
y más allá de tu adentro
y detrás de tu nadie
y de la compañía traslúcida
que me fija y traspone
y eras tú que me giraba
en un vértice fantasma
a mitad del ignaro sendero
y era decirte yo soy tu otra tú

sabor a ignorado
y tú eras la otra voz
y yo surgía de tu muslo
como mana el muro
que nos separa
y oros opacos al fondo
y amores opacos al fondo
y diablos opacos al fondo
ebrio espejo de aflorar
el corazón emisario
del secreto
del apego al sendero
cuando el gusano de seda
de la conciencia come
ese velar que desvela
fuera de acto eres ráfaga
y fatiga de devorarte
y de seguir de largo
devota de tu celda
de tacto que te medita
repartes tu cuerpo
para salir adentro
tú afluente yo etneulfa
yo figura que dura

tú esfinge del trazo
yo istmo de duda
tú ceniza de espejismo
yo planta de tu pie
tú digital de la huella
yo exilado de tu leche
tú vigilando tu muerte
que no te pertenece
aunque le debas la vida
y un aroma perdido

en el bosque de la mano
que hundo en la estela
y tú amniótica lítica
y anémona de tanto mirarte
en el medio del dios
y yo su idiota oro
y su anagrama de toro
y tú sin remedio
y sin ruido que salve
cifra que se divide
arena de la esfinge
cíclope siamés de la memoria
recién nacido
en el medio está el dios
oído en el sueño
que tamiza lo unánime
innominando matices
y volumen que traspira
y limo que borra orillas
y la guerra de refugios
y el espacio adentro
de su agujero de un segundo
como desde el fondo del bote
penetra el ímpetu del flujo
y doble pupila eres eclipse
entre el hueso y la luna
que te propaga

y te prometo cosas
que sólo sé susurrar
y te distrae la suerte
y eres un río
que ignora

( )

hueca como una sustancia
eres el temporal
perfume de raíces húmedas
en la almohada del nómade
y tu latido marea
y tu piel mira
y eres un sauce
y su primer pensamiento
y su mañana primera
y un irse para permanecer
y esa postura de cigüeña
con que asumes la abertura
como si no la merecieras
pero fuera un presente
y en tu impávida órbita
saco del caos la cabeza
por tu vientre que parpadea
y después el cuerpo
que parece una letanía
kakemono del camino
luna que allí se ignora
relámpago que nadie apaga
adonde no hay orilla
pétalo de círculos del fondo
loto de cada gota en su cuenta
y tanto caes de ser agua

que tu rapto hipnótico
surcando con tajante alegría
te escinde de tu escondrijo
corazón que no se entiende

cazador relámpago quieto
cuando apareces ya partiste
agua en la que nada refleja
eterna intermitencia
y cada uno se pierde
en la duración completa
y cada uno es dos voces
y por ignoto innumerable
y órgano de esto y de aquello
y estos tiempos concéntricos
cayendo de sí mismos se vacían
y porque sin estela eres
y porque tanto te he buscado
y porque nunca estuve solo
junto al móvil de tu sombra
y al momento te despego
letra de cada rasgo volátil
y letal evasiva que destella
y promesa libre de juicio
y reminiscencia rápida del agua
imanta tu órbita excéntrica
que es una madre inmaculada
y en tu compañía lacerante
el calendario arde
lo que nunca vendrá
una rana salta en mi corazón
y el corazón con acento ajeno
está rumiando si prestaras
atención al felino espacio
en ti anda y no lo cansa jornada
y si regresaras a casa sin espalda
y si el instante se quedara solo

y no pudieras volverte para ver
si no me enhebraras diente en tu collar

relámpago contra serpiente de madera
que madura en el alma de la espera
esfera en la que sigo sin verme
asirme a un ser para no deslindar
y me deslizo en lo que no te digo
lluvia temprana trazando tenues
diagonales
todavía oculto nadie suena
nadie nota el claro continuo
corazón adonde un jíbaro ensarta
hacia distancias de perfumes
memoria intacta de la muerte
y de un rumor surge el afluente
y deslumbra el pez unívoco
y la enredadera del origen
pasa silbando a la vera
y el callado pulso
al rozarte el aura trasluce
el esfuerzo abstracto del nadador

( )

qué quedaría entonces de tu huella
qué restarías al espacio
desalojo del agua dándote materia
madre erosión que te da el ojo
quién moriría por ser uno
si fueras cero
devolvieras al aire lo que nunca perdió

qué habría en tu lugar
qué cabría en lugar de lo que hay
sino el pez del ojo en la sinuosa
red de lo que no tiene destino
si me atraparas con tu línea
si fueras una laguna
y en un beso irradiante evaporaras
la periferia de cada instante
callado surco de brillantez
la herida en el agua se te parece
mezclada conmigo tú misma yo soy
o no ves acaso el ojo de lo que habla
anciana inocencia que desmadra
apagándose a lo lejos y surgiendo
hablarle a tu velar opalescente
y el cuerpo del planeta escucha
sin derramarse fuera de sí mismo
sin adentro cayendo en la cuenta
y el ornamento crudo de llamarte
como tu yo que no es tuyo
quién moriría por ser el agua
al que nada pregunta
con agudeza de colibrí
cuando lo ves estás ciego
nervadura en la suspensión
si tuvieras forma
si hablaras seguirías callada
pájaro quieto en el follaje amenazado
mueve esos círculos con la voz
raíces como voces manando de disfraces
plumajes de espejismos que fermentan
una palma se abre
nunca nací pero he vuelto
el tiempo asido a su espuma

mudanza la fijeza del influjo
pájaro llamado brillo
calavera de la primera verdad

el esplendor nunca cautivo
brota en tu frente
el cuerno invisible de la abundancia
y el ramificado de lo que no es
y es el mismo ninguno
lugar de lo que huérfano suena
pacta con el tiempo inmortal
y el espacio que no empieza
hecho de pura adherencia
y de piras y de ecos espirados
tras el traspaso
araño mi cueva de alegría
ante el miraje que enmudece
su primer pensamiento
su primera mañana

( )

el borde que se contiene
el redor que se sostiene
el temor que se prende
el error que se encierra
tierra de nadie que se mira
la misma mirada sierva
ciervo en el aire cascado
ira que te repara y te para
detenido en tu idea de ti

y separado ateniéndote
al ruido de tu red
ido siempre eres el tema
de quien teme lo que encuentra
y por buscarlo lo disuelve
y caen gotas en tu hueco

esqueleto de sombra
que te apura
y para siempre rotundo
y para nunca profundo
y detenido en la pura
espuma de un espejo
estás en lo que eres
y en todos los seres
contigo misma te disfrazas
al borde del lienzo precipicio
que mientras tanto te lleva
hasta no ser sino el viajero
que muy tarde te encuentra
y siendo nadie es destino
estación de los ensambles
de cardíacos cielos
erizo que me hechiza
respira la flor del pecho
napa de la noche anterior
noche abierta del cuerpo
cuando una brisa te baila
llama en el ensarte
esqueleto de nube y brazos
y piernas de torrente
lejanía que se disuelve
y te regresa a ti que no eres
y te cerca tu contigüa otra
y eres el padre pulso

y el cráter de cada poro
el sendero que se lleva
la orilla que se rumia
y el intestino devorarte
detenido en la idea de ti
cuando tiro esta piedra
como quien suelta su cara
o la luna de su secreto
aerolito

del sueño de nombrarte
que sin fondo dejaste reflejarse

( )

si te siento reír
si me estás respirando
si tu olvido me traza
y tu espejismo me refleja
tu pensamiento me disfraza
tu carne me escarnece
y las voces de un segundo

si te persigo la sombra
y te muestro los dientes
y te enseño las palmas
y no encuentras nada
y con la boca me apego
hasta tu duda satinada
y a nadie toco

y salieron los huecos
y el sonido es un ojo
y la lluvia unos juncos
el desatino es de hueso
el destino de pasto
la fijeza una nube

si tuviste una cara
si quemaste la hora
si te fuiste o caías
por la escalinata
hacia los médanos de oro

en el imán del espacio
en los continuos reflejos

estás suelta y desnuda
y en el origen disuelta
la pregunta tonta de la suerte
y el temor se presiente
como la muerte anónimo
entre las hojas mojadas
encrucijada del flujo

insecto el oído
antigua respuesta
pregunta insomne
sucia como está de ser
insaciable como la armonía
y cada cosa en el caos
que nunca nace

y las raíces fugitivas
tiran hacia el centro
del planeta
y frondes desde arriba
como pelos de punta
o la punta del pene
saliendo de la vida

y en esa dádiva impávida
vía láctea de una gota
saltando la colina
más allá de ser otra
siendo el otro te soplo
en tu oreja de selva

te abrazan los ángeles
y deidades de polvo
y los soles de polvo
y planetas de un solo ojo

y banquetes de yoes
cuando a tientas te hablo
en la hora fantasma

y en el combado cielo
de esta hoja
la quemadura de sentirte
inclinada sobre un remolino
tocarte sin alcanzarte
y volverte a esperar
tras un fuego de vidrio

y darse a leones ya sin órbita
en atestado circo agitando
lo que calcina vulnera
y ramifica
hace girar y lacera
con su salpicadura

resinosa disolvencia
rumbo al ojo
cada hueso en su luz negra
eclipse en la mudanza
de una nube que no pasa
y danza muda espiral
una tarde sin tribu

cada isla bajo la piel
a años luz se desliza
y el deseo en su anguila
en su estela huidiza
y en el dardo de verte
un alto tumulto te refleja

cada toque santo desconocer
cada enigma a su anzuelo
adonde vibran tatuajes
de agitado enjambre

sobre un desierto
recién nacido

y tus otros cuerpos
flamencos y garzas
dureza del espejo
infranqueable franqueza
cuando me tomas la mano
siempre por sorpresa
relámpago del doble tigre

y te rechazo y te acecho
y tengo miedo de tu forma
que conozco en lo que ignoro
mientras cambia
y resplandece la orilla
que desaparece

adonde el ruido se apaga
y lo escuchado en el tiempo
brasa
en la penumbra despierta
te presiento sedienta
como un vaso que aturde
abierta aunque estés cerrada

pero no te bebo
pero no tengo lengua
sino un manto furtivo
hecho de túneles y nervios
y el agujero de la boca
y los ojos ajenos

y te alarga el vacío
de una sola pieza
y mi cráneo sonríe
y empieza a brillar
y la rima te aburre

y borra el camino
y la risa te dispersa

y estoy jugando
como el mismo fuego
de un pensamiento
palmera que baila
el espacio de fuga
como estás jugando
siempre conmigo

el corazón es otro
es alguien que bosteza
clavado a un aplauso
y vacilo y soy sabio
perdido en cada sitio
de tu cuerpo de hambre

estrella difunta que brilla
en el espacio atigrado
en la trastienda del día
en la gruta del cuerpo
y al mismo tiempo
que no tiene perfume
ni secuencia

o te hace lo continuo
ni te irradia
si te devuelvo al pasado
si te disparo al futuro
y el futuro es un bulbo
y el pasado un pálpito
al que me obligo

te oblitero y dibujo
con la misma mano ciega
con que hacía de niño
saltar la calma del fuego

y te consumo por dentro
en un momento sin forma

y el alma es un lago
adonde salta la muerte
como una anguila
y el puente es el agua
y unas alas diademas
en la inmediata altura
de pronto me sueltan

y hundo la lengua
y te pruebo encendida
espira
en tu forma sin fondo
en tu fondo de espejo
y caigo hacia arriba

a mitad de la urdimbre
despegando los labios
mastico esta hoja
adonde seguiré girando
y no tendrás destino
y no estaremos muertos
y no habremos nacido

( )

viajo mi cuerpo pero no lo alcanzo
porque me hundo siembro la barca
porque soy líquido y me vuelco
porque soy otro globo en el cielo
desalojo
puente de cruzadas corrientes

estás tan lejos que no reparo
en volverme ciego y renacer
no obstante uno
el primero y el último día
fuente de una tenue ferocidad
y cromática alegría que se vaciaba
a medida que colmando
se convertía en piedra
instantánea en la boca
justo antes de borrarse
las sombras de bandadas
escritas sobre la piel
en su deshora
los mundos desaparecidos

y sin haber nacido
de la impaciencia más pura
el harén de semejanzas
del que te robo
y te desato los siete velos
y al hacerlo me arranco
y la mano se hunde
en el agua pensativa
sin desenlace
tú la obscura
yo el agujero
tú la fortuna
yo el gorjeo
tú la luna
yo el espejo

( )

el conjuro es piel
la conjetura pelo
que mansamente cae
sobre la alfombra
fuente que fulmina
y otro rayo
más tímido atraviesa
el vaso turquesa
donde posaste los labios
dejando una marca
y alargas un brazo
y asestas un eco

y a tu costado me coses
y tu cedazo me filtra
y me allana tu lengua
que hace brotar
y lame su lejanía
y ata en su semejanza
y deja en blanco
y en tu aura desvarío
peregrino de tu forma
ausente esta hora
detenida en esta hoja
que te desliza
y se va quemando
el consejo del viento
sopla el camino
cada palabra a su término
cada nombre a su laguna
tu boca flor escucha
herida de pigmento
de agudo impregnar
caravana al apagarse
tras la línea del miraje
semejanza que cruje
fuera de toda simetría
y de la gracia preñada

y de la muerte dispersa
y del estrábico foco
que da el reverso
que me refracta
como si me afinaras
cuando te toco campana
del templo escondido
cada mañana al esperarte
de repente ciego

te contemplo
médano
avidez de irme viviendo

( )

moviendo la umbría fijeza
afilando el inverso envés
cocinando el tiempo seguro
royendo el hueso de reliquia
y la comunión volátil
tachando tu mirada
corro a abrazarte pero encuentro
a San Sebastián ardiendo
el tacto erizado apenas alcanza
yo el dardo que me clavas
tú corazonada del arquero
tú pared de Boddhidharma
yo vela y soplido de festejo

( )

tu lengua es la mía y es la que no siento
y la letra te absorbe y alterada alterna
te impide a menos que te deshagas
de ti con la fosforescencia de tu hueco

con la primicia antigua de tu ausencia
a menos que a mi alguien despistes
si te persigue al captarte oculta
en la neblina india de las semejanzas
y aspiro el celeste calmo como cactus
y el índigo furtivo y permanente
y vuelan tus labios encendidos
criatura nunca difunta
estrella innacida de tu infancia
vuela el delta cargado de miradas
y el muelle con sus tablones arqueados
donde reclino todavía la espalda
bajo la súbita noche ingrávida y despierto
entre la vía láctea una vez más fuelle
urdiendo fuga con profano fondo
moviendo objetos contadores de tiempo
susurro números tras esta costura
si te sutura es porque te olvida
si te pierde es porque te retiene
y si no desplazas mi pensamiento
si no despedazas la sustracción
una grafía de pisadas tiende a tu esfera
y ermitaño el presentimiento te hierve
como un gramo de oro de apariencia
inmóvil tras el ojo
trueno escarlata de tu ausencia
fraseo
gama de gemas de nombres
a la vera del torrente que los seca

( )

toneladas de ruido blanco y una ropa
amarga en la soga que el sol va disolviendo
como esta piedra que llevo bajo la lengua
para cuando estoy al revés la cápsula activa
su órbita con el colmillo antepasado
minotauro mutuo laberinto minuto
y la carne se prueba y vuelvo a ser
adolescente y me recorre tu sustancia
y libera tu iris unas ágiles iguanas
cualidad de seda trae el instinto
aunque pantalla mortaja del espejo
me demoro cuando nazco de tu costado
aunque me dejes a solas horas enteras
y ya partidas habito el pantano filtrado
por las hojas cuando tu amorfa aparece
y amortigua el zarpazo de las metas
e indómita ligereza exhala

no estoy hablando en el fondo
de esta constelación que se apaga
de este acuario curvado de dioses
hoguera insatisfecha que reclama
la vuelta entera de la rueda
hacia el desimán de la luz primera
adonde viste nacer tu ausencia
más allá de las letras en el halo
que las dispersa reunidas
y las reanuda como al morir
la mariposa capullo de otra cosa
me desalojas cuando cruzas
el campo de aire de mi sueño
en el que te grabo con rabia lenta
y eres omnívora fiebre

te multiplico porque te acecho
luna del gemido inmóvil
sacro tajo de la ofrenda no estoy
en absoluto hablando

sino de ropa que se abulta
sobre la tabla celeste

( )

el alma sale por la boca
la muerte amanece más lenta
el oído sacude los plumajes
el tiempo acude en punta
el devoto quema las naves
el origen se adelanta al destino
el oráculo borra las preguntas
y este juego no para de partir
y esta mano no deja de manar
un río ambarino cruza el tiempo
hecho de arena como el espejo
y no cesa de parir lo repartido
la risa del abismo no se atrapa
el prisma de tu cuerpo suena río
la duración está viajando de tu lado
y el rocío cambia máscaras contigo
y estoy dormido y me veo despierto

( )

para verte deberías borrarme
para siempre
llevarme hacia la otra
y ser el pabellón incesante
de la transformación

y convidar con el contento
misterio que no se sustenta
sustancia que no se asusta
como el fantasma de su miedo
porque te eludo eres posible
teléfono negro en una pieza
cuchara en el piso veteado
papel escrito en la lluvia
país de una hoja que se vuelve
oro con la tarde
mariposa este otro otoño
emigran los puentes
encierro de cada salida
aprendo todo el tiempo
pero no aprendo a perderlo
aprendo a creer que pienso
pared
pared
déjate acariciar por este acento vacío
y alárgate conmigo
y penétrate en mí

( )

y si me oigo en tu latido
y si me pierdo en tu intestino
y si pasas por mi garganta
y nocturna planta traspasas
estratagemas y desiertos
y te separo los pétalos
con enconado ruego
y me bifurcas y otorgas
lo que no sabía que buscaba
y te encuentro en lo que busco

y ligas dando deslinde
y el silencio es un hongo
imán de un grillo facetado
espero a que pase el temporal
y entro fuera de la voz
que año luz atraviesa este papel
y exhala tu cara más húmeda

( )

que el ojo pase y sea la mano conductora
adonde haya que ir
y la espera de nada atraviese el escudo
y maestro nudo y herrumbre madre
arrastren lo que se desencadena
y la vertiente que funde
y el barquero de su duda
y el cuerpo prismático de dicha
que se evade porque multiplica
al mismo tiempo que lo desdice

al mismo tiempo que lo decide
y no se repite si se respira
y es esa estrella resina
que no se asimila sino silencia
y no retrotrae al camino
kakemono de espejismos
que inaudito nadie desenrolla
pequeñas espinas en absorción
ese horizonte manatí de risa evasiva
fuma este papel
al amanecer desnudo de mundo
déjate esperar como la primavera

pero respira en el sonido espiral
el fragor apacible del otoño

( )

yo era un niño y no quería morir
mezclado a las estatuas veloces
de sus pasiones sin desenlace
repitiendo mi nombre
traspirando una constelación
de heladas advertencias
y la lentitud penetrante del eco
que fosforece desde unas larvas
esquirlas del atardecer en un junco
que se inclina como una doncella
a la que entonces persigo
pero su voz es la de alguien
que se reparte y entrega

y configura una leve miniatura
con un derrame sobre la hierba
y los ojos siempre llegando
al centro incoloro de su espera
para que toque unos emblemas
que se disuelven en el acto
y son la estela del peregrino
y la caravana de vanidades
y la cara de un padre fugitivo
a través de las edades
que sostuviste sembrando
el arco encendido de tu oleaje
de cercanía quemante y posesiva
que no me deja soñar sino contigo
al tiempo que no alcanzo a verte

y los dioses saltan de alegría
cada vez que te rascas el codo
y tu axila sexuada me confunde
y todo lo que un día se conoce
con antiqua presión amorosa
jugando a la mancha contigo
tras el sendero de cañas atigrando
el agua del misterio de tu sombra
y la espinosa calma de improviso
cuando eviscerado quedo al palpar
cómo tu rayo atraviesa mi muerte
y eres nube diminuta que flota
unos fémures de lemur tachados
en la bandera de tus apariencias
y me hundo en el limo de la luz
y tu bosque de voces me vigila
y la rosa del hambre y de la sed
que no discierne otro horizonte
y apagas la última puerta

y al precipicio del cuerpo abres
galaxia de un presentimiento
fuga de antílope a salvo del diluvio
ahora sé que eras ese golpe de ramas
más allá del ruido que trashuma
y del pánico silencio que ensordece
y de las células adonde los dioses
bailando el concéntrico futuro
en el polvo impávido escriben
el ramaje innacido de tus vidas
adonde parpadeas das el blanco
y en la mansión que se desdobla
converso cara a cara con los dioses
desembocando de a cientos
a tu través a ras del cielo
y siempre eludir lo que te plasma
y tus fulguraciones de frontera
adioses de trasluz concupiscente

y de equívoca puerta de respuesta
y de cerradura de duración
penetras como entonces aguzada
y sacudes la arboleda muda
tu presente de ausente me preña
y desciendo sólo de mi infancia
vuelta sudario de distancias
y doy vueltas al respaldo
y la misma escalera de madera
tras la que escondiéndome sigo
para esperarte y dejar de pasar
y soy otro que responde a mi nombre
y no tienes nombre pero te llamas
y aguardas en mi corazón votivo
desmemoria que me espera y parca
paciencia de irse hacia el blanco

lago del eco del agujero de la vida
que crece a tiempo en la arpillera
de lo que ahora y siempre desaparece
y te esparce sin embargo
y hace las veces del espacio
y el azogue inaudito te escinde
y el conteo del tiempo te disgrega
y la certeza de tu forma que muta
multiplica y desnuda la oculta
mirada del recién llegado
temblando anillado de deseo
y te arqueas como una bandada
en el esmalte saltado del reverso

( )

y fuera de mí te llamo
y me das la pared afluente del tiempo
y los dedos realizan la distancia
de a poco en lo que voy tocando
y es atributo del tiempo soltar
si eres el espacio que me separa
cuando no quiero esperarte
cuando me comen tus ojos
desgajo el lirio de furia que apacigua
y no estoy aquí en lo que lees
sino en lo que quiero decirte
y aunque veas a través de mi piel
lámina que tu ojo ilumina
y navegando seas el puente

y de la muerte reviertas
lo cerrado de tanta abertura
tanto huerto abandonado
por el soñado soñador despierto
a cuyo través salto a lo alto
y la premura se quiebra
temprana lumbre empinada
zafa la guirnalda del tiempo
la flecha del origen se desclava
bajo este rumor de parlante
oscila tu danza y se llama
y soy la obscura
y busco curación de lo que sufre

EL SEMEJANTE

> yo más alta vida espero
> donde el fin esté abierto
> y la entrada en la salida
>
> Roberto Matta

el fantasma de la liebre
el recíproco cuerpo
el abanico de los faros
la quietud corrediza
la opaca resistencia
la cambiante lumbre
la velocidad que se rasga
el celaje en la resina
el reojo del chimango
la espesura sedante
el trance del ciervo
el recoveco de la iguana
el parpadeo vaginado
el barro que redime
el oscilado aturdimiento
la ristra de sospechas
el vestido en el espejo
el grillo insomne
el perplejo vigía
el minuto que no cuenta
la fijeza del torrente
la palmera en el rocío
el lecho disuelto
el callado fondo
el lacre del trueno
la cautela del cangrejo
el giro reversible
la glándula muda
la llovizna en el muelle
la altura que altera
la premura errante
la pereza del microbio

la corriente en la grama
el colibrí en el bebedero
la larva en el junco
el sendero suspendido
el oro que se despega
el polvo facetado
la bífida sensación
la engendrada mudanza
el arrebato del trébol
el impasible contento
la hojita en el pelo
el guadal de lo que dura
el piadoso laberinto
el reverbero de pinches
la ventisca que arraiga
el cumplido fruto
la cápsula incierta
la humedad carbónica
el rasgo en el gesto
el pez en el pescado
la mella en la medalla
el detenimiento en su grieta
el borroso emisario
la cifra que sueña
el precio del desprecio
la bifurcación del camino
la transparencia que oye
la rutina que fermenta
la liana que se hunde
la melena en la matra
el tatuaje del buey
el discípulo cuerpo de sí mismo
el aguijón entrando a su mantra
el anzuelo del presente
el hueco de lo sacado
la celeste opalescencia
el átomo en blanco
el ícono eyectado

el tremor levadizo
la túnica que se desata
la descarada canción
la pupila del cuervo
la apetencia del peñasco
el segundo después
el limo de lentitud
la mirada efímera
la coartada del ánimo
la boca que frustra a la pregunta
la entraña con su pequeñuela
la excursión del apego
la verdura cruda
el rumor sumergido
el flamígero ángel
el pétalo atigrado
la gruta donde medita el ratón
la herida burbuja
la cuenta redonda
la cicatriz Braille
el trasfondo de algas
el desbande convexo
la contraluz de las acacias
el juego sin estrategia
el aire que habla
la cría del viento
la pájara que dice brío
el estanque estrellado
la intermitencia puente
el matorral de azules
el degradé sinuoso que aleja
el haz de los enlaces
la cautiva estratagema
el turquesa que calcina
el motor que vacila
el golpe absorbido de golpe
la cúspide empinada
el salmo cóncavo de los patos

la inmediata altura
la fuente del oleaje
el rostro simultáneo
la chispa del futuro
el rojo en el índigo
la sombra de su reflejo
la voz de la cascada
el monte de goce
el mar de la tranquilidad
el tronco que emerge
la pluma tornasol
el cielo del oído
la guarda magnética
la última puerta
el cencerro en la cumbre
el secreto mirador
el enconado litigio
el claro cauterio
la bendición del borde
el detalle perdido
la rama que se va
el doble de su sombra
la célula de abismo
la pasión diminuta
la voz al otro lado
la suma ignorancia
el imperio colgante
el peregrino celo
el volcán que duerme
el hueso despierto
la pulida jaula
el brillo que vela
el planeta en el pómulo
el desalojo abolido
el espolvoreo constelado
la fluorada mímesis
el amniótico azul
el ocelo en el ojo

el coleóptero laja
el templo de arena
el errátil destiempo
la corazonada manantial
el nómade cero
el pastor de la tormenta
la impronta que deriva
la suavidad del cese
la pregunta equivocada
el centinela de fósforo
el origen que devora
la delicada impaciencia
la trampa del candado
el lago que flota
el fosfeno atravesante
la gracia que se tiene
el sedentario prófugo
el cieno del trasfondo
la inviolable lejanía
la superficie empañada
la veta en la brasa
la docilidad del ruido
el libro de voces
la edad impalpable
el salobre contacto
la espina pulsátil
la muesca del limo
la mariposa de ira
el enamorado abejorro
la rosa en la malla
la florida aridez
la certeza del vapor
el gorjeo en el vano
el cerro disuelto
la planicie que roza
el atajo escarpado
la coartada del envés
el socaire del rastro

la manga doblada
el encastre volador
el perro encendido
la telaraña de rombos
la mano que intuye
la milenaria brisa
la penumbra del cuerpo
el amor mordido
la presión velocísima
la avispa en el flujo
el rosáceo rumor
el retoño en la helada
el andamio espiral
el eclipse de los dioses
la mirada que incardina
el aprendiz del papel
la reverencia de espuma
la tachadura del hecho
el ladrillo en el fuego
la osadía sólida
la sirena nocturna
el hambre que observa
la arteria que alumbra
el pliegue en la pera
la felina traslación
el desmadre volátil
el traspaso del color
el feto escuchando
la primavera morada
el cambio de nombre
el bálsamo del Samsara
la revuelta agonía
la fuente que canta
el amor sin fondo
el santuario temperado
la polilla en el limbo letal
la urdimbre abollada
la trampa que se traiciona

la óptica estrellada
la casbah conciencia
la suerte del trompo
el ensarte del trazo
el salto de la pulga
la primera vista
el viento en la ropa
la tristeza que aburre
el remedio que oculta
la ventana que cruje
la risa mojada
el malestar de la esfinge
la división en la gota
la mendiga piedad
la vía paralela
la baratija mágica
el plan que desbarata
la tierra en el cuenco
el ancla del eco
el encuentro que pierde
la picada cerámica
la tentación de quedarse
el bosque vespertino
el destino cóncavo
la súbita lente
la suspicacia ambarina
el reloj que atrasa
el presagio en el dátil
la letra comida
la borra que calla
la sevillana de lo visto
el apego evadido
el prohibido equilibrio
el rumor tibetano del tilo
el cumplido despropósito
la idea en la moldura
el anónimo temblor
el mareo inmemorial

el orgullo en brazos
la fatiga dejada
la mirada que huele
el sabor de otra boca
la fijeza del búho
el olvido que aturde
el auto que la tarde traga
el afelpado estallido de la vaina
la prenda furtiva
el dador inflexible
la lagartija en la pared
la nómina que bulle
la máscara a oscuras
el alma que vuelve al cuerpo
el corazón en la boca
la diagonal del silencio
la concéntrica brisa
el pie que se persigue
el espejo abolido
la lengua en la pulpa
la falta de ausencia
la galaxia del ocre
la fiebre sin freno
la pista de partículas
el oleoso bullicio
el memento deslinde
el esplendor que no abdica
el paseo del vencejo
el lado que atraviesa
el ojo que se besa
la radio que enloquece
la muerte que enmudece
el erizado atrevimiento
la corteza medieval
la herrumbre maestra
el disperso verde
la gata recién parida
el hombro abandonado

el espacio a la redonda
la regadera de Klee
el toque de cuarzo
el azar sumergido
el vegetal reverbero
el chorro de plumas
el misterio del vaso
la escarcha de fotones
el collar en llamas
la erosión que frasea
la cara del mandril
el estribillo en el magma
la enredadera en Hungría
la riña del consuelo
el gallo de la tarde
la turbulencia satinada
el saddhu que saluda
el altar de troncos
el metal que vira
la grasa en la pira
la colina nimbada
la espalda en la arena
el pudor de la estrella
la arcilla temprana
el violín del santo
la trastienda del sigilo
la bandada telepática
el hueso que conoce
el terciopelo que ofusca
el bicho en su pértiga
el ruido a la vista
la compañía de la araña
la espira que teme
la estera en el tiempo
la traslúcida rueda
el almanaque en el clavo
la vela de grasa
el óvalo del volumen

el río sin oponente
el hervidero de la anguila
el abrojo que viaja
el perfume que difiere
la disyunción del segundo
la lengüita rasposa
la ebriedad del gusano
el barniz que se mezcla
la eternidad del trecho
la muchedumbre contigüa
la evidencia que asalta
el relieve del vuelo
la dualidad del lunar
el desenlace en el tejido
la diablada contenta
el recorrido del cable
el hígado para el gato
la dinastía de piojos
la foto del problema
el favorable adversario
la obsidiana del iris
el parabrisas inmóvil
la aldea de guijarros
la madeja de penachos
la mamá del mártir
la próxima pieza
el buitre impecable
la raja en el jade
la membrana del puente
el firmamento corola
el veloz estandarte
la pintura saltada
la frase en su biombo
la vena del tallo
la solitaria bujía
el amo en el ladrido
la flor en la pendiente
la aspereza del esmalte

el engaste del jadeo
el pensamiento en su napa
la cebolla en el plato
la lente que borra
la camisa prestada
la orilla del mundo
el helecho que ondula
el pantanal en el pulso
el influyente tapiz
la isla del tajo
la doble suerte
la tímida cobra
el granizo en la cúpula
el teatro frotado
la muela del juicio
la garza en el charco
la estela del protón
la zambullida de la culebra
la espirada piscina
el sopor especiado
el arco del muro
el adolescente antiguo
el contenido fluorado
la zarpa en el tórax
la dicha que insacia
la voz que desaparece
el dolor delicioso
la extranjera presencia
la raptada cabeza
la elocuencia del agua
la emoción de la piedra
la quietud de la santa
la vanidad del Nirvana
la inocencia del zorro
la sombra lila de la gata
la placidez del mecano
la rosa flechada
la fecha volada

la danza despistada
la brisa del suelo
el olvido del camino
la ligera disposición
la reminiscencia en la perla
la perla en el desierto
el desierto en la trama
la trama en la mano
la mano en el agua
el sonido del agua en el álamo
el álamo a la vera
la tormenta serena
el vecino del nido
la sonrisa del ojo
la semilla de risa
el pigmento de cielo
la madera de la imagen
la fuerza de la víctima
el suspiro del verdugo
la suerte echada de su casa
la promesa del cero
la alegre ceguera
la viajera soledad
el imperceptible llamado
el genital alumbramiento
la perdida memoria
la conciencia limada
el cambio de pulso
el jardín en el reflejo
la forma de las cosas
la sonaja repentina
el reposo de la esfera
el temblor del pino
la pasión del hongo
la intimidad del papel
el alfabeto de la mojca
el ingrávido miedo

¿CÓMO LLAMAR A UN TIGRE?

> Tigre, tigre que relumbras
> en lo oscuro de la noche
> ¿qué mano inmortal, qué ojo
> forjó tu aterradora simetría?
>
> William Blake vía Salvador Elizondo

El Tigre atrae la suerte de mi ensueño. Fuente la más última, surte un efecto de quimera infantil por su quemante desmemoria. Pero nítidamente lo recuerdo, o tal vez todavía lo presencio: sus ocelos son islas de infinito lodo que se deshace ante el propio perplejo al tiempo que oscila, lleno de árboles.

Es femenino pero no es ella, es masculino pero no es él. Nada de esfinge. Es una gota por la que cruza el arcoiris, el Tigre. ¿Hasta cuándo no sucumbir de una vez y para siempre ante el destello sin porvenir de su zarpazo? Entraña el fuego, pero al correr tras su presa levita sobre las aguas, disuelve la gravedad, come también de su movimiento.

Tiene riberas en las que se acuestan raíces de grey inestable, cadenciosos enlaces y desenlaces estelares.

En la piel del Tigre acontece lo mismo que en su entraña.

Uno será pulga eterna para su lomo de luz de Bengala. Absoluta benevolencia la del Ecuánime: agudo y grave, podría arrancarme de un soplo sin chistar siquiera de mí mismo. Tanto como del charco irisado un zancudo hembra despega su desliz.

En las tripas del Tigre mora mi tribu.

El hálito del Tigre abarca muchas aldeas, a veces caseríos, maquetas fantasmas, letreros que portan ideogramas de corrientes de aire, casas flotantes, buques areneros que se detienen en la noche cultivando una pequeña huerta de luces. Pero en las flechas de agua pasa ardiendo la calma del Tigre.

No se cuenta entre los números ni se discierne al contrastarse las letras. No conoce la risa ni frecuenta forma alguna de cansancio. Detrás de la máscara hiriente, la máscara de fuerza, el Tigre sabe bien que no ha nacido.

Su aura dispersa esquirlas de lo inmóvil.

¿Nacerá alguna vez el Tigre?
Remolinos del Ocelado
muerden como ojos.

Si se sacude, puede sentírselo recorrido por súbitos estremecimientos venados.

Encendido como un radar de ameba enmascara al dios en sus párpados múltiples.

Nunca coincide con su jaula.

No lo conozco despierto o dormido, vigilante y de pie o entregado a esa laguna en la que sueña conmigo.

Nadie me conoce y yo no conozco a nadie. Trepo por el lomo del Tigre, aunque nunca sé cuándo. No sé por qué, pero cada vez que lo miro ya me he vuelto implicíto suyo.

El Tigre me ha devorado –no una: mil veces. Ondula pero no cuando el ojo se lo exige; jamás satisface una curiosidad. Jamás espejea y sin embargo me ha cautivado desde que, al darme la noticia de mi muerte, me eligió como su excéntrica mascota.

A veces me saca a pasear por las avenidas de agua, o me vende al mejor postor de entre todas las apuestas del hervidero. Me sumerge en el barro y me empapa de polen, me incuba y me desteta a la vez; yo soy su recién nacido.

¿Adónde estará ahora la muerte –ahora que la muerte ha sabido del Tigre? Quisiera, como el Tigre, aprender a flotar en la revuelta sin rostro de su ceguera piadosa.

Al quedarse sin sombra, el Tigre se parió a sí mismo. De su hálito manaron las cacerías –o la búsqueda de la perpetuidad en la saciedad– y las pinturas –o la práctica del hambre de la mano.

Al desmoronar toda sombra, toqué la soledad incólume del Tigre.

Es tan claro el Tigre que su seno alberga al noctívago destino. Sus largos filamentos alumbran la presencia consumada en recorrerlos, como a pasadizos finísimos hacia el fermento que renace. Y tan oscuro, sin embargo.

Al interior del Tigre, afloran con docilidad tanto la gran laguna que precede al nacimiento cuanto la transmáscara, reflejojaguar de lo intacto que ahora viene.

Le doy la forma pero no la pierdo. Sólo el Tigre brilla de verdad; sólo él disipa el sobresalto de la felicidad o el candado de la pena.

Se hace intratable al retratarlo. Me lo advierte, y suelto la esfera de cristal que cae hacia arriba. Esto lo sé porque al mostrarme el filo directo de su fuerza, también ha suspirado.

Caigo todavía en el esófago del Tigre. Hablo todavía desde la cámara oculta de su corazón. Sueño que me envuelve con sus cambiantes brazos, brazos de un Shiva pulpo multiplicador.

Cuando dejo de hablar en sueños, estoy en el Tigre.
Cuando dejo de soñar, estoy en el Tigre.
Cuando hablo con los muertos estoy en el Tigre.
Cuando tengo que correr (y en mi mayor velocidad se explicita mi exacta pesantez) para no quedar capturado. Cuando los árboles de la luna navegan mi pecho. Cuando me olvido, cuando me he sentado a masticar un ícono.
Cuando, rendido, no me disuelvo, soy el Tigre.
Cuando mascullo y agito la bruma, soy el Tigre.
Pero no es verdad: nunca estoy en el Tigre ni puedo ser el Tigre.
No tengo manera de estar en el Tigre que soy.
No tengo Tigre en la mano.
No cuajo Tigre en la pregunta.
No cuento Tigres para dormir o para despertar.

Si construyo un ornamento, se descascara con una sola de sus voces.

Me ato al mástil pero el Tigre no aparece.

El Tigre no tiene aspecto de Tigre, ni un aspecto en absoluto. El Tigre se parece a lo que no encuentra adónde reflejarse.

Si me dibujo en el ensueño es porque el Tigre se tiende orilla sobre mí.

Soy su colmillo y su presagio, me digo, de pronto a medias en la cama revuelta como un estanque que en su no estar alterado se presiente: soy su invitado y su festín.

El Tigre no se apiada, en fin, porque posea alguna clase de piedad, ni porque consienta al capricho de inmortalidad momentánea que nos asiste. No sabe de intenciones y por eso te vomita desde el nombre hasta más verte en tu propia pupila.

Cuando el Tigre me acompaña, sé bien que estoy solo.

Si no es alguien, el Tigre tampoco nadie. No responde a torpe inquisición o a sutil destreza. No se pone el ropaje lenguaje; no se mueve ni está quieto.

Yo tripa del Tigre, viaje agente de la víbora de río allende la luz oblicua.

Hay algo en el Tigre que hace pasar a través de los poros de uno mismo.

De la paciencia del Tigre,
la fulminante calma
del trueno.

Tanta hambre el Tigre tenía
que su sombra mordía.

La soga del hambre
el tigre mordió.
Salió hacia dentro,
preñó la sombra
y de mi tiempo
me sacó.
Fue por eso
sin embargo
que la espuma
de los ojos
de sus mapas
ondulantes
al poco tiempo
a luz me dio.

Hambre de soga,
mediando el Tigre,
no sé morder.

La música del Tigre, a pesar de lo dicho, es una impostura, una trampa para cazadores de Tigres. Quien dice amar a su Tigre quiere sujetarlo con la artimaña o artero arte de darle triple alimento: la evasión de la necesidad, el consuelo a la intemperie, la almohada que pesa más que cualquier piedra del fondo.

¿Pero quién podría jurar que ha llegado lejos en su intento de fijarlo mediante la rendición de un tributo? ¿Cómo escindir al Tigre? Y, además, ¿qué piel tocar que no derive hacia el Tigre?

Cuando está el Tigre, me acurruco en su manto.

Peregrinos lo tachan con guirnaldas, adoran su excremento, fotografían sus palabras –la santidad del Tigre no se confirma sino en su móvil evaporado.

No representa el Tigre al Tigre. No actúa el Tigre la acción del Tigre.

Y también peregrino, cazador de adioses igual que tú, sé todo esto acerca de la abundancia del Tigre porque hemos cruzado nuestros sueños y se han rozado mi temblor y su caricia.

Pero el Tigre carece de destino. Su rugido que toma la muerte no difiere en realidad del abstraído rumor de su metamorfosis.

Hablo del Tigre cuando podría sumergirme en él o en ello.

Digo cosas que al Tigre no le importan porque lo decible no le concierne. Porque no hay cómo hablar del Tigre sin traicionar su ofrenda.

Se da el Tigre cuando la música cesa.

Si en el corazón hay un intruso, es el Tigre que ha vuelto. ¿No seré el intruso de mi centro?, me digo. Entonces abro; dejo que el Tigre trague la vía láctea que conduce a mi sombra.

Cambia, el Tigre, de postura de semilla a lemniscata de eco que se contenta con circular.

Mi piel es el Tigre al que no doy alcance.

El Tigre por dentro está salido.

NOCHE DE AYER

la luna llena y la gota de brillo en un aura concéntrica expansión de alguien que no es un animal un ángel una persona pero abre un área circular en su torno y despide haces rosáceos hacia una aspiración en lo celeste

las estacas de la plantación todavía en los extremos confines siguiendo a la encrucijada como el espantapájaros el Crucificado que sacude una corona demasiado real para ser cierta cuando la mano al remover a las guías para que las casuarinas respirasen ya de su propia voluntad de seguir buscadas en la altura se dejaba guiar

se podía concertar a cada planta empinando a un par de metros la distancia posible de la conciencia en relación a un enfocarse

ángulo de los alambres con la sorpresa eléctrica del miedo sordo al espacio abierto que al cachorro de oscuridad indecible había hecho saltar hacia un pánico amortiguado mientras varios horizontes atardecían desescalonados despegando el apuro del trabajo en el tiempo con los guantes hundidos en las vetas de arcilla y del humus

adonde se unen el altivo potro y relámpagos como un tejido que se deshace ante los ojos alejando el tacto a su esfera de disolvencia infinita de fijeza relámpagos que elevaban el reojo y con la cruz de penumbra que todavía llevamos como al esqueleto

todavía atisbo en la penumbra el rostro cautivo del reflejo y me cuento entre los vivos que se preguntan por el tiempo real de aquella brisa traedora que es el tacto de los que salieron de la aparición todavía no entro desde la desaparición pero recuerdo claramente al caballo que tomaba del alma pequeña de mi palma el terrón de azúcar que sólo a veces me atrevía a ofrecerle

todavía en la dimensión de lo diminuto del campo que no se reduce a ser el fondo de las andanzas de la vacilación

anoche quería yo aprender a esperar lo que el caballo me dijera y sólo hasta entonces había hecho falta que yo lo supiera y me perdía en su mirada cuyos ojos no distinguía en la pradera despertada por la tormenta con su llovizna tan tenue que permitía caminar como a su abrigo de primera verdad sobre las linternas de los habitantes de los tréboles bermejos

( )

algunas estacas se soltaban de su enclave de utilidad perdida
otras en cambio no resignaban su suerte todavía eran árboles que volvían a la tierra
mientras algunas más simplemente se quebraban al revolver la seca prisión que las fijaba y era inútil todo intento de flexibilizar el trato con lo indecible de su resistencia

fue entonces que la dura estaca clavada en luz de luna de medianoche ya abandonada en hueco del origen de los ciclos se ofrecía a todos sus reflejos
o debería decir en todos sus reflejos
sólo ignoro que la verdad que conozco por dentro como si fuera un recorrido entrañable y purgativo me expulsa de toda posibilidad de traducirla o debería decir que lo ignoro porque lo estoy mantrando a su imantada reminiscencia que reside en el corazón que se divide y es un río cuya otra orilla es un río

fue entonces que hice de cuenta que me colgaba del palo del sacrificio del miedo a través de la inversión placentera de músculos y esqueleto adonde el horizonte es otra vez vertical y el palo da al espacio estelar abierto de par en par a la certitud de servidumbre diminuta aunque completa en su inmediatez

hasta que aquel Consejero Azulado decidió retornar desde el reloj de arena de la nuca que empezaba a ser pensada

volví la mirada hacia tu árbol del que también estabas pendiendo
eras la fruta imprecisa del espacio al que nunca entraste y del que nunca habías salido
destellando las nubes del pasto alrededor del reflejante sol de una gota absorta en el traspaso

( )

tal vez fue entonces cuando nos sentamos a intercambiar con los caballos que se habían reunido trazando ellos también relámpagos pero de mansedumbre deslizadores de enigmática escritura de sus alineaciones de cambiantes trazas sobre el terreno que desde la neblina lunar irradiaba ellos también

los caballos y los indios debían de haberse transmitido la ligereza del sigilo con recíproco sino
eso lo supe al instante que vislumbré (o creí vislumbrar y de ese modo vislumbré) que los indios se deslizaban en la noche como caballos

pastaban al aire de la anunciación que Fra Angelico o Leonardo pintaron bajo conciencia cristiana pero que los caballos comparten con los indios en la concertación de los fragmentos como dispersas totalidades en la primera luna llena de la primavera mientras se desata muy lejos una sarta de relámpagos

el relámpago se deja ver por el ojo que lo persigue o lo espera o lo proscribe al recorrido de la mirada que llega tarde siempre a su blanco que para entonces se ha ido

pero adónde se está yendo

cuando vamos de la mano hacia la desembocadura y la noche tan contenida de un desesperado conteo cede a la noche más alerta de los puentes de brillo

adónde estabas en aquel momento que se escindía del lugar
mediadora del recorrido que le toma al alma el olvidarse en la estela perdida

relámpago indio del cielo
luna fortaleza de herrumbre
nubes unas pastoras que conversan animadas por su impulso de desatarse de la sed de no soltarse de la forma o de no soltar la forma o tal vez de no soltarse a la forma

los seres del suelo ascendían enredaderas de brisa tras el envío de la disolvencia que canta el cuerpo de los cambios que está en el corazón

( )

fue entonces que uno por uno los caballos se acercaron a mirar a los nómadas a través del alambrado con cada uno sucediendo otro silencio movedizo

sus miradas no proyectaban ojos o sus ojos no consumaban miradas

un belfo primero se hundió en el redor ya sacado entre el montículo de estacas

cuando el tutor de la estaca deja de ser útil y permanece en el mismo sitio sujeta al árbol y notable se hace atisbar cómo una vez cortado el cordón de la forzada convivencia el árbol sacude una melena lunar o cuando menos esos callados pulsares que la convocan

ciertas estacas sin embargo no quieren ser arrancadas del suelo y acentúan su fijación en el sitio como si ya nunca tuviesen otra oportunidad de esperanza o corazonada a todo fin o principio trascendiendo

estacas que al ser removidas no asumen al remo en que el agua del entorno las convierte ni a las vidas que aún aguardan

( )

el búfalo de bruma en la negrura reclinado detrás de la frontera de intimidad lejana en una espesa disyunción que figuré dos rectángulos un poco abollados que flotaban a unos centímetros del suelo
el aura rosa oscilaba al violáceo de tu amado contorno

de tu risa callada emanó de tus pestañas y tus azules pasados y futuros mutaban a la altura de tu pelo que ondulaba contra el blanco de alguna emulsión en el cielo y la curva de una palidez tan intensa que permitía adivinar la otra cara del verde

tal vez entonces me atravesó sorprendido de refleja perplejidad como un beso desde Atrás el hecho de estar allí sabiéndolo

y que las almas son cometas que se encuentran cada millón de años y dejan de cruzarse y se abandonan a la desaparición de la memoria del espacio que espejea a la distancia
las almas están siendo enhebradas por esa premonición de lluvia tan tenue que moja el paso en su horizonte

pero no cesa de llamar al alma el alma

( )

amiga del trayecto no me sueltes todavía
hermana de la luna que da todos los rostros
no permitas la resignación
desde el origen vienes girando
desde la necesidad que late a la sed
no me devores aún el corazón
o al menos déjame la votiva
corazonada que flota
hoja en el arroyo helado que oigo pasar
hacia la fuente del olvido
no me sueltes pero no me consueles
yo no voy a comprender jamás
yo sólo quiero estar contigo
no pienso en saciarme o en la cobra
del enlace cuyo precio encadena

que tu alma me penetre el cuerpo
que la voz en carne viva de tu presencia
me evapore

GUIÓN

> La realidad es un relampagueo supremo,
> delante del cual hay que cerrar los ojos.
>
> Misterio de la Torá

> El relámpago que ilumina mira.
>
> Gaston Bachelard

1

si alegría tiene tu silencio
ninguna frontera te alcanza
si te tuvieras cuando estás
descalza cuando tu oculto
movimiento se hace espacio
y en su desvelo la vida te devuelve:
maduras al quemarte Marte arte
y este zigzag de puente trae suerte
si hasta en la muerte que abre
el párpado estás como si no
estuvieras

2

animales nocturnos te acompañan
cuando al cruzar la frontera
preguntas cómo del olvido reírse

3

tu fantasma de abanico te roza el sueño
para que salgas de la cuna de duración
para que comas el fruto que no existe

∞

El relámpago acarrea al horizonte, lo expande hacia la fugacidad que, si no lo taja, cuando menos lo extravía. Lo pierde en su deseo de permanencia: incluso el horizonte alcanza la disolvencia de una calma en la duración.

Las voces de lo huidizo, al atardecer, atraviesan la ventanilla –el vehículo. Pasamos a ciegas, sumidos en la monotonía del diálogo del encierro que construye sus paredes. Su inagotable cansancio que discurre.

Se abre, entonces, o cuaja, aquel calor de insondable letanía. –Risas las formas; mientras están, desaparecen...– Se derrama el vaso, se quiebra el continente. Se evapora el espacio; el espejismo del camino fue la ilusión indómita.

La obsesiva tos de los intentos –de las intenciones, mejor–, ¿impedirá la veta de diferencia en el aire? Cautivo de palabras, labro universos enteros de premoniciones.

Pero surge el arcoiris. Cuando lo divisamos, ya estaba ahí. Siempre había estado, en ese adónde que lo gemina al relámpago, ofreciendo la dispersión bífida de los matices. La transparencia, que cala con levedad definitoria, lo que no se podría confirmar.

Voces, los colores son reminiscencias. ¿Sonido de lo inaudito, anunciación de lo invisible? La transparencia, porque permite ver, no sabría admitir consistencia.

Se dispersó el vehículo: la luz no provenía. Estaba mi corazón aguzado por ese arcoiris que no presagia nada ni revela otra cosa que la imantación de las vetas entre sí. Allí la transparencia se muestra a los ojos y la ruta se deshace, tejido envolvente, rutina, rutilante.

La atracción del abismo es el llamado del ángel vegetal. Los tejidos vivos se reclaman.

Abajo, el lago trasluce su secreto.
En el peñasco nos quedamos dibujando alas a la lejanía.
Farallón de roca emplumada.
Flota el horizonte.

Seguir una senda adonde pasos, ni humanos ni animales, trazan su insistencia.
Reverencia junto al despeñadero.

Todo un rumor se propaga. La vertiente helada se disuelve en el lago. Bebemos. El agua se alcanza a sí misma, transmutación.

Estamos mudos para el cielo. Los insectos infinitos se nos cuelan en la carne. Tu risa y la mía fermentan el magma y las nubes se llevan cada pregunta. No habrá miradas al caer la tarde.

La noche desciende hasta el fondo del instante. Ahora, fuera de hora. Seguir cualquier sendero no asegura más que la sorpresa. De una u otra forma, anticipo de la muerte.

A la vuelta del claro, entre el follaje sonoro, chispas húmedas: la abertura espera. Su acción es una espera. Su amor es una hoguera. Su luz es una esfera sin forma o una canción inaudita. Tiene el sabor de lo que has perdido, de lo que volverás a perder. Se desprende de tus dedos, alínea tu sombra con su caída fugaz en el abismo. La calma llana del abismo, es la llamada que se esconde.

El abismo está quieto.

Traslucen los ancestros, comidos por la metamorfosis. En el polvo del sendero nos vamos quedando. Ecuánime el olvido cuando suelta del polvo y del sendero.

Al acercarnos a cierta zona del bosque, nos adentramos en el gran oído. Lo que oímos entonces no tiene razón de ser. Se zafa de la memoria, de la adherencia, de la heredad, de las potestades, del recuento. Hay que permanecer un instante en la inminencia para respirar la premonición del bosque. Las antiguas ramas se están secando por la base, pero en la altura el rocío es permanente. ¿Cómo impedir el silencio que nos recibe, la certeza oblicua de que el follaje es uno mismo? Todo lo que hasta ahora se oía, al ser escuchado calla.

Penetramos el viejo sendero de las vacas. Caminar hacia esa mansedumbre, sin que importe la cuchilla certera. Una chicharra que hace de campana, hace vibrar los cimientos del mundo. Pero de pronto se apaga –estamos pasando. Reino de las ferocidades hadas, de los simultáneos tiempos.

Si el sendero se saliese de sí, si se saliese de madre –cómo obviarlo torrente implícito–, ¿no destituiría tanto la aserción de un recorrido como el consuelo o complacencia de la meta? ¿No conduciría a lo incognoscible –desaprendizaje del sentimiento de traslado como si el espacio estuviese afuera del ser que lo conoce?

Afuera del ser del sendero que se sale, lo incognoscible se reconoce.

Un árbol cuyo tronco abrazarían siete personas. Cambia con los pasos la conciencia del espacio –conciencia que es el espacio– hasta disolverse en la presencia furtiva adonde todo pasa en el reojo, más allá del foco captor. Estamos lejos de casa pero estamos en casa. Estamos fuera de sí pero estamos de regreso. No tiene destino el sendero. La cigarra prosigue su apretado desvelarnos; el vuelo de la avutarda zumba al ras de la conciencia.

Retamas en flor. Ser ese celestino que nunca se alcanza, libando entre las ramas de una sola calma... lo clandestino, lo que brama en lo clausurado... lo que borra recintos del discernimiento... Y ser esa abertura turquesa del fuego... el otro lado al otro lado...

Nos descalzamos para trepar mejor por entre las grandes piedras. Los dedos reconocen al instante su insensatez afinada. Absorben el calor y la humedad de siglos, antiguas palmas otra vez entregadas al tanteo del camino.

Los descalzos aprenden a mirar con el tacto. El sendero es la oración de los descalzos.

Miríadas de hojas, de ramitas, caídas en el suelo, a punto de sumergirse en la noche del guadal. El polvo augura su inmortalidad más allá de todo nacimiento.

¿Y esta felicidad sinuosa que llamamos sendero, hecha sólo de imprevistos apenas reales en su inminencia? ¿Sólo a lo innumerable surge la conciencia justo cuando desaparece?

El relámpago no tiene cabida porque es un dios que no ajusta. Se mezcla con la sangre de quien lo absorbe, y ya nunca más se pierde en la memoria o el olvido. La impregnación hace al dios. La metamorfosis está en el dios. ¿Estar vivo no tiene significado pero tiene sentido? Imprescindible que el relámpago te queme las entrañas para que te reconozcas.

Los claros transbordan. La penumbra de chasquidos del follaje no implica oscuridad adentro y resplandor afuera, sino disolvencia de cierta intensidad en iluminación secreta. Si algo se ilumina –es el secreto. ¿Quién podría atestiguar veramente el mero hecho de estar abierto sin dejarse perder?

Volver al corazón atrae a los espíritus de velocidad del detenimiento en su salto increado.

Si el sendero te lleva, el relámpago te eclipsa. Si el amor te ilumina, es el recuerdo de tu otro lado. Inherencia del sendero a su dilatación de las sorpresas en collares de brillos y sacudidas de pulseras de reminiscencia.

Pero el bosque no quiere ser.

Al eco que nos precede perseguimos. ¿Cómo tocar al dios sin cara –al dios rumor? ¿Cómo mimar al relámpago? La saliente de piedra con vértigo de galápago en la que permanecemos escuchando, ¿no será otra vez el relámpago?

Mirar el suelo mientras se camina: abandonarse al consejo del torrente. Hacia la más estricta equidistancia, el centro esquivo del corazón. No hay equívoco; apenas el olvido, que inaugura el mismo flujo. El sendero desnuda. Seguirlo ¿hasta dónde? enseña la pequeñez del sueño.

Salirnos del tiempo no sería sino entrarnos en el cuerpo.

∞

4

¿no la mosca que te roza eres
ni el guijarro que pateas?

5

estás en fin sin tu frontera
oyendo al aire moverse
túnica luz de primavera

EL PASO

> Me estremecí, pues aún no he advertido que no existo.
>
> Lanza del Vasto

Seguir el curso que vierte su fuerza traslúcida en el lago sin fondo. Remontar las piedras que, a medida que la desembocadura se deja, son cada vez más grandes, cada vez menos pulidas por la corriente. Zonas-burbuja y piscinas voluptuosas como en el estuario de una mano, adonde cardúmenes en miniatura entrecruzan los rápidos portadores del eco a la deriva.

Entre la fronda un sendero nítido propicia su opción a cierta altura manantial. La fuerza que huye propulsa sin embargo el secreto de su llamada.

Por la orilla cada paso a su sinuoso.

Hacia una flor irrecordable que oscila más allá –siempre más allá.

La vegetación se espesa, y ya hemos saltado sobre tantas piedras, en medio de la correntada, que se vuelve indeseable –sería renunciar– otro retorno.

De pronto, cara a cara con el rápido que impide, no sin riesgo, el paso.

Al mismo tiempo el intrincamiento de ramas escamotea esta vez cualquier alternativa. ¿Cómo fue que llegamos hasta aquí? ¿En qué punto el trayecto se perdió?

Sólo resta ascender: el camino resurge, quince metros sobre nuestras cabezas, comba generosa, promesa de serenidad, por encima de un par de explanadas de roca lisa, vertical desprovista de raíces a las que aferrarse.

Hacerse uno con las salientes. Hundir la necesidad en la incidencia porosa. Delicada falla la intemperie.

Iniciando la ascensión, se sabe otra vez imposible retroceder. El esfuerzo y, a esta altura, el cansancio de varias horas de caminata, ponen en evidencia la fatalidad latente condensada hasta en el más ínfimo resbalón: varios metros abajo, el agua golpea amenazadas resistencias, vigías pétreos como esquirlas de un dios que sueña tras la pupila de una furia impávida.

El miedo inicia como apoderamiento de lo neutro. Su entrada en escena es contundente, remite a la ajenidad de los reflejos. Parálisis en que no se puede bajar (¿por qué los descensos darán más precipicio?) y en que tampoco se confía en la propia espina para seguir trepando.

Carcajada, restalla la espuma. Reptil incandescente fluye y arrastra.

Le pido a mi amiga esperar (¡medir la situación: rumiar la circunstancia!) tratando de ocultarle escalofrío –se está cierto: el más exiguo indicio de miedo se propagaría con velocidad pánica– pero ella, exhausta, me hace notar con expresión apretada hasta qué grado depende de mi próximo gesto.

Esperar. Veladuras de un segundo.

Desde el camino, asoma entonces el rostro más inaprehensible que yo viera. No me sorprende en absoluto y al mismo tiempo esa comprobación me estremece. Las facciones del asomado giran, mudan como si en su multiplicidad manifestara la gran indiferencia que las traspasa.

Está inclinado, al parecer con las manos apoyadas en las rodillas. Observa algo distante, hormigas. Nosotros.

Surgió de repente o siempre estuvo aquí. ¿Cómo supo adónde asomarse para vernos? Lleva lentes de gran aumento y ropa neutra.

Me mira, pero no alcanzo a enfocar sus ojos. Me da por pensar que los anteojos son falsos. Sí: está disfrazado. No, alucino; el miedo me hacer ver cosas. Sin embargo, noto que mi amiga también lo ve. Es como si estuviera estirando su cara hasta nosotros, o enviándola telescópicamente a través de los cinco o seis metros que nos separan. (Iba a decir: de los cinco o seis sentidos que nos separan.)

Eso que acontece con su cara parece revelar equivalente labilidad de intenciones. Sí: quiere aprovecharse de nuestra situación. Es un salteador de caminos. Un asaltante de desencaminados.

De inmediato creo que se burla de nosotros, porque empiezo a creer que entiendo eso que dice, con tono imperturbable o aburrido (cuando entre nosotros, a pesar de encontrarnos muy cerca, tenemos que gritar para oírnos a través del estallido del torrente): «¿...Por acá se va a La Cascada...?» «Eh», repregunto indignado por su indiferencia ante la obvia inestable de nuestro pequeño drama, aunque rasguño, autómata: «...ah, sí... siga el camino».

No agradece y sale de mi campo visual incorporándose.

Sin más, esa chispa de ira con su cambio de juego me hace tirar de la mano de mi amiga, que presenciaba sin decir palabra y con el brazo tendido esperaba. Pulsos después alcanzamos la terraza del sendero.

Hasta la cascada, minutos de distancia. Descansar allí.

Al llegar, nadie.

Me siento sobre una saliente contra la que saltan pléyades instantáneas de transformación. Pero no logro abandonarme.

Monte de cañas.

Murallones a nuestro alrededor, alumbran la urgencia de seguir-seguir.

( )

Aliado cuya máscara vincula
con la mueca de los demonios
a la puerta del templo
(si su torsión te reflejara,
el umbral no traspondrías),
mensajero, guardián, agitador, intermediario,
burlador del miedo, bufón en la desmedida:
¿quién serías? ¿Y a quién salvaste,
airón, aquella tarde?

CALLE LA BUENA MUERTE

...Un sitio y el hambre de estar allí.
Gerald Manley Hopkins

escarpado
divago
sin entidad suficiente
tras alámbrico campo de reflejos
como en toma de posesión
de un hermético destino

ancla ante las apariciones
veleta fugitiva de la estela

( )

tanto el ánimo se empina
que al asomarse a su propia
incandescencia se dilata
el encierro con que agarra

¿o no espacios adonde el espacio ya no?
continencia larvada goteo
en excéntrica luz con que el Respiradero
no vacila

¿cuál vacío estará y qué lleno
dejará estar?
salto recluso del fuego
a la pupila

( )

Empedrado, pasto navajo en intersticios.
Me separa en frío el muro de años luz.
Blancos en grado diverso se divierten.
Un círculo repetido sobre cada ventana.
Una rueda. Loto de ilusa piedra, se abre.
Incluso después de abierto.
Otras aguas de la quietud.
Diagonal, me arrastra corriente de aire.
Una brasa cada ojo a lo lejos.
Fulmina la actualidad de un pasado irrecordable.
No parpadea.
Se peina para atrás, barba, un bastón
que al fascinar no permite definir.
El cascarudo apresado por un niño más viejo.
Bordes acuosos mecen.
Voltaica toda compañía.
Suburbio del vapor. Ausencia a cada paso
se asume como si midiera,
como si fuese el libre verse obligatorio.
No estará nunca en subasta
ni bastará para confirmarse a sí mismo.
Al nombrarlo desaloja.
Cala el hambre que se ignora.
Soporte de ninguna figura.
Su oficio camaleón sin duda ha de ser.
(Sin duda ávida de ser la vida nunca habida.
Ah de ser. Sin duda de ser.)
No sostenía; ese instrumento
que sus manos inmóviles hacían vibrar
restauraba un inestable
entre lo vertebrado que se planta y la evasiva
del horizonte.
Estacionario. Desierto. Muro separador
de cara a la vereda. Ninguno al sol de la tarde.

–¿Cómo esa vida está? –abrupto
sin quitarme ni ponerme los ojos.
Me entera.
Acento, la osadía de mi alerta. Estómago,
mármol se incendia.
Duda segunda tras lacerado esfuerzo
en mantener distancia ante cambio:
ruido por certidumbre de silencio.
–Entonces siga nomás.
Su bendición me devolvía.
Me soltaba para siempre.
Por un instante suspensivo
bloqueó la frontera. Pasado
un viento que revuelve,
recordé.
Acontecía en su inasible.

Siglos.
Vuelvo a pasar. Demolición.
En pie los fragmentos y las ruedas.
Permanece la danza muda.
Borradura que hace a su
resistencia.

( )

Deleznable el adorno
del yo y su peregrino
linaje de testigo
en su traje de colibrí
en su captura de vivo
en su sitiado campamento
a la luz de las estrellas
callando

inmediato vértigo girante
fragor de tus contiendas
y altivez de tu estandarte

( )

Entre los saqueadores del aire
me oculto del minuto
que sin embargo no cesa
de estar siempre a punto
de advenimiento y a destajo
quitarme
antifaz de los sigilos

( )

Flamea la dispersión
de los amores
y el adormido resplandor
que imanta hasta siempre
roto el eje
de la buena muerte:
¿por qué las caravanas
juegan a creer que tanta arena
no todavía entrega
del desierto centro?

( )

La arena
bendice mis pies
libera a mis dueños
iguala espejos

Semilla mi desierto
maestro sinuoso
el viento insinúa
que desnudo se entraña

( )

Velocidad o velo del minuto
Banquete de yoes de mis hambres
Quiero dejarme
Que al nombrarte escondido seas viento
Y al tocarme relámpago te tengas
Olvido el río de cada voz
Cada vez
¿Lo ves? Estás huyendo
Estás mintiendo arena
En tu otro labio del río

VAIVÉN

1 *A su reminiscencia*

Estos árboles como dientes de leche
del planeta, moviéndose a la luz
de un arrebato sigiloso. Desaparecen
los rostros y eran nubes.

Huella, huella del viento. Adentro
de la ropa. ¿En el viento no se puede
creer? Remolino fatal de lo secreto,
rumor de otros oros que declinan:

nada, la abundancia. Morada que contigo
va. Junco en el timbal de la lluvia:
giraste, penumbra. Raíces al aire
los momentos en su dilución

copiando el ácido, espora en lo facetado
de lo hueco. ¿Tras irradiar tempestad
subsiste un núcleo? Te arrebató
la colina de un desprendimiento: hoja,

pestaña, pez, espira en el barro
que te cala. Éramos vástagos
de la suspensión y de las fuerzas
encontradas tiempo adentro.

Arrecife de veladuras después.
Éramos los primeros moradores
del estanque que se enamora
de la mariposa irisada por su

sombra. Pero hundiste la diestra:
matas. Una corteza, piel de tapir

recién salido del agua. Resplandor
de quietas dinastías, sudario

para tu oscura inocencia. «¿En la
última región serás mi máscara?»
Inconcluso el ángel frente al mar
de lo que nace.

Baila esta inminencia, este minuto.
Alturas de las alturas de las.
Junco en un centro de voces. Fuego
en los pigmentos que un colibrí

rocía. Desátate la máscara de pasto.
Baila la veladura de las plumas.
Estás en tu casa. Estás en tu pieza
asomándote hacia la curva momentánea

que del camino que se pierde hace
una pista: hongo en corteza,
vida en blanco
y objetos dejados a la vista.

2 *Ciervo y abeja*

Selva ligera, la certeza. «Si es
el tiempo quien pasa, ¿por qué
no nos quedamos?» Invisible
el impulso devorante: ciervo

de aparición inestable a través
de la frente del que se ve pasar
(quasar casi médano) con los ojos
cerrados en el friso

de las velocidades. «Por más
que te obstines en tararearla,
la melodía te lleva
a su abstracción» –presagio

de que en el cauce se cumplen
todavía los cielos de la ola.
Demonios a la puerta protegen
el templo de tu ojo, tu vacilante

pie. Memoria con los pétalos
soltándose a través
del salto
del ciervo sin fondo.

Memoria que marea y se
consuela en brazos del orgullo
queriendo florecer y ser
libada. Lejanía que fragmenta

lo que abre, tu miedo que asusta.
Con los ojos cerrados, los labios
abiertos: cambio de las tentaciones,
párpados como pétalos de té,

teatro del agua. El templo tiempo
enmudece hacia atrás.
Y el espejismo que gira
y la abeja en el espejo.

3 *Cerca de aquí*

Relámpago, la risa de un ave
una vez. Tu cabeza que sueña
se desfonda
en la tela hacia la suave letanía.

La gota en el cuenco vuelve a caer,
el gato en el trance de la hormiga
roja que mira y yo mismo la esfera
que flota: oro, gira la soterrada

espiral que no regresa y regresa al punto
quieto que aspiras nómade. Por dentro
desliza una captura o un erizado
centro o una expansión en esa voz

que se descifra a medida que se borra
y que te cuenta más allá del oído
lo que nunca podrás escuchar. Velo
para que ningún eco te eclipse a su presagio

y bajo la informe filigrana
del momento, espejo que no cuaja, ninguna
quemadura de palabra te agite, ninguna
húmeda linterna.

4 *Un desterrado*

Se despliega para ceder
un desenlace que no sabe
de los rostros del nacido.

Nubes en el envés de las hojas,
a través del médano instante
cuya oscura continencia sofoca
la fugitiva risa que se liba.

Escombros en las nubes.
Revertidas, dan el nombre.
«Estoy soñando, lo sé, y estoy
desierto, índigo
a la espera del espacio blanco.

Pero escúchame, amada, escúchame:
anoche el cactus abrió su espejo
de una sola flor hacia la luna
que allí entonces se miraba
con humanos ojos.»

Y entre las voces sin lugar,
la huella huye.

5 *Zanja*

Ramas tan secas como el cuerno del pastor
que llamaba a su dios hecho del hueco
de su cuerpo

y al que bebía con tus labios
en el manantial de su instrumento reino
para esperar a aprender

cómo el minuto se desprende
más allá de perderse adonde nueva
vida invita.

Se nutre el vaivén de los sentidos,
el viento en tus párpados de hoja,
humo de los secretos que se mezclan

y la semilla que alucina sinuosa ausencia
en la espera, en el barro
de los nombres al girar

lo que reflejan: fatiga alerta pero lejos
aún de la brisa en la milenaria acequia.
En el nombre de un dios cuyo cuerpo

remolino ya no cabe sino en la palma,
tras un espejo de arena tu cara,
inapelable luz hacia otra y otra

vida, al infinito bifurcándose
que sin embargo como el camino no separa
a la letanía de la voz.

6 *Brilla el verde*

Hacia el olvido de un aliviado centro
la discontinua razón de ser está siendo
y la turbulencia sólo en ti, no en
los tréboles.

Comerás cuando hayas olvidado.
Aquella herida que te ciñe
con el rocío se hará soluble.
El aliento busca todavía el silencio

alto, halo de hojas
y hojas que sueñan
despiertas. No huye la gracia
si respira en el ojo.

Abrirse, abrirse hasta florecer,
¿no es destino suficiente?
Cuando seas no serás
sino lo mismo que te come.

LA AUSENTE

Odiaría escribir ese poema
del que padece estar solo,
pero ahora que te has ido
asalta un zorzal el oído
y cantado se suelta, holo-
grama ínsula o gema.

Saltan las clavijas densu clave
y la mano vacía se encuentra
lejos de su inversa gemela.
Quedo contiguo, duermevela,
si apaciguo lo que no centra,
si te sigo como a río el ave.

El mero roce de tormenta
aliviaría esta inminencia.
Estar no reconoce puertas:
mi ceguera está en mi alerta.
Se me vuela la experiencia:
tu olor no se fragmenta.

Reina, quemadura
del espacio abierto, díme
si de veras me devoras
como al devoto las horas,
si el recinto que me escinde
es el rocío en la verdura,
es ocio, es aventura.

Pájaro en el patio:
brisa de la laguna
en la que hundes
ahora tu pie.
Aunque no se ve,
aunque no lo bese,

aunque seas Alguna,
asaltas y me quedo quieto.

( )

Las palabras respiran mientras se borran
y en ausencia tuya tu destino fluye.
Ya no huyas de tu nombre clandestino,
ni de las llamas de las sombras.

No hay cómo pinchar la línea.
No se consigue ninguna herida
que a los jueces conmueva.
No se deriva de impermanencia.
No salta el escalón ni se cortan
en su encrucijada los caminos.
No prescinde la risa de su par
de labios.

La sartén en que ardo no se figura.
Estoy descalzo camino al trasfondo.
Al fondo lo taché. A la sup
erficie oficia sumergirse. S
alir al ir al aire libre

–¿sería todo lo que no me piensa
lo mismo que me dispensa,
la dispersión a un peso esparcido
lo que nunca habría nacido?

Ella aviva con su llave.
Verla es aliviar centros.
No hay margen con ella
para dudar de lo que

pasa. Ella llega, mirada
de agua lúcida, ida,
a las dunas de la mano

cuando acaricia la luz
entera de la desposeída
migración.

( )

El fin del mundo
esparce luz sobre las hojas.
Están cambiando verdes.
Diversidad de lenguas.
Lengua tatuada.

(Mientras sepas la hora,
susurra el papel,
llevarás la máscara dédalo.)

Ella, eres tú:
¿te interesa este nocturno al sol?
Me desvivo, negativo de mi foto.
Tú que no traes sino infinita risa
dibujas con la brisa de tus labios.

¿Se llamará esta luna a flotar?
Túeresluna. No dejo de hablarte,
aunque la red traspase la red.
El dragón de las corrientes de aire
cala como el cuerpo paradoxo.

Abeja del agujero del espacio.
Oh reja ante el reguero de polen.

Nada en ti me trabaja.
Me dejo perder en incierto bosque
del presente que te desliza.

Estás mucho más viva que el mundo
y su fin y su principio y su fin y supr.
Más despierta que el idioma,
sus aduanas e inquisidores.
No en tu corazón ni en tu memoria
ni en tu estómago quedarme
sino a través el manantial
volvernos.

¿Estás llegando?
¿Cuándo se abrirá la pared de tiempo?
¿Eras tú quien me cuidaba de la forma?
Junto las manos, sobre las letras
y permanezco ciego entre los ojos abiertos.

( )

Deslumbra el jardín
a través de la neblina
cruje su página.

Motores de calle.
¿Se desintegra el soñador adorno
de su letanía?
Al darte entrada me traga la puerta.
Esta es la casa de la reminiscencia.

Emigran los huecos de sus voces.
Pájaros en el pasto mojado.

Más allá de la vista, otros ojos
que la muerte no aprende.

Momento blanco. Parece
que va a llover. El día
se deshace cuando lo toco,
tela del hálito, letanía.

Ah. Ahora tu presentimiento me respira.
Otrora.
Rocío.
Alaotraparte.

LINTERNA

Pieza de un diálogo para títeres

¿has visto? el cielo esta mañana
quiere parecerse tanto al último
un vendaval una manzana una voz
una paciencia un sol una ignorancia
¿tú y yo   tú eres un puente y yo
arroyo que por debajo pasa?
¿tú y yo   tú con tus voces
yo con los cuerpos de la espera?

¿has visto? el cielo esta mañana
quiere guarecerse entre tu olvido
no me preguntes lo que no ves
mejor preséntate lo que no veo
¿lo que cada uno ignora es inocente
lo que cada uno sabe es su secreto?

¿lo que cada uno escucha lo que sabe
lo que cada uno pierde lo que aferra
lo que cada uno cuenta lo que olvida
lo que cada uno suelta lo que encarna?
¿lo que cada uno sabe ¿has visto? es llave
para templar paciencia cerradura
para escudriñar la altura de las olas
para atravesar la invisible muralla
para foguearse indiviso en el segundo?

te adivino sin embargo si lo digo
como si te tocara yo te nombro
me nombro si me he perdido
me escindo sin saberlo y no lo rijo
tachado en el crucifijo
rajado en tu fondo de plato
ardiendo en la lluvia

prisionera del pasajero anhelo
sembrador en un campo de voces

¿(lo que cada uno entiende) reflexión
(lo que cada uno piensa) expansión
(lo que cada uno apresa) reverbero
(lo que cada uno aprende) inaudible?
tú te inclinas como el árbol de palabras
tú te fundes al sol cuando trasvasas
la medida exacta de tu paso paradoxo
que no puede sino ser ese inverso mío
tú te haces el sol cuando oscureces

yo soy ¿has visto? igual a ti
borrándote a mi lado me das blanco
¿y en ese corazón de nadie estás alegre?
¿en víscera de hada te harás vibrátil?
¿y en esa confusión de las fuentes
en lo que te convierte te conviertes
vuelto medida de tu espera perdida?

si algo se ha perdido eso es el tiempo
imán para tu claustro de escafandra
y por eso he venido a mirarte
y hasta tu centro pez he remontado
aun siendo ese doble que en tu nombre
gruñe desnudo ante la hoguera

¿pero acaso a letargo te convocas
o eres armero del fracaso que canta
para ocultarse del certero reflejo
que lo haría si quisiera estallar
sólito soliloquio hueco de alegría?
¿o acaso no eres tú tú misma
cuando suprimirme quieres y te fijas
y entonces nube en el intacto
eres tu propio entonarte en otra sed?

¿has visto? viento puro viento
memoria y destierro alínea
suerte pánica dulce abandono
en el monólogo del siempre
mañana brotó la flor
del jamás
y en el claustro del adónde
la mano quieta del fondo
que el cielo secuestró

¿lo que cada uno porta su futuro
lo que cada uno pule lo matado
lo que cada uno encuentra su respuesta
precisa como tú mi sombra mi deshora
a esa pregunta única invertebrada
que lo signa o lo sigue como un Krishna
de índigo atardecer naciendo
sin estigma del cielo?

¿lo que cada uno se responde es
lo que cada uno tiene para dar
lo que cada uno se da es en
lo que cada uno se da cuenta que es
lo que cada uno se cuenta que es
lo que cada uno se encuentra que es
lo que cada uno se canta este día?

¿has visto? el cielo innacido eres tú
te peinas con la doncella del alba
y te despeinas con las otras crianças
mientras se mezclan a la corriente
la madre Ganga me trague
me vuelva su pequeño rayo

el cielo sin embargo se te parece
cada vez que te olvidas de estar
entonces bailado está el olvido
arpegio al oído de fiebre

crótalo nupcial cuyo golpe une contigo
que con nada unes

¿lo que cada uno pregunta
lo que cada uno alcanza
lo que cada uno junta
lo que cada uno avanza
será por entero teoría
será la punta de lanza
será una clara venganza
será luna de mediodía?

¿serás yo mismo conjugando
ensayo de un yo en su inestable sala
por la que corren de pronto las creaturas
de reflejos y sombras?
¿quién serás tú que acabas
de nacer y ya estás fuera
y tu sed todavía insaciada
no cede al paso de la hora?

¿tú y yo el agua del muro
el traspaso del sonido a la mano
la cuenta regresiva dando cero
las otras hojas de sus sombras?
¿lo que cada uno besa
tiene la forma de su cielo?

las raíces sueñan brisa
el oído de antes de nacer
y del parto segundo luego
que aún espera y se aguza

ecos guían al que viaja
llevándolo de la mano
otra vez niño en ese
nuevo mundo pajarero

y más tarde todavía vendrá el tiempo
y comerá las últimas migajas
con las que habrá de sobreverse
del infracuerpo el bosque volador
y el silencio observando silencio

¿no el hambre las muelas arrancaron?
¿se arremolinaron las palabras
perfume de lo que siendo dicho evapora
para sin forma entregarse al resonar
no residencia en un acuerdo fijando
ni pacto con ectópica migración
de los opacos pensamientos
ni cita a ciegas con el ectoplasma
que sale de la cinta de moebio
que una mano agita tras la cortina
de la voz?

¿y más tarde todavía llegará el instante
cuenta sin collar al que asirse?
¿será la sombra el ilegible
destino que al alma sigue?
¿y más tarde te asistirá todavía el viento?
¿«no arraigues en la duda de lo real
el azar te hechiza si lo rozas»?

¿será la luna el corazón?
¿será el arpón la pregunta?
¿y la raza de los hechizos?
¿y la colina mutación?
¿tu nombre es impropio
tu cuerpo no irá contigo después?

¿tu idea de ti mismo fuera de sí
cual tu fe en un futuro de madura
cae?

BAZAR EN EL RETABLO

Aquí puede verse
el color del canto
de los pájaros invisibles.
Paititi o Eldorado, según Guaman Poma de Ayala

[mester de juglaría]

bazar de los caminos que se anudan
a una especie de escalera espirada
que describe en su caída perpetua
cabellera de agudeza lenta de destino
agonía sencilla de la silla de las horas
nudez unida de varias lenguas
e inacabables lagunas serpentinas
herida primera de la pregunta
que se reanuda y gatuna se tiende
dentro del haz que no hace nada
y no más que ajeno eco espera
al que nace perdido pero pequeño
cuyo claro corazón aún no se oye
tras un reloj pulsera o un espejo
de feria que se incendia ni olvido
brinda a lo que dura su remiendo
de remedio y por fin ya ni contigo
brinda sino en la copa flotante
del árbol de los nervales pasadizos
al azar el temporal entre las eras
y las que eras sirenas bifurcadas
se alza entre los párpados la duda
corre fijamente el diminuto dios
parecido a una gota de semen
en su descenso sin descanso
al quemarse el imán del alma
enamorada de otras constelaciones
y del desearse sedienta vertiente
como un adepto del vuelo

que quedara en presidio lente
de una iluminación de cetrería
o un duelo de centauros
que escupiesen de pronto letras
que se acallaran tras la línea
del horizonte de fuego de flotación
o un centro soluble de escindida
escena para nadie cuando
ya los últimos destinos
ya las otras mitades lunas
y ese final sin causa que se afina
y la sinuosa lámina que pago
y la noche sedienta que traspira

( )

de qué serviría saber perdonar a ése el más íntimo enemigo si compasivo no se fuese hacia aquel secreto deseo que no se aviene a tu dictado ni lo tacha la Última Palabra

qué comulgaría con el sueño común del despertarnos los unos a los otros si alterna compasión no hubiese hacia aquella duermevela enrarecida casi olvidada en el laberinto para ardillas de tu libro

cuando apenas se desliza la sola ínsula del pensamiento enamorado a la deriva en que por siempre se deshila y trasluce como el ángel a través de un imprevisto

reclinar la cabeza en su cansancio pero jamás donarse a ese júbilo de abandono sin descendencia en la almohada de agua que cae infinitamente hacia el guijarro

sin abstinencia del sitio ni posesión del ave inmóvil del monograma pulsátil de una reminiscencia sin promesa en el acéntrico círculo tántrico del gamelán de grillos (para ti suena encendida cigarra esta lluvia de verano)

así declina la memoria sobre la estera que restaña la tenue sacudida

sobre el borde mordido del diamantino universo hecho esfera que brota de su astilla donde la cara de la cara de la cara sigue siendo la cara

( )

(soy) el oyente de tu invicto secreto (soy) el extranjero que te pregunta la hora (soy) el fantasma que te aporta cordura (soy) la encía del cazador (soy) la aorta del silencio (soy) la barba del Bautista (soy) la naranja en la canasta (soy) el lugar de tu monólogo (soy) el orate en tu camisa (soy) el salón de tu deseo (soy) el yoyó y el globo rojo (soy) quien se acuerda contiguo (soy) la revuelta de las calaveras (soy) el río de los corazones (soy) el baile del ropaje (soy) el fraile atravesado por el manuscrito (soy) la inocencia antes del niño (soy) el pasto en la columna (soy) la alfombra voladora

( )

así de innumerable la luna sucesiva:
sobre tu puente de hojas
al rocío madura desnuda
mas el saludo de humano que le ofreces
no salda sin embargo la deuda
que como mapa de agua
de horizonte que seguirá ardiendo
en vez de apagarse aún te aguarda

( )

sacudir las palabras del libro (diente de leche cada letra) diseminar la duda del libre (cuando hace tiempo que la muerte ayuna de uno) comer de la mano de mono (ahora palpita bajo las digitales dunas)

de qué serviría haber salido indemne de funeraria pira si delicuescente la delicia permaneciese asilada con astucia de escudo o flamígera espada de lejanía hacia el amorfo destino y su minucia sin más futuro cuerpo presente

si el porvenir todavía pujara desde la espiral de incandescencia del fondo lámpara que encandila a quien cree vigilarla y adonde un genio salido de semblante tiembla y se frota de gozo (constelación crisálida en espera todavía de ser abertura que pasa por sí misma) ante esa voluntad tan sólo mortal que ávida decida librarlo a demudada mutación para toda una nueva eternidad

de qué serviría haber confiscado del azar la impersona del origen del destino si al tocarte húmeda planicie sin espejismo aún no me atrevo sin embargo a deletrear las inscripciones deletéreas que tu piel ahora traspasa al tímpano de tiempo de mis dedos

( )

convertir la sombra del cuerpo en la bandada (desprender la sombra cuando el espacio ondula) dibujar la sombra con la lígula lengua traslúcida la novia conciencia viuda del sol de su otro lado (de su otra cara) de su otra voz (de su alto espejismo) tu espalda noche reptante entre altas hojas que exhalan ánimas de disolvencia

el hálito detenido rama se cimbra fruto momentáneo del que nadie conoce procedencia cuando al extenderle la mano la noche entera desaparece

( )

«...si a esto lo estás leyendo en 2.080 de Su Era, o debo tener cien años o alimento la ebria cabellera de inecuación del subsuelo más allá de la fuente...

...también tú deberías desaparecer pero ello no acontece... ...yo desaparezco pero no mi premonición de ti lectora de mi sueño...

...en la red de tu abandono me enamoraste durante siglos y ahora mismo me vas envolviendo como en una membrana de ameba...

...y despertaré a la mañana siguiente (desdoblado el papel con manchas del té de tu sombra) y ante la cifra que mastica ramificarse (llamarse) haré el papel del fuego (llamarse Árbol para siempre) y renaceré a la entraña que está siendo...

...y de tal suerte tu amor será partera pero ni para irse ni quedarse...

...y la lámpara acuática del cactus en el valle del tiempo que tardas en regresar...»

( )

(soy) ese cuenco emisario que tus manos recuerdan cada vez que lo tallas (soy) a quien tu breve llamado alumbra (soy) espejismo de tus otras esfinges (soy) lo que circulas de una pieza (soy) el ojo de la boca (soy) camaleón de lo que no encuentras (soy) quien anida cada anzuelo (soy) estambre de tu lengua cuando se hunde (soy) la insignificancia de forma que deriva (soy) el remolino desde tu infancia (soy) la cuenca vacía (soy) el cangrejo del minuto (soy) este júbilo color lodo (soy) la hondonada sin porvenir (soy) el otro lado de tu suerte (soy) el reverbero de tu alerta (soy) el anillo de tu sueño (soy) el pregusto de la noche (soy) la pregunta que no sueltas (soy) el silencio de la uña (soy) el jardín que va contigo

( )

[cada cual iguala su vericueto
o acelera en su laberinto lente]

hacia el Leteo natal me estarás sacando
cuando me desenmascare tu mordiente
amor que al dividirse no me deje
sino resplandor todavía de captura

el tumi aguijón de tu roce tajará el fruto
que como quien dice caerá lento
desde esa madre callada de la otra orilla
adonde un lirio atigrado tu sonaja

( )

muro para la adivinanza mutua
el acertijo que te vive nimba la fijación
de cada rol que se desbanda
aunque en calma allá ella el alma encalla

sentada en tu cabeza de cala o de alfiler
eres la herida que sostiene al mundo
al rasgarse tras el temporal esta trastienda
comes del pan de la más tenue orfandad

( )

«¿te imaginas? ¿página es tu blanco?

cuenco adonde concurres a beber
y a destilarte esencia que da sed
de que adoleces ya de tanto
aflorar con la penumbra nuda
del día después de lo ya visto

selva cuando te pones a salvo
pero Paracas que te convierte
y dora tu cráneo en cuyo fondo
madura el pueblo del futuro polvo
¿es alguien tu recuerdo? ¿es tu morada?

¿es tu arpón tu enamorada?
¿eres la red de las vergüenzas?
¿te obedeces para ocultarte
de tu madre materia solitaria?
¿eres tu barco? ¿tu abanico?

esta ronda de oraciones se invagina»

( )

«...y vuelta a la morada cruda que aún y siempre madura como en un cuenco se disponen unas semillas que parecen transportar desértica música...

...para que tu ingrávida avidez se quiebre en alegría impregnada y con perspicacia tu dédalo de tráfico de único sentido y reiterada persistencia de galería preñada con ecos adonde trituran aunque nada veas la hoja de tu estadía las gamas del deslinde...

...máscara de la que naces despacio en la penumbra quemante futuro que aún se extingue cazado en su reflejo como un tirano reclinado ante su límite tallado a sangre en la madera de un árbol maestro de paciencia:

justo cuando
tu nombre
habías olvidado
aquella sinuosa
espera
del indicio te sale
al encuentro que te recuerda
para perpetuo abandono
entre los cambios
que en traslúcido
roce prisión has conocido

...»

( )

rompió la lluvia
agujereó la letra
disolvió la luna
la risa de esmalte
el ojo proscrito
el cuerpo ajeno
espejo del peje
y de este baile

( )

(soy) el que perpetúa el espacio (soy) el espacio que roe impele pulidor con su piedra girante de afilar (soy) el etcétera en la misma pregunta que rebota (soy) la rosa del útero (soy) lo que no será (soy) mi peligro mi haber nacido (soy) en ausencia mía cuando quemo el estatuto de tu esencia tu escultura de perfume

( )

un segundo después se achica el tiempo
me empino hasta su borde para escucharlo
y me rasca de su abollado fondo
de continuo perderse y de estar cierto

emulsiona el redor de lo que toco
atigra la deriva del momento
al deslizarse el camaleón atravesante
de la sombra entre los labios de unas hojas

se descruza el monocromo secreto
y me saca me sacude bosque ciego

( )

rozan el párpado
aletas de sinuoso
desvío de islas
de concéntrico sonido
cuando algo cae
hacia el cardumen
se propaga y flota
coro de estrellas
vocales en un friso
oscilante risa sin atarse
aun a lo que alumbra
la gruta del cuerpo
huérfana cada una
de las gotas rendida
a su timbal giratorio
al dar la hora
al borde del tamiz
de piedra
al que horada

( )

ni un eco
de lo que
pudo ser

por un s
egundo
devuelt

o a lo que
separa en
lo que esp

era

( )

[collar de estribillos]

1

osamenta eres un dios helecho
halado hacia abisales superficies
en cuya súbita ingravidez te absorbes
como si curvase por encima un duelo

2

ignora cuánto acontece el pulso
y aunque quieto parece y concéntrico
regresa limo que muele a la muela que lima
a los pareceres y a las ínsulas

3

salta el pasado gamo
ciego al vértigo mudo
se desata nudo y se conoce
que no había ninguno

4

inaudito entre sus rejas
tal centro que se aleja
el espacio se despeja
y sale a buscar pareja

( )

...lo que hasta aquí dudaba se rompe... ...altura fulmínea si se trasvasa... ...nacer hacia la cita inapelable con el ave...

...gamelán de ranas y luciérnagas frotadas contra la estela de esmeraldas que se funden... ...estroboscópica sombra de radiado tacto que ráfagas aliadas agitan... ...mariposa sobre abismo en un blanco de fijeza... ...diadema de voces detrás del viento de muerte que a veces une... ...hormigueo en los confines del pulsar... ...estrella sumergida en el aura de erosión...

...susurraste...
...los jaspes...
...del torrente...

( )

[pestañeo]

golondrinas al picar las olas
en su evaporada trama que
por debajo y encima deslizan
hasta quedarse completamente
quietas

( )

(soy) el salvaje que se da cuenta (soy) el cordero de la abundancia (soy) el que clavas y elevas en tu rosario (soy) el desconocido que abre la puerta (soy) el hueco que te proyecta (soy) el abrazo que te disuelve (soy) la montaña de tu tristeza (soy) el océano de ignorancia (soy) la cáscara en tu martillo (soy) la duración de tu errancia (soy) la carta sobre la mesa (soy) la fuga de tu tardanza (soy) el llamador de la herrumbre (soy) el que habla en tu sueño

( )

a tu imagen y semejanza a punto
de saltar hacia la tímida experiencia
del fondo que se explaya al profano
reverso adonde nada está fijo
pero está hijo en todos lados
y a cuyo extremo amor huidizo
tú te anudas

( )

[mester de juglaría]

de qué serviría la visionaria pista
una vez que la promesa del destino
apareciese cumplida materia
del desierto a la vista del peregrino

y una vez movida la piedra de la voz
hacia esa duermevela de apacible
resaca en la piscina iluminada
del revés que a cada nadador desoculta
al trasluz inapelable de otra revuelta
carrusel del reloj que a la distancia
por un acuoso altoparlante infunde
la cumbia del día después adonde
la risa en el tiempo no ya cabe
porque ella misma se ha cernido
dócilmente como al surco el buey
de tanto esperar con dos oros abiertos
que la espera termine consigo
y el devenir no traiga aparejado
lo tenaz de reflejos que cortejan
lo que sucumbe a incumbencia
de orilla que los despedaza
al peligro en la amena playa
de esa amenaza neblí
que socorre al par que socava
y que a los pasos de avance
y retroceso mantiene unidos
a la esperanza de alguna ola
que anide clavel del aire
pues de qué serviría ser esa ola
desde esa soledad a la que sueles
faltar como en aquellas ciegas citas
en las que un animal huele al otro
y el otro animal de igual a igual
de manera que el gemelo de ambos
da la cara al miraje que lo recibe
hecho de larvas de miradas
con la luz callada
con la voz rayada
de murmurar «habrá partido»
y de cifrar el precio del cambio
que ineluctable nace contigo
o llega siempre pero por otra calle

o justo adonde no queda calle
ni alguien que ahora calle
pues para qué estos malabares
estos pases de barata si la cinta
sinfín de lo real no da espacio
tras la intención de oído
tras la inversión de sueño
que de tan perdido
ya no tiene dueño

( )

(soy) el perseguido por el relámpago (soy) el proyectil en tu honda (soy) el veneno que te cura (soy) el cardumen que te lleva (soy) el puma de amnesia (soy) la aurora que te alimenta y come (soy) el levantador de guijarros (soy) el que juega con tu espejismo (soy) el eco del futuro (soy) la nube de brasa (soy) quien cambia de risa (soy) quien vive en tu mano

( )

Había en aquella habitación unos objetos por completo neutros, sin utilidad. Permanecían posados entre los ilegibles muebles y las demás cosas en la penumbra. Con esa seguridad más bien parca de lo que yace sepultado por la espuma de una espera. Desencajada toda posibilidad de reconocer la mínima inminencia de revelación. En efecto: aquella mujer había estado señalando, casi con distracción al principio, hacia unas rocas que brillaban –en acuática pero precisa geometría– en relación a ciertas nubes que justo entonces parecían salpicarlas con sus sombras, humectando a lo lejos la oscilante quietud de los peñascos. A la certidumbre de su gesto, destreza que a su insignificancia ha regresado, acompañaba la totalidad del brazo. Destreza de ilusionista, baile de calma ante el despeñadero de la propia voracidad. Con su mirada curaca recorrió otra vez aquellas montañas adonde había sido feliz. Tomó algunos de esos objetos sin nombre y empezó a sacudirlos, formando combinaciones aéreas de recintos cóncavos que respondían en materializadas ráfagas al unísono de golpes percusivos. Con los nudillos, tobillos, la cabeza a veces, la neutralidad de aquel amontonamiento insensato de vestigios, agujeros negros entre las constelaciones del sitio, cobró relieve tras el aspecto instantáneo. Era ése su momento; tiempo para picotear la oportunidad. Sus desplazamientos –en su apariencia errátil viraje– involucraban la exhalación de esos sonidos entrañados. Había cesado toda nostalgia, todo sentimiento noble u obsceno de pérdida o falta. Semejante inadvertencia para integrar cada gesto en alguna ordenación u oración indeleble –más bien la mediadora despedía el olvido de toda luz que no viniera del cuerpo en su cóncavo de letanía envolvente– implicaba una suerte de danza. Aquellos objetos suyos no tenían objeto; ésa era la única explicitación posible cada vez que la música no abriese más allá de toda asechanza. Pues entonces se nacía al lugar. Desaparición en vez de ligadura. Abdicación de la memoria, es cierto, pero bajo la clave imantada de un destino. Ella precisaba en su gesto su destino; lo tornaba crudo como seguramente había de ser su naturaleza. Aquella mujer, en su incantación hacia la danza última se disolvía en ella misma, para dejar de ser lo que había creído, lo que había sido en enloquecedora fijación –y siendo cada vez menos ella misma se hacía prismática. Jugaba con fuego. Movía el brasero de flujos, la llamada de su influencia. No era sólo mutación de su evidencia, sino evidencia impávida de su acontecer para siempre. ¿Para siempre? Miré yo también desde el nicho de la abertura. Las rocas deslizantes rodeaban el palacio de adobe, el laberinto de las insinuaciones a través de cientos de patios y ventanas, de corredores de insomnio y pasadizos de velocidad soterrada. Las rocas de las montañas. Ella cantaba. Las rocas de las montañas. Se desprendía de sí. Las rocas de las montañas. Se iba hacia sí. Las rocas de las montañas. Se despedía, se hacía brisa. Las rocas de las montañas. Se conjugaba. Las rocas de las montañas. Despeñaba su canción. Las rocas de las montañas. En su gesto la vida entera. Las rocas de las montañas.

TEMPORAL

( )

el amor no detiene en sus espejos
oscuridad de copa en el morado estanque
la borradura del todo inútilmente
rememora nombres nudos
cuando relámpago tu ojo aparece

( )

celebrar siquiera lo que viene
a morir y a su debido instante
el celaje ceder también quisiera
observatorio
atormentar al devorarte

( )

permanecer así contigo por completo atravesarte
pero no en sentido del dardo oro la nube
que no ves esquirla soledad de puertas que te fingen
despierta a lo inaudible
sin más atributo que chasquidos de agua su
repentina antigüedad

( )

satélites hojas caen desnudos desde el origen
vaga lo quieto el agua lúcida
encendida
en otras sombras

IRÁS

La risa de la diosa y la diosa de la risa.
A veces tengo el presentimiento de otra risa.
¿Tengo el presente, no miento?
Oh trasluz, inquietud de estar jugando...

Circula mi sangre la risa.

La risa me devuelve a la criatura.
Fogata se devora y por dentro se olvida
de repente líquen y garza de repente.

Me repara en lo más alto y en lo ciego y me confía
a las corrientes (su pequeño confidente, empino
el abismo que no muerdo). Me despeja su mirada
de dobles duelos o el destino.

La huelo tanto como la pierdo;
en su contento semejante a la duna
se hace una con la espalda.

¿Pero qué enciende el reír?
¿Los vigías encerraron otra presa?
Sólo la risa te besa para ilesa dejarte
o más bien inmersa
tras la espesura de agitada respuesta.

La risa no calcina palpitantes espejos.
(Una vez me oculté en su boca…)
Fuente adonde caben las lágrimas,
la conozco desde que un feto que fue mi padre
se hizo estrella en su niño.

Me aguza, la inescrutable. Se trata
sin duda de la ultérrima. La risa cabe
en cualquier teatro

vacío de espectador y enmascarado.
¡Fumaderos de fantasmas adonde se prohíbe la risa!

Pero más que a fantasmas, a su empecinada
insistencia en un punto (su tautología tatuaje) temo.
Está claro, la risa los desconcierta; bandada
de guijarros, muestran
los dientes de la más pura evanescencia.

¿Quién habla risa? Si habla es un necio; no sabe
reír, se ha confundido con la deriva que dimana
la brisa: alumbramiento en acuático sentido.

Asalto protector de ciertas risas
mientras otras desarman piezas.
Risas deslizadas en la noche, sirenas
de penumbra lunar, con minucioso contagio
cicatrizan el hueco que han abierto.

(Risa del verdugo desde lejos
destinado, nunca olvido tus ojos.)

¿Dar risa? ¿a quién? Quien habla
no ríe, salvo que abra
al trapecio, a la danza,
esperanza sin precio.

Salto hacia la boca de la diosa en trance de risa.
¡Asir la risa!
¿En un puño la risa cabe
o en un punto del sueño?

Carcajada muda los opuestos,
la evidencia no queda lejos
y aquieta el corazón.
¡Espuma de las olas de la risa!

Soy quien agazapa tu mirada
y tú esa laguna adonde un junco
se inclina por el agua respirado
en círculos cada vez más transparentes.

A medida que la risa crece
se alza la fuga del segundo,
vislumbre zigzagueante de la muerte.

¿Se tratará de una risa de las formas, más
que de una mueca paridora de los labios?

(Y el deseo, antiguo adolescente, a la deriva
de evidentes secretos, hace temblar
a los poseídos por la risa,
en lo que reír tiene de otra cosa,
o de rosa niebla en la laguna de la espera.)

Si soy un hijo de mi risa
¿ha partido mi madre?

¡Ah irisarnos en la lluvia
que nos deshace!

MEZCLADA

porque no lo recuerdo
algo acecha
sin eje ni sino: ¡devorarse
a la recíproca!

cuánto acalla la noción
ante el estanque
de tiempo y sus pulsares
al modo serpentino.

hay caminos bajo el agua, y otros
morados, y ropajes, perlas
a las que un milenio no basta, rayos
e ira enamorada de su guerra.

me incubo en un hueco conminado
a salirse ante tus juegos de esclava,
respuestas como sudarios para extravío
pues aun en reposo el tiempo ondula.

quizá sueñe contigo esta hora
de trance a la deriva de sus filtros
al traslucir la mente
su perpetuo plancton.

¡ambos amantes resplandecen
sobre la lenta superficie mientras rota
asíntota en la total astilla de ser así
mientras crece el imán de los abrazos!

¿o no lleva el ánimo a su erosión
este celo del porvenir cuya ofrenda
en haces los paños de oración enlaza
a la sombra de la más pura celda?

¿o no pule un diamante el viejo viento
que borrándonos va y viene y a los mil
demonios de esta hora tienta
a sacarse el fuego desde la lengua?

convertirse en magnolias a través
de celestes que espiralan, y entre-
tanto al instinto inspiran aunque luego
nos apuren anhelos de ser otros.

no resta oficio ante la gracia.
¡dancemos sin más obra
sobre las crasas profecías
y a ras del suelo démonos a luz!

daimon hembra, en tu aríbalo
cabe la plaga de golpes abisales
con que saludas y das
el hambre que el deseo ilumina.

LIBRO DEL PRESENTIR

( )

Yo, rey de los insectos, me proclamo.
A nadie despertarán la pena o el sarcasmo.
Sólo el crepitar del papel
lava.

Escarabajo el corazón tenue reflejo
al madurar su curvado desencuentro.
Muerde el espejo
cuando uno ve que viene va
o como en abolición
uno huele el presentir.

Es el ojo del tipo lo que roe el tiempo.
Es el tiempo del pacto lo que atiza el hueco.
Es la cuenca del sereno frío.
Es la risa del sueño que sin eco perdura.
Es la penumbra que te deslumbra,
roce la luna entre las hojas.

Lo que dimana no trae frontera; no
soporta el tajo de la mera meta metáfora,
fuera de mater.

Yo el hormiga me disperso
ráfaga de polen
en la hoguera de voces.

Yo colibrí
me despienso.
Príncipe de los desajustados,
rayo el más allá.

Exagero, y no me culpes: es en tu lengua
que pruebo.
En el sabor de tu asombro, que devoro,
se devuelve el oro al collar de oración.

Es hocico. Es grama. Es hibisco. Es
llama.

(Es el Sudán…)

( )

Alforja del tiempo, lámina al despegar del párpado
en una especie de abanico hecho de estrellas
se cuece lento el invisible dolor de la esperanza.

En mi breve reinado fue el Diluvio un dédalo tan simple
que cualquier hormiga podía en ello desencontrarse
pellejo
dardo
alumbrar

Y los aromas se repartían
cada día
y nadie más hablaba más
que con su sueño.

(Consorte de una indómita
mentira, amor
en su trastienda sin fin,
profiero.)

Nada es sin embargo lo que muerdo. He
sido
rebaño hasta el abismo.
                                                  Ahora
se devuelvan los espacios.

Dejar sitio
a la palmera, caos cuya calma
no difiere en verdad de su certeza.

Ahora
topacio

( )

La decadencia del imperio comenzó con el imperio.
La falta de la falta. La idea de la rata: roer
la cárcel de la idea. Yo,
señor de nadie y de ninguno, comulgo
en la brisa húmeda de lo que late.

Abolido el tiempo sobreviene lo que nada espera.
Pentimento del sueño, el despierto
cree ver crecer,
palpa, ignora a ignorar

(llegaste en puntas de pie
y anillaste el corazón
y lo hiciste animal
¡Haber sabido y no morderlo!)

Abdico
Dejo

Letras
Trasluz

(La cola del pavorreal
es una ola encendida.)

Yo, el otro, me proclamo. Yo, el vaso

( )

hoja el espacio inconcluso
alguien en uno duerme

resuena el olvido pasadizos
la oscura entera el traspatio
ceniza de esta suerte de puente

( )

Encanto del presentir…
El diosamor me contestó
con un vagido.
El viento en las plantas.

¿Estoy despierto? ¿Por qué
no recuerdo el Nacimiento?
Presencia del aire
en la pirámide encendida
en la pira que un día mide.

Soy estela de la última
dinastía, hijo de peces
en la red. ¿Por qué
a veces se presiente
el olvido velo?

La última golondrina
disuelve.
La noche ha perdurado,
sin embargo, y el resplandor
de las figuras tras la vela.

(Este amanuense, es un tirano;
lleva ocultos espejos
en el cuerpo: se disuelve y vuelve
hecho de tiempo inmortal
pero inmediato.)

Oh runas de las ramas
contra un cielo peregrino

( )

Leva el Apátrida
a través del pabellón
de los retratos. Polen
sobre su cabeza,

turba. Anda prendido
a su persuasión. Se alínea
con el suspiro: solo un
ido… Desenlace, de súbito
entre el compás de espera
y quien espera

Y sin embargo va lento
en relación a su venir,
al rayar las columnas
su ya silueta. Lateral
del sueño se bifurca y
la mudanza del muro
preña el iris el reflejo

Han puesto precio al olvido. Han
el tiempo apresurado.
Hanse clavado ante el altar del perseguir
persignando esta catástrofe inaudita
del ojo del ojo del ojo.

No por perdido dejará de matar
el tiempo.
Quien traga el secreto,
no perderá distancia; si miente,
seguirá después.

Y con ansia de papiro en el desierto,
sigue inseguro el centro si prevalece
alguna de las caras…

El río emplumado. Las alturas

( )

Se comienza en la perdición; luego
se alienta el desperdicio. Tarda
en llegar el sitio de partida.
Hacia la fricción se está naciendo,
se exhalan precipicios, labios.

Relumbre de no culpar,
no se evade la sangre del origen.
Alterno en haces vengo a danzar;
vengo a fazer la danza, la línea
en el agua.

Como el acto el eco.
Arden estandartes, catapultas:
¿era el futuro que dijeron?
¿No se fatigan de estar hartos?
Mucho más que de fetiches satisfechos:
diorama donde antes es después.

Y Ahora, anciano escuálido bajo el ropaje,
muerdo la rienda y conozco
el filo en propia carne. Velo
ante el pabellón deslizante de los roces
este rostro que de repente reconozco.

Alma
acuática, abanico, vértebra
a vértebra. Sacude el pacto
del tiempo encendiendo su isla
de aire. Las abejas en el vientre.
Oquedad, el ultramarino
del pulso. El sistema solar
hecho de arena en las piedras

( )

flor
toda la noche dando a luz
dédalo cántaro

la sed sin embargo
en las redes concéntricas
de lo que pasa y conoce
de lo que el roce roe
de lo que atiende la mente
lente letanía letra
en que se pierde encontrar
y lo que guarda la hoguera

racimos de turbulencia
se abren al enhebrarse
la rosa del sueño
espiral a la mano
el tímido humano
el hambre de tiempo
el tiempo que tarda
convertido en culebra
convertido en pluma
entre las patas
de una aguda
cenital

( )

cómo
morar
a ras

dónde
orillar
y ver

dudar
dar a
luz

APÓCRIFO DE LOS MÉDANOS O SUTRA DE LA MORDIDA DEL PERÚ

1 *Glissando*

Quieta, aquella rama
ante su misma sumisa
oscilación. Tilos
en un bosque de 3.

Sólido y sin asilo y
sin anverso. ¿Nudo
porque no me desplazo?
Corteza cerebral, vía

láctea, etc. Cardú-
menes nubes. ¿No medir
no está en las cosas?
Puerta a puerta la duración:

saltadura en el barniz.
Cómplice ocio (saltamontes)
tras la otra estera de la
hora. Semisombra, importancia:

cuento un gramo. Lonja
la cordura sobre la tabla.
Pulga que te absorbe, alegre
secreto que a voces

se reparte. ¿Pulsar
pero no convertir?
Reflejos de hojas. Frescura
de la cifra lenta. Eras tú.

¿Se cumplirá la obsesión
del propietario? El área

segura incólume. Colum-
nas. Abismo horizontal.

¿Quiórbita es, acróbata?
¿Fuente ríspida fuga?
La cima oculta está suelta.
Bambúes.

Acontece, mientras tanto.
Relámpago el estambre,
eclipsa con tu premura.
Exala inasible fijación

un breve ocelo. ¿Qué se deja
ver si se deja de ver? «La
esfera, abollada también...
pulida turquesa.

Cabría en una mano.
Sobre la manta, a la altura
del concreto. Trenza tibetana
de la vendedora. Canasta

de fetiches. Guijarros, ouijas,
anuncios de curación. Moral
del dolor. Trasluz
del hervidero: calle

del cambio
referido a las monedas.
Esfera en la espolvoreada
manta, mutando... Nunca giró.

Levitó una vez.»

2 *Letreros*

Ojota de pneumático el pintor de letreros
a la sombra ominosa de las fiebres en la playa.
Opacidad de incrustación sin agitarse.
¿Las terrazas vigilan el inasible corazón?
Ácida resolana evapora el cascado gris.

¿Salida te hiciste contigua rutina abisal?
Rocas imantan, pero tú rara vez apareces,
ajena risa que enamora. Te despliegas
tan pura, aridez. Geometría
los destinos nudos de cruzarse.

La lengua flor toca el espacio y lo disuelve:
«Estás cerrada estás abierta
y te penetra lo que no se sale».

Fermenta el mercado el amasijo del origen.
Cenitales intercambios, el oleaje.
Mosca astilla diamantina, veneciana:
¿de la pulpa saliste azul y del remolino verde?

Pregón de lo aislado, islámico,
los vendedores del rumor.
Trastienda templo lo que frota arraigado
a lo inestable, perpetua risa que no dura.
(¿Una fucsia no cambia el nombre?)
Acaso la orilla dé la hora.

El callejón no más ofrece el sino
del fin del mundo. Al parecer
desata repentinos agudos. Cada metal
extático traga el aura de su envío y hace
de los trastos comida, rocío
de los móviles.

¿Razas de la tierra? ¿A qué resiste,
entonces, el tejido
sin forma? ¿A qué lividez
para tan lento moverse?

Un círculo sin adentro que no se consume.
Sin otro eje desnudo hilachas de tiempos.
Camaleón del arenal despega
con reversible arrebato.

Ovoide vacío, poliedros del combado
volumen. Deshizo el día el tejido dehiscente
como la mano a lo que busca. ¿Tocarán
las sombras a su fin o un vértigo simple?

¿Ya te irás, limada memoria?
Buganvilla, muro, cielo de laja.

«Comerse el trastorno... ser un cuenco...»

3 *De un segundo*

la hora despista entre las dunas:
velocidad velando lo detenido
en su cápsula escucha el mar

lábil luz del ocaso fortuito
en la suavidad médano
dispersa tiempo parabrisas

bandada de ojos el ángel yace
circulado polvo del camino descaro
no devuelve a viajero la mirada

( )

el oído come dentro del agua

Oblivio trae el despertar que se despega
otra vez de la herrumbre druida del ruido
por los caminos fugaces

nuestras nuevas sombras suspendidas toman
el relieve de los cactos que tocan y el ardor
aéreo que nunca del suelo consuela

tiras de un eco: tempestad
tan quieta que anuncia
disolvencia a estas cortinas
de mil años de humo un milagro
y con su hoja penumbra el sol
corta la furia del día

( )

alguien sin nombre pasa

horizonte el que gira
harto a la espera
salpicado en otro parto
y en espejo converso

nos tachan los arenales
la abundancia trasiega el futuro
hechiza despelleja

y al asomarse asola
la inmunidad del trasmundo:
como si fuese este reino perdido
ramifica la fuente a su insumiso

relámpago fuera de la red
arrecife de la condición

tanta persignación te distrae
¿no
guardián de la frontera?

alguien sin nombre pasa

( )

Abuelos arden.
Devoran la ropa liviana.
Tal vez todavía una forma,
se desean acertijo panorámico.
Cosen a risa volúmenes rápidos,
hormiguean
las venéreas flores.

Vulnera el centro ciego
absorta lejanía de evidencia.
El felino silencio se estira,
la nube latido inmóvil afila
astillas sin imperio de destino
milenario y perdido
cada vez que se lo aprende.

( )

Unísono bifurcado.

Agua que saca saciedad que ausenta.
Lo que digo lo dicta un agujero.
Me saco la hora y me lavo la voz
y sumergido sigo siglos naciendo.

En Usted me reclino y me voy
olvidando.

OJALÁ

Admirable aquel
que ante el relámpago no dice:
la vida pasa...
Bashõ vía Octavio Paz

adonde se va la llama ¿se escucha afuera?

a los que enantes fueron ¿los respiro yo?

¿aspiró la flor de la vida a los que faltan?

y tú y yo ¿por la tangente prohibida?

¿adónde irá la corriente que desnuda?

¿nos lleva esa otra gente de los desiertos?

Ingrávida entre tu hola y adiós

¿futuro sólo tengo cuando nomás duro?

para solo nacer ya soy ceniza

un mestizo cambio de cabeza me lleva

adonde la curva del tiempo toma de más

estrella tú eres en el agua de cerrados ojos

todas las que tú eres pétalos de estrella

¿adónde vas cuando nadie te escucha?

¿eres pensamiento que atrapa su causa?

¿eres la alta planicie de la espera?

¿vas a tatuarme el corazón?

¿quién soy cuando de vista te pierdo?

acaso si abro un espejo en un reloj

¿y aquel que nadie ve que ha partido?

¿y aquel que regresa de su padre?

¿quién llama a su falta de puerta?

¿quién el ala de su tímido ángel?

y tú el unicornio de los desiertos

aquellos que fui como gente que pasa

los que seré con máscara de unánime

¿quién es cuando no tiempo se tiene?

la luz de la tarde es el pellejo

en el tiempo que me llevo

DESDE EL ADUAR

aduar. s. m. Conjunto de cabañas, barracas, tiendas de campaña o ranchos que forman una población de beduinos, gitanos o indígenas americanos.

–¿Cuál es tu país?
–Es ese río entre los muertos y los vivos

( )

Aaaaspirada en los aduares, alada,
sonajero del jaguar.
Boca del collar de calaveras
cuyos transversos de infinitos ojos jardín
de premoniciones deshabitan.

( )

Masco mi hábito con rapidez inapagable.
¿Do el destino salta, enmascarado pero fértil de imprevisto?
Catarata del reverso, tirando aguda como del pelo del pasado.
Con rumbo blanco tal vez preludie la curación de lo sentido.

El tacto eclipsa con el aura; el oído da lumbre a sellos móviles.
Sueño en cuyo centro despierto:
abro una puerta, cruzo el precipicio sólido.
El planeta erizo se mece.
Caigo y suplente muerdo lo que no tiene fondo:
un cántaro despertar dentro del sueño.

Parca irisación de médano asciende hasta encenderse las fuentes.
Estaré todavía aquí cuando no haya pasado.
Las roncas hojas, la lluvia de ideogramas.
El origen origami se despliega.

Debo estar enmudeciendo:
hoy día falto a las palabras como al bautismo de la pira.
¿Qué se repite en la espiral de los partos,
en el intestino laberinto de las partidas
entre párrafos como patios?
Debo estarme saliendo: sobro de las palabras.

Es este momento cámara de ecos paramecios.
Se dividen y disgregan sin extinguir la fuente del ido son,
vasija de la idéntica. ¿De quién estos reversos?
Aun de no mediar ajuste traspaso el haz de tu juicio.
La anguila a punto de picar el agua.

( )

Procura un acople la ceguera
al acaso pasadizo resplandor
enviada del fuego desde antes
del dorso de nacer.

( )

Rompiste el muro, la burbuja.
Crujió el espacio articulado. Nacer, partir
de nuevo. Provenir. Providencia.

Círculo abollado, olla
en que inagotables
la sucesión y lo que dura
cocinaron.
Rueda cuyo hambre de eje
incesante muele su trasluz.

Te acunan aves augures
sacudiéndose el rocío
y al girar
la luna eclipsa contigo.

Tu ojo crece y se desata.
Me sale olvido como leche.
Dispersa pétalos tu hambre encendido:
¿hambre es aquello que te enciende?

Parece que fueras a soplarme
o a entredarme cornamenta
por amor de una galaxia que estalla.

Y ante destino vaivén
si a mirarlo me atrevo me atraviesa.

( )

Permanecer espejo: comiendo de tu mano, en tu seno bebiendo.
Vera hermana catadora eres viento.
Saciar borra el camino que tú borras.

Sustancia de selva aflora la mente:
mancha que se mueve de nombrarte.

Luna insecto entre letras se ha perdido la entraña del camino.
La más lejana apareces: para irte hasta la punta del sonido.
Dragar la voz entonces te propaga la más deshabitada.
Ínsula que sacas la lengua.

¿Qué se afina sólo en la siempre breve lentitud de una caricia?
Ludibrio del espejismo de tus otras tantas que circulan la pieza.

El estambre de tu lengua me hunde en remolino adolescente
y regresa desde fondo advenedizo.

( )

Cuencas vacías: ¿lo que ha sido, ha
de ser? La picadura del color
de las aves de limo. Reverbera
tu hálito al otro lado del arroyo
que entre los juncos se lleva.

La vida tendría un borde
que no consiente frontera:
mientras dure tu espera
madurarás al quemarte.

Parpadea la gemela primavera
de la parca enhebradora
en su estera de paja, ensarte
de cada esfera.

Emerge la sucedánea superficie
y su reflejo trasfondo en llamas.

Llegado hasta aquí con la certeza
implume de asistencia encrucijada

sin catadura me despejo de lo mismo
según la flecha con que amor se clava
o desmiente al simultáneo.

Bífida luz surcando en ti.

( )

Tahúr me reconozco a medida que pierdo el señuelo.
Se me destina un estropajo en tanto premio-consuelo
a la inconstancia de durar. El tiempo salido da un paseo;
el espacio entrado premonición nítida se hace.

Deriva de instantáneos. Piélago
adonde estás viva, enmascarada
lentitud. Nunca alcanza
esa vislumbre inmóvil
su converso vértigo.

Esperanza sin cifra del augur mientras
creía descansar de su oficio lazarillo.

Se cae repentinamente en la cuenta
de que el suceso del presente no calza
a la medida de su presentimiento; ni siquiera,
en fin, de la emoción que sacude baratijas
de su melena de polvo.

Catarata de semillas: palabras.
Trasluce la sombra que te asiste.
¿Por qué trepo hacia tus figuras que se disuelven en fuente
inagotable y en tu volverte otras el detenimiento se abre camino?

( )

Desalojes lo aprendido y lo perdido.
Concentres en lo que no centro.
Disuelvas temor en el gesto mismo
del agua tocar.
De una vez fragancia del Leteo.

No piense sino en la Compasiva
que las llamas ondulan al bailar.
Ausencia rebota hasta la meta y vuelve.
No con pasión de mendigo aferre
apagadas guirnaldas de lo que se va.

Cambie con el día.
De las hojas el resplandor recuerde
cuando perdido en bosque de preguntas.
Deje de escuchar tras de la puerta.
Dejen los muros de murmurar.
Armonía no me ensarte.

La fauna del espejo llegue al viento.
El cuero que me afile seas tú.

( )

Asimilo al tiempo al tiempo que me asimila
Aíslo al tiempo en que me asilo útero
Del que habré sin presagio de salir
El alma no encaja mordiendo el polvo
La mano en su sino de animadversión

Reverbera al vetearte tiempo en el que creo
Estar en el que creo
Unánime escindido topo conmigo
O lo que entonces tú creas punto que iguala
Esa pregunta por el afín
Nadie parece enterarse de su inminente
El rostro varía nunca el amo

( )

Dispersa la busca
tras su reverso estallido
estatua de gota
estrella furtiva
señuelo apagado
follaje de chispas
el ojo
atiza el nacimiento

( )

(soy) el aparecido
(soy) tu venado
Me quedo ciego a tu lado
En tu olor fantasma sido

Eres lo que se mueve
Con la muerte en las cortinas
Y en las entrañas
Rr

Un colibrí
Ya te vi porque no te vi
Nunca estuviste aquí

Eres la barba de mi padre
Y las lunas de mi madre
Que me calzaba
Cuando ella no estaba
Porque obsceno es decir
Es un seno
Al que se nace partir

Capullo eres ya resplandor
Y del todo nunca sin embargo
Tus dientes no cesan de crecer
Cuando tiran del manojo
Y te lo tragas

A UN AÑO LUZ

estalagmitas
Capadocias
zumbidos
miles
tréboles
secretos
nidos
Veras
montes
centros
frutos

EL JUEGO DE LOS ERRORES

«Lejanía, mi prójimo
¿cuáles, dioses, quedarán
con pequeños cuáles
filamentos tuyos-míos, oh?»

( )

se llama Distancia
lo no visto declara al ausente
de sus sentidos y en efecto
borra

el ojo hunde su daga
apenas encendida y el otro
abismo de la espera
cachorro del espacio surte
fugaz el decorado que te sopla
carente por completo
no en tu lugar sino a la vez
el destino vierte detención
justo antes de salirse
entre los dedos de un segundo
fulmina el parpadeo
la importancia hervida de su peso

rocío la inclinada sombra
de un gato con ínsulas
cebra a su modo puede ser
Narciso

( )

¿salvará la inminencia
el peso que al concebir
consigue para volverse
esa saturación anguila
madre al fin de sí mismo
cuando el párpado
trasmuta?

( )

tábano
cree confín el rincón y viajero
que su viaje en alguna cosa
consiste como si girase
lente fortuna intermitencia
mientras el tilo desprende
un perfume de agonía
raíces con amante
presión al absorberse
salpicadura de voces
opalescentes pero en
blanco

sin caminos pujan y remonta
las mortales olas una barca
contra el coral clandestino
y lo que acuna despierto
sino del roce de pulsares
envolvente se desea

velocísimo destierro
camoatí contra el menhir
acoples y colapsos de eclipsado
mirar incandescencia que incardina
centinela mariposa se devora
como si voluntad fuera o dejadez
hipnótica flor su otra sombra

( )

laberinto de pistas
digitales
rumbo al desalojo
del origen roedor del más
allá que porta estos destinos
destila letanía la sed y desafina

nacer no cesa ni sacia ¿la montaña
flota o es el lago? errátil
el destiempo hiere

corazonada hacia el nómade cero
parecido al ruido cuando empaña
pastor que a la tormenta conduce
trueno pulpa del espacio boscaje
desciñe mariposas del día menos
pensado a través de un hontanar
diverso a la celda que seduce

intemperie de pronto da refugio
furtiva ansiedad que dura un siglo
el búho del mediodía vuelve a girar
el vaso despide campos de ocultación

por este pulso nadie regresa
el espasmo aleja mientras une
si el sumidero vació el recinto
tatuando sedentario vértigo
al encontrar religa lo raptado
con su perplejo
cuyo otro rostro hiere al reír

y esa expansión
ese hambre de ninguna
cosa cualidad respuesta
entre celestes ranas sobrenada
de Esfinge los rasgos de hoja

( )

filtran los tallos
azor de su sombra
de suspensivo fuego
semillas para siempre
espejismo símil
ah diáfana
tosco precio del apuro
presagio que no acatas
mandíbulas de barro
esplendor del reflejo
recuerdo arquero y dardo

corazón votivo templa
criatura que se ignora
y como en redes queda
sin muerte en el espejo
cuya niebla alumbra
ah indivisa

resaca esta vigilia
cuyo arabesco nunca
empieza cuya persona
se reparte

( )

incógnita fugitiva enjambre fascinado
con la pregunta muda
con la respuesta aguda
con la mirada que duda
con la hoguera cruda
con la noche desnuda

( )

ajena dicha electriza
la pluma de ondular
contacto que ecualiza
hasta la casa del cero
para resplandecer se empaña
para eludir esta ilusión
quemante empero el espejeo
que atraviesan al amarse
planetas a su tímido rapto
con el agua este velar inmóvil
no aprende a contestar respira
bajo el ajuste de los gestos
ante el velo que deslumbra
efecto tiempo manando

mundo ya cocido y a solas
pulsa la piedra transparente
bajo el sol reptil
repitiéndose arenisca este papel
inapelable une con su borde
que nonato escucha el río
rasga este bífido pregnar
recuerda
al ingrávido porvenir
desde el tumulto el estupor del reino

( )

aves dicen brío
luz aluvial
claque de zancudos
pruebas de equilibrio
doblez este pasillo
Dentro
fugaces ópalos resisten
la cambiante lumbre
del reverso
el antiguo parto está a la vista
tatuadora la pasión sumerge
aguijón que mantra su afín
cinerama del enjambre
médano tan inmediato
se alimenta con las voces
aún sin arraigar en otra suerte
al amparar más intemperie
la pregunta suelta
negrura de las ramas
simiente de inmortal
estirpe destello espira

gama del monte
nudo en que se tocan
los extremos
y el plumaje en la pupila

( )

platillo de un reflejo
manjar para el reojo
aura del vilano
trazando en su abandono
su parte de rocío aparea lo que cae
aprende a nadar entre las redes
alegría madre de los rostros
furtivo miedo de sí mismo
tamiz de estar sintiendo
abismo de lo ajeno
joya voladora del encastre bifronte

encendida
telaraña de rombos
golondrina en un cielo
rumia polen orgullo pánico
escudo pálpito éter del ruido
color en su acto
a causa de ausencia
vetea la extensión agita
retrovisor la pista enceguece
a cierta altura la gracia
despelleja el aire virgen
ahueca el tráfico sumerge
por fin oficios y alteraciones
en su crisálida de más
amamanta y pulsa el hambre

sandía cuarteándose despacio
uno con ella al hollar la pulpa

a su nido este presente
nadie quien lo trague
cachorro de la estela
cuando captura fue tarde
penumbra el oído pare
labra en la duna el sueño
apenas de la hondura
acantila en espera
o vaticinio vórtice
un helecho

( )

evapora su órbita
come futuro y desposee
deseo de raíces si no alcanza
tacha la comprensión
en brazos de abundancia
despista las ánimas reunidas
con velado celo
aldea inestable de reflejos
semillas se disfrazan de frases
deshace el volumen lo que evoca
tocas lo oblicuo y sigue hueso
sin el fantasma de los pasos
hemisferios de prohibida fruta
da una vuelta este día
resonancia en la copa
sin asidero abejorro
en el jardín la muerte lazarillo
afina origen reflejando

pregunta y respuesta no son dos
aleteo en el sauce
de la ceniza es el reino
juego abajo
tiemblan islas en azul
llama el papel
la araña ora su nimbado néctar
crepitan élitros y crías
tenue majestad de los helechos
rezo bostezo zarpa incidente
lacre del equilibrio arrebato
que sopesa salto que ensarta
muerde el dorso frota polen
de la voz constela un friso
de vocales grama gamelán
de bichos telepática estela
de verdes la podre engendra
larva el envés aflora anfibio
seno cuyo ajuste con júbilo
Jano en su llama
puede ser

INFLUJO

al Oído

( )

se encendió la mirada
del que no deja de nacer
del que no se deja
del que no se sujeta
del que no se devuelve
del que no deja nacer
del que crece de su innacido
del que cae de su crecida
del que sale de su querida
del que surge de su abolido
del que salta desde la estirpe
del que pare su propia esfinge
del que ninguna madre deslinda
del que nada hace en su lacustre
capullo

( )

el Anónimo

desde la úvula de Amnios
fuente de su atonía deslizada al irse
despertando a la presión del torrente
el latido
impide ser acumulado
el espejo

crudo a sí mismo se come
parpadeo remoto remolino
del demonio quieto del fondo
nadie sabe si está dormido
ni deja de tenerse distraído
hamster del sendero tiempo
inescrutable gotea en esa gruta
cuando un ojo tacha al otro
el óvalo
del intragrito del salir
hacia lo penetrable
ondula cuando al pulsar
nimba la Gran Flechadora
que rasga la veta inmóvil
en un suspiro sin retorno
limadura búdica
del recíproco muro

el Estrellado

( )

silente en el estanque sin bordes irisa
haces casi ondinas mientras la doble
sombra desaloja a insaciada pira
esa hendidura que no centra
muerde la brisa el ultramar
de tu pequeño plumaje
imantado al inseguro
diamante
de las figuras

( )

a la sonaja líquida
al ángel que te guarda
a la vuelta del tiempo
al pétalo del hálito
al laberinto que danza

( )

antes de manar
la vislumbre
la gran partera
tira
del talón de Aquiles
como de un tallo
o un canasto con sierpes
urdido en la fragancia
del peligro que respira
salpicadura mortal
la idea ciega
de la mano al sacudir
el árbol de la Boddhi
la busca del fruto
medusa que flota
trasluz de abundancia
más allá de su inocencia
en el océano del pulso
la íntima llama
no refugia

( )

tu secreto que no se quiebra
relámpago
entre gongs de círculos ignora
obsidiana superficie
la refracción de esa frontera

( )

tiene hambre
el rumor unido
de los pulsos
pero resurge
a esa insurgencia
que será tu forma
y ya impregnada
de no buscar

( )

del vislumbrado desmadre
mudanza devora engendra

( )

panal
los pulmones bajo el agua
nunca retráctil
letánica insurgencia
de memoria luída
atraviesa
reposo de chispa entre dos roces
piedra que sueña
con el acantilado
mientras flota
salido el que entra
para volver a pasar
desnudo por encendido
entre terrazas de velocidad
invadidas por el oleaje
cuando al unísono
los amantes se disuelven
respirados
bosques del tamaño
de una mano que se abre
al eterno retorno
del renacuajo

( )

«...sermón de los mosquitos
a la rana del patio...»

( )

EX-LIBRIS

En un libro de reproducciones de la serie de pinturas *La leyenda de Santa Úrsula* realizada en Venecia durante la década de 1490 por Vittore Carpaccio, entre los cientos de rostros que allí aparecen, el autor de este libro encontró, como detalle del episodio titulado «El encuentro de los novios», su anticipado retrato.

FORTUNA CRÍTICA

PASAJES DE CORRESPONDENCIA

Américo Ferrari

Su hermoso libro de poemas y la antología de poesía peruana en la que le agradezco haberme incluido, llegaron a mis manos sólo a fines de abril, cuando regresé de un viaje a Estados Unidos. Emilio[1] entregó los dos volúmenes a mi mujer en París. La antología me parece muy bien compuesta y el título, *Libro de unos sonidos*, perfecto. Sin embargo, lo que más me ha impresionado son sus poemas, que requerían una lectura atenta y larga; es una de las razones por las cuales he tardado en escribirle y acusarle recibo. Encuentro en estos poemas una poderosa atracción y al mismo tiempo ciertas barreras que hay que forzar y que, ambas, resultan, para mí, en cierto modo comparables a las que ofrece *Trilce*, libro con el que el suyo me parece tener analogías; corrijo y digo, con *algunos* poemas de *Trilce*, los que están en el registro de lo hermético. En estas «estampas» de sus *Miniaturas* el objeto está siempre ahí, pero, errátil, resulta inasible: es un error, como dice la cita de Elizondo (yo diría una errancia) tan imposible de determinar como el movimiento/posición de las partículas en la física/incertidumbre de Heisenberg. Debo confesar que estos simulacros de realidad me interesan muchísimo: quiero decir que son para mí uno de los aspectos más esenciales de la realidad y están tan vinculados al ritmo, el otro aspecto esencial, que se podría decir que sólo son ritmo: justamente el ritmo de los poemas suyos, sin fallos y perfectamente controlado, es una evidencia que no admite evasivas; agarrándose de ella, el lector tiene que inventar con usted todo lo que dice el poema. Supongo que también a Westphalen, tan preciso e implacable para estas cosas, le ha gustado su libro.

[...]

Le agradezco muchísimo el envío de *Ruido incidental*, los poemas de Violeta Lubarsky y el ejemplar de *¡Kwatz!*;[2] Ana Becciu tuvo la ama-

[1] Referencia a Emilio Adolfo Westphalen.

[2] Libro de ensayos, compartido con Ricardo Gilabert. Mi sección allí se titula «Por los pasillos».

bilidad de entregármelos personalmente antes de Navidad; le agradezco igualmente haberme dado ocasión de restablecer contacto con usted a través de una cosa tan importante como un nuevo libro de poemas: encuentro en éstos de *Ruido incidental* y de *El té* algunas constantes que ya había observado en *Las miniaturas*: sólida trabazón de la escritura poética, homogeneidad y tensión del ritmo, densidad de las intuiciones; interesantes también sus reflexiones sobre poesía y poética en «Por los pasillos». Enhorabuena.

[...]

Recibí *600 puertas* y el número de *Labio*[3] con su trabajo sobre el Zahorí: el espejo, el puente, la mirada, el ojo, la imagen.[4] Encuentro que la escritura de usted señala y define términos, lugares, formas y relaciones duales desde el silencio sin término, el no ver, el no lugar que hace posible el puente que no es hacia el otro lado y que sin embargo nos arranca *de este* lado. Diría que, como Blanca Varela, «de lo impreciso [se] aliment[a]» y sin embargo desemboca en una escritura sumamente precisa que pone en movimiento términos netamente determinados, exactos, y evita la expansión gaseosa de las imágenes vagas y las palabras que ronronean más que dicen. Desde este punto de vista, me recuerda los mejores aspectos de *Trilce*.

[...]

Recibí su carta junto con su poema largo, o serie de poemas, *Una tarde sin tribu*: impresionante por el destellar incesante de las imágenes y la insistencia del ritmo y su ductilidad. Desde el primer libro que recibí de usted, *las miniaturas*, veo precisarse más y más su trayectoria poética. Si me refiero a *las miniaturas* es porque, aunque la escritura suya insensiblemente se ha ido modificando, hay en el trasfondo de su poesía una continuidad de ritmo y de tratamiento de la imagen.

---

[3] *Labio* fue una acción artística encarnada como una serie de pequeñas publicaciones artesanales realizada por RJ, Gabriela Giusti y Violeta Lubarsky, a comienzos de la década de 1990.

[4] Se refiere a un capítulo del ensayo, por entonces en preparación, *Reflexión esponja*.

[...]

He estado releyendo últimamente su poesía anterior, o quizá también para algunos poemas, paralela a *La curva del eco*: *Ruido incidental / El té*, *600 puertas*. A través de toda ella circula como una corriente encantada y encantadora, densa, uniforme, sin saltos visibles ni rupturas, que acarrea intuiciones y formas poéticas insólitas, asociaciones de vocablos y de conceptos al mismo tiempo desconcertantes y certeras; y es esta continuidad en la belleza del rigor de la expresión y la originalidad de la intuición lo que me parece conformar la unidad evidente de su obra. Creo que no hay obra poética que valga sin esta unidad de fondo que en sus poemas es también en gran parte unidad de forma. Me prometo seguir buceando en este mar.

Fragmentos de cartas enviadas por Américo Ferrari a RJ, datadas en Ginebra y fechadas entre julio de 1988 y abril de 1999.

EL ALMA INTERSTICIAL

Néstor Perlongher

Ya en el poemario anterior de Reynaldo Jiménez, en la tensión cabellos/caballos que lo abre (*donde dijera, afilado, / cabellos, debiera resonar / caballos*, para resolver, al final del poema: *caballos flotan como cabellos*), se vislumbra la intersticialidad del alma poética que nutre su escritura, y cuyos vericuetos por los poros de la atmósfera hace y figura. En este volumen que reúne *Ruido incidental* (en el título suena el acontecimiento) y *El té*, dicha calidad intersticial (diríase: el devenir del entre deleuziano) se explaya y prolifera.

¿Será que esa proliferación molesta a algunos, habituados a cortas confesiones digeribles (como también debe molestar la juventud de Reynaldo, que alcanza su madurez expresiva en esta obra bicéfala)? El barroco (y a Jiménez le cabe esa calificación estética: hay –veremos– un concepto barroco) molesta a ciertos lectores cortos de vista, que no ven (no entienden) lo que se ve. No hay mesas y sillas, como en el teatro naturalista argentino, o si las hay están volando, dadas vuelta. Nada reconocible, a simple vista (y la simpleza es un valor supremo para éstos que no ven porque no tienen nada que ver).

No se le ve, como al puente lezamesco, pero se le siente. Hay un espectro que se escurre entre los claroscuros de las letras. Desplazamientos sutilísimos, indecidibles de un cuerpo etéreo: *donde flores en un tránsito secas / y vidrios alterados por emblemas / componen el atravesamiento, el éxtasis*, dícese en «Leves emblemas en un paisaje imperceptible»; y más abajo dice: *hablando cosas.*

Esas cosas que se hacen al hablarse, son otras cosas. Se hace, por así decir, un salir de sí. Puré de yo: *escorzo de un yo.* Este salir en Reynaldo Jiménez no es desmelenado ni patético, sino más bien sereno: paréntesis en la corriente de las aguas. A la superficie líquida, intersticial la hiende esta adarga inconsútil: *un intersticio desencontrándose en un bosque.* El pliegue, siempre el pliegue, pero un plissé más que un drapeado. No es una exuberancia puramente exterior, ahuecada como la cúpula de una iglesia churrigueresca. Se simula (¿remédase?) un concepto, la sombra de un concepto, cierta filosofía del alma intersticial, claro que es siempre la lengua (sus fricciones antes que sus ficciones, por parangonar a Yurkievich) que le sustenta al encabalgar sus florilegios manieristas: «*¿el hecho o el hechizo?*», se pregunta el poeta. Trátase, acaso, de un conceptismo manierista, trasuntado en *El té*: *lo compacto, etéreo, / lo evanescente, flasheado, / lo atrapable, poroso, / lo reconocido, impenetrable, / lo transparente, capcioso, / lo inocente, corrupto, / lo saciado, inocente, / lo cercado, oblicuo...*

Y, como en un buen barroco, todo brilla: *la superficie que nos imante: residuo, fosforeces...* Cávase en la consistencia del aire tan poblado: *volúmenes cavados en la disparidad.* En la superficie, sin embargo, la profundidad final del vacío: *y la noción, casi / espantada, de que es la muerte / la que compone el fondo / y el trasfondo de la obra.*

Si en *Ruido incidental* R. Jiménez nos crea un territorio flotante (cual el de *Las miniaturas*: *zumba el curare en medio del cine*) y turbulento, contorneando cierta interioridad que no es personal, ni subjetiva (el yo hecho trizas), sino paseante, esquizo, en pos de saber *adónde desembocará esta irisación de los nervios*, en *El té* él mismo se sienta a tomarlo. Todo es más cotidiano, más pausado. Las brumas de la irrealidad (o de la otra realidad) se confunden con los vapores de la infusión. Los versos tienden a estrecharse. ¿Dónde se está? Respóndesenos: *en el Estado Real / de Suspensión*, y la mesita se lanza al espacio frondoso del hule, claramente dada vuelta.

Explícasenos: *no es la pecera / del pensamiento, claro, / que desde la zona / de su vigilia asume: / lo que los envuelve / no es / lo que los vuelve.*

Es por los intersticios del Estado Real –insistamos– que la poesía de Reynaldo Jiménez se desplaza. Este deslizamiento (el de la *medusa de la enfermedad* por todo el cuerpo) es, según Lezama Lima, un rasgo barroco, que sirve para distinguirse del surrealismo: en éste, se procedería por choque de metáforas (el paraguas y la bicicleta, verbigracia); en aquél, la metáfora, si se la puede llamar así, viaja por el cuerpo pneumático. Y al final, de tan viajada, poco importa: lo que importa es plasmar en la armonía de la forma bella la fuerza del éxtasis, esa *lívida consistencia.*

Reseña escrita en 1991 sobre la primera edición de *Ruido incidental/El té* (1990, Último Reino-Rinzai, Bs. As.), que se mantuvo inédita hasta que fue reproducida en la revista *tsé-tsé*, núm. 7/8, Bs. As., otoño de 2000 y luego incluida en *Papeles insumisos*, recopilación de inéditos y dispersos de Néstor Perlongher, edición de Adrián Cangi y Reynaldo Jiménez, Santiago Arcos Editor, Col. Parabellum/Ensayo, Bs. As., 2004.

ÍNDICE

Este libro se terminó de imprimir
el 1 de febrero de 2019
en los talleres de
Gráficas Hervi
en Madrid.